펑쯔카이

만화 고시사

펑쯔카이 만화 고시사

豐子愷漫畫古詩詞

펑쯔카이 丰子恺 그림 — 리샤오룬 李晓润 평주
이주해 · 하경심 평역

일조각

이 책은 상하이 번역출판촉진프로그램의 지원을 받았습니다.

〈서문〉

한 편의 시 같은 펑쯔카이의 인생

펑쯔카이 선생의 일생은 시와 같다. 그는 어린 시절《천가시千家詩》를 읽고서 시에 눈을 뜬 이래 노년에 이르도록, 시 읊고 그림 그리는 가운데 인생의 긴 여정을 걸어갔다. 항전 시기, 온 가족과 함께 피난을 떠나 살 집조차 없던 시절, 그는 시를 지어 이렇게 노래했다. "큰 나무 베어졌어도, 생기는 끊어지지 않았다. 봄이 오면 노여운 듯 가지를 뻗치리니, 그 기상 얼마나 대단할까!" 노년에는 또 "말년 운이 좋지 못해, 폐병에 다리 병까지 얻었구나. 밤낮으로 침대에 드러누워, 빵을 먹다 다시 죽을 먹는다네. 그러나 고통 따윈 하소연하지 말지니, 적막한 것도 또한 복이라네."라고 읊조렸다. 그는 이처럼 자신의 인생을 시 속에 불어넣었다.

내가 일월루日月樓를 찾아갈 때마다 펑 선생은 늘 시 이야기를 꺼냈는데, 대개가 고인의 시를 품평하는 내용이어서 마치 "시화詩話"를 듣는 것만 같았다. 또 내가 지은 시사詩詞 습작들을 지도해 주시기도 하셨다. 매번 내게 붓으로 선지宣紙(서화에 사용하는 중국 종이)에 직접 쓰신 시 작품을 선물로 주곤 하셨는데, 고인의 작품도 있었고 직접 지은 작품도 있었다. 내가 어쩌다 오래도록 찾아뵙지 못하게 되면 선생께서 먼저 작은 종이에 편지를 써 보내오기도 했다. 한번은 내가 선생의 서체를 배워보고 싶다고 말한 적이 있는데, 얼마 있다가 기다란 두루마리 두 개에 글씨를 써 막내아들 신메이豊新枚(1938~2005) 편에 보내왔다. 하나는 〈고시십구수古詩十九首〉였고, 다른 하나는 정언능鄭彦能(1047~1113)의 《조소전답調笑轉踏》 송사宋詞였다. 신메이의 말에 따르면, 선생은 매일 새벽 다섯 시에 일어나 먼저 한 장을 쓴 다음 우붕牛棚(문화 대혁명文化大革命 시기에 비판의 대상이 되었던 사람들이 연금되었던 장소)에 가서 도착 보고를 했다고 한다. 3미터 남짓한 이 두루마리는 한 장 한 장 이어 붙인 것이었다. 나는 나에 대한 어르신의 사랑에 진심으로 감동받았으며, 죽을 때까지 잊지 못할 것이다.

한번은 신메이의 초대를 받아 일월루에서 선생 부자와 함께 "고시 접룡古詩接龍(옛날 시구를 가지고 뒷말 잇기 게임을 한 것이 아닌가 추정된다.)" 놀이를 하게 되었는데, 나는 마치 시험장에 들어선 초등학생처럼 긴장한 나머지 5월 하늘 아래 이마에 땀을 줄줄 흘렸다. 그러나 선생은 편안히 술을 마시면서 여유로운 모습으로 입에서 나오는 대로 줄줄 읊었다. 내가 그때 목도했던 선생의 편안하고 기분 좋은 표정은 당시 상황에서 보기 드물었던 자유로움이었으니, 술을 마시고 시를 읊조리는 시간이야말로 선생의 생활에 있어 가장 아름다운 순간이었음을 알 수 있다.

나는 펑쯔카이 선생의 《연연당수필緣緣堂隨筆》을 가장 사랑한다. 이 글은 쉽고도 유창하며 생동감이 넘친다. 특히 생활 속의 소소한 일들을 재미있게 펼쳐놓곤 하였는데, 자연스럽고 자유롭고 편안한, 실로 말로 다 표현할 수 없는 매력이 가득하다. 선생의 산문을 많이 읽고 나니 그 산문 속에 녹아 있는 시의 맛을 천천히 음미하게 되었다. 예컨대, 《호반야음湖畔夜飮》에서 선생은 오랜 벗 CT(정전둬鄭振鐸)와 함께 술 마신 일을 이렇게 적고 있다.

> 황혼 8시. 내가 한창 취했을 때 CT가 왔다. ……뱃속으로 들어간 한 근이나 되는 술이, 젊은 시절 상하이에서 함께 호쾌히 술 마시던 오랜 벗을 만나자 그 즉시 또렷하게 확 깨버렸다. 내가 말했다. "한잔 더 하세." 그가 말했다. "좋지. 안주는 필요 없네!" 창밖엔 부슬비가 내려 달빛이 몽롱했다. 오늘의 서호西湖는 어제처럼 어여쁘게 활짝 핀 얼굴은 아니지만, 또한 색달리 미간 살짝 찌푸리며 은은히 웃는 듯한, 따스하고 정숙한 자태가 있다. 어제 저녁은 호숫가에서 달빛 받으며 걷기에 좋고, 오늘 밤은 등불 앞에서 오랜 벗과 술 한잔 하기에 좋다.
>
> 벽에 마침 내가 쓴 수학자 소보청蘇步靑의 시가 붙어 있다. "조촐히 술상 차려 함께 한잔 마시노라니, 쌀이며 땔나무며 가난을 이야기할 틈 없네. 봄바람에 문 앞의 풀은 이미 푸르름 띠었으니, 나머지 추위도 눈 크게 뜨고 쳐다보며 견딜 만하리." 이 시를 보니 술맛이 특별히 더 좋아진다. 세상에서 제일 좋은 술안주로 시구詩句만 한 게 없다지만 수학자의 시구는 그 맛이 더욱 순정하다. 다른 일에는 다 전문가가 있을 수 있으나 시만은 전문가가 있을 수 없기 때문이다. 시를 짓는다는 것은 곧 사람이 되는 것이므로, 사람됨이 훌륭하면 시도 훌륭하게 마련이다. 만약 시에 전문가가 있어 전문가가 아니고서는 시를 지을 수 없다고 한다면, 이는 마치 사람 되는 것에도 전문가가 있어 전문가가 아니고서는 사람이 될 수 없다고 하는 것과 같으니, 우습지 아니한가?

그 누구를 막론하고 위에 인용한 글을 읽게 되면 그 안의 시구 때문이건, 아니면 정경에 대한 묘사 때문이건 짙은 시의 맛을 느끼게 될 것이다. 이와 비슷한 문장들은《연연당수필》곳곳에서 만날 수 있다. 펑 선생은 입버릇처럼 "문학 중에서 가장 훌륭한 것은 시이다."라고 말씀하셨다.

펑 선생은 기질 자체가 시인이다. 그는 시인의 눈으로 세계를 관찰하고, 그런 다음에 시구를 지어 자신의 독특한 감정 세계를 펼친다. 그의 그림 역시 보통 화가들과 달리 시인의 그림이다. 즉 선과 색채로 표현해낸 시이다. 그에게 만약 시의詩意가 없었다면 감정과 뜻도 없었을 것이다. 다시 말해 아름다운 경계에 대한 추구가 없었을 것이다. 그 자신도 "만약 시와 그림이 서로 통하는 것이라면, 나의 그림을 시에 비유해도 괜찮을 것이다."라고 평했고, 위핑보兪平伯도 "당신의 그림은 본디 당신의 시입니다."라고 말했으며, 주즈칭朱自淸 역시도 "우리는 모두 당신의 만화 속 시의를 사랑합니다. 만화 한 폭 한 폭이 바로 시 한 수 한 수이니까요. 씨앗을 품은 작은 시."라고 말했다. 마찬가지로 펑 선생의 수필《산중피우山中避雨》,《아경阿慶》모두 아름다운 서사시이며, 그의 번역 작품《여숙旅宿》(나츠메 소세키의《풀베개草枕》를 번역한 것)에서 주제의식을 드러낸 처음 몇 구절은 풍부한 철리를 담고 있는 아름다운 산문시이다. 그는 이처럼 여러 예술 분야를 한데 아울렀다. 본디 학문의 최고 경지는 각 분야를 아우르고 관통하는 것이다. 펑 선생은 일찍이 이런 말을 한 적 있다.

> 그림 속에 시가 있다는 것은 사실 중국화中國畵의 일반적인 특징으로 보아도 무방하다. 중국화에는 "시취詩趣"와 "시의詩意"가 있기 때문에 모든 것이 한데 어우러지고 생동감 있게 움직이다.

시의는 중국화의 정신이라 할 수 있으므로 펑 선생만이 지니고 있다고는 할 수 없다. 이렇듯 모든 중국의 예술가들이 시의를 다 같이 지니고 있다고는 하나, 펑 선생의 그림에 담겨 있는 시의에는 사람 마음을 홀리는 독특한 매력이 있다. 1924년,《우리의 칠월》에 펑 선생의 〈사람들 흩어진 후, 초승달 걸린 하늘이 물과 같구나〉라는 작품이 발표되자 당시 문화계 대가였던 정전둬는 시선을 빼앗겼다. 그는 이렇게 말했다. "성글게 툭 찍은 몇 개의 묵흔이지만, 술 주전자 하나, 술 잔 몇 개, 하늘에 뜬 초승달 하나. 나의 마음은 온통 그에게 이끌려 선경仙境으로 들어갔고, 마음에는 무어라 표현하기 힘든 미감美感이 가득했다." 이 말은 아마도 예술적 조예가 깊었던 정전둬의 진실한 느낌이었을 것이다. 펑 선생의 그림은 재창조해 낸 것이며, 시의 정신이 거기에 깃들어 있다. 이것이 바로 왕국유王國維가 말한 예술 대가만이 이를 수 있는 경지, 의意와 경境이 혼합된 경지이다.

불교는 여러 방면으로 펑쯔카이의 시의 넘치는 회화에 영향을 미쳤다. 불교에서는 청정수련을 통해 정신으로써 현실세계의 중생을 교화할 것을 주장한다. 이것이 대승불교에서 추구하는 경지로 진공묘유眞空妙有가 곧 시의이다. 시의가 선禪에 스며들었기에 불교 철리가 내포되어 있고, 이런 것들이 회화 기법에 반영되다 보니 간결한 필치, 단순한 색채 배합, 텅 빈 듯 고요한 구도를 추구하게 된 것이다. 펑 선생이 엄격히 지키던 시의는 인식 차원에서 심미적이며 행위 차원에서 실천적인 것이었다.

자연의 사상과 정감 속에 심오한 철리를 담아야만 하며, 오로지 정情과 이理에 지극한 사람이어야만 시의를 탄생시킬 수 있다. 정情과 지志라는 것은 근본적으로 예술가의 위대한 인격의 체현이므로, 오로지 정과 지가 통일된 예술가만이 불후의 예술품을 탄생시킬 수 있다.

최근 펑쯔카이 선생의 외손인 양즈윈楊子耘이 편지를 보내와 곧 출판을 앞두고 있는《펑쯔카이 만화 고시사》의 서문을 적어 달라고 부탁했는데, 그 성의가 대단했다. 이는 내가 기뻐해 마지않는 일인지만, 펑 선생의 예술이 이공계를 전공한 후배가 감히 평할 수 있는 것이 아님을 잘 알기에 내심 두려웠다. 그래서 개인적으로 알고 있는 몇몇 이야기를 적어 서문으로 대신한다.

자수慈水 판원옌潘文彦

상하이에 있는 약기유거若己有居에서

2017년 어린이날, 당년 86세

〈해제〉

그림에 담은 한 폭의 인생

펑쯔카이豊子凱(1898~1975)는 중국 현대만화의 선구자라 일컬어지는 인물로, 청나라 광서光緖 24년(1898) 절강성浙江省 숭덕현崇德縣(지금의 지아싱嘉興)에서 태어났다. 연연당緣緣堂이라는 당호를 사용하였고, 필명筆名으로는 영문 이름 'FONG TSE KA'에서 따온 'TK'를 썼다. 중국풍 가득한 만화로 유명하지만, 동시에 저명한 서화가이자 문학가, 번역가, 음악·미술 교육자였다. 20세기 중국의 문예를 놓고 말할 때 결코 빼놓을 수 없는 인물이 바로 펑쯔카이인 것이다.

겨우 500여 가호가 모여 살던 절강성의 평화로운 수향水鄕 석문만石門灣에서 자라난 소년 펑쯔카이는 항주 절강제일사범학교에 입학하여 명스승들과 만나게 되는데, 특히 그의 회화 인생에 가장 큰 영향을 미쳤다고 할 수 있는 스승 리수통李叔同을 만나 이론과 실기 학습을 병행하였다. 또 중국 현대문학과 번역가로 이름 높았던 샤멘존夏丏尊에게서 문학을 배워 탄탄하면서도 관찰력

뛰어난 글쓰기의 기초를 다질 수 있었다. 이 두 스승과의 만남은 펑쯔카이가 자신만의 예술 세계를 구축하는 데 지대한 영향을 미쳤다. 만약 중국 문학에 대한 깊은 이해, 언어라는 도구를 다루는 감각이 없었다면 '의경意境'이니 '시의詩意'니 하는 다소 생경한 문학비평 용어로밖에 설명할 수 없는 펑쯔카이의 만화시사漫畫詩詞는 탄생할 수 없었을 테니 말이다. 펑쯔카이 자신도 이러한 특징을 누구보다 잘 알아, "만약 시와 그림이 서로 통하는 것이라면, 나의 그림을 시에 비유해도 괜찮을 것이다."라고 자평하였고, 그의 친한 벗이었던 주즈칭朱自清 역시도 "우리는 모두 당신의 만화 속 시의를 사랑합니다. 만화 한 폭 한 폭이 바로 시 한 수 한 수이니까요. 씨앗을 품은 작은 시."라고 평했다. 알맹이가 있는 작은 시가 바로 펑쯔카이의 그림인 것이다.

2017년에 상하이사회과학원출판사에서 출간한《펑쯔카이 만화 고시사豐子愷漫畫古詩詞》를 처음 접하고 번역 작업에 들어갔을 때, 한 페이지 한 페이지 넘기면서 읽고 웃고 사색하느라 속도를 낼 수 없었다. 역자들을 웃음 짓게 하고 사색하게 한 것은 펑쯔카이가 직접 글귀를 골라 온 옛날 시사詩詞의 원작들과 그 속에 담긴 옛날 이야기들, 그리고 이를 20세기 초반을 무대로 재현하고 그려낸 선 고운 만화였다.

책의 제목대로 이 책에는 옛날 시詩와 사詞 작품이 수록되어 있다. 옛날 시라고 하면 대략 옛날 사람이 짓던 5언시나 7언시, 고시古詩 가행歌行 절구絶句나 율시律詩 같은 용어를 어렴풋 떠올릴 수 있을 테지만, 옛날 사라는 단어는 아마도 낯설게 느껴질 것이다.

우선 시에 관해 간략히 설명해 보겠다. 절구나 율시처럼 평측平仄과 운자韻

字와 정해진 행 수(절구는 4행, 율시는 8행)를 정확히 지켜야 하는 시를 근체시近體詩라고 부르는데, 초당初唐 이후부터 정착했다고 여겨지므로 그 역사가 그리 긴 편은 아니다. 근체시의 규격이 정형화되기 이전의 시를 근체시에 상대되는 개념으로 고체시古體詩라고 부른다. 당연히 길이나 운자나 평측 면에서 비교적 자유롭다. 악부시樂府詩라는 것도 존재하는데, 한나라 무제가 악부라는 관청을 세우고 당시 유행하던 노래를 수집하여 정리한 이래, 민간에서 수집된 노래 가사를 악부시라고 부르게 되었다. 그러다 보니 작가를 알 수 없는 시가 대다수이나, 후대에 많은 문인들이 이를 모방, 창작함으로써 고유의 풍격을 이어갈 수 있었다. 펑쯔카이의 이 책에는 이 다양한 장르의 시가가 다 섭렵되어 있어 독자들이 중국 고전시를 이해하는 데도 적잖은 도움을 줄 것이라 생각된다.

사는 간단히 말해 당송唐宋 이후에 유행한 노래의 가사로, 이백李白, 백거이白居易, 온정균溫庭筠, 이욱李昱 같은 당오대唐五代의 유명 문인들이 창작에 참여하면서 세련된 문학 장르로 발전했다. 사에는 〈임강선臨江仙〉, 〈오야제烏夜啼〉, 〈접련화蝶戀花〉, 〈염노교念奴嬌〉 등 곡조 이름, 즉 사패詞牌가 존재하는데, 각 사패마다 글자 수, 구 수, 높낮이(평측), 멜로디와 리듬이 정해져 있어 작가들이 그 곡조에 가사를 메워 넣는 식으로 창작되었다. 따라서 사 짓는 것을 전사塡詞, 즉 기존에 있는 곡조에 글자를 채워 넣는다고 표현했는데 사패는 곡조 이름이므로 내용과 관련 없는 경우가 많았고, 후에는 내용을 설명하는 부제나 서가 붙기도 했다. 유영劉永, 주방언周邦彦, 강기姜夔 같이 음악성이 뛰어난 작가들은 자신이 직접 작곡해 가사를 붙이기도 했다. 송대에 다른 장르의 창작이 활발하지 않았던 것은 아니나 사는 문학사가들이 '당대에는 시唐詩, 송대에는 사宋詞'라고 표현할 정도로 송나라를 대표하는 장르로 자리매김하여 남녀노소, 계층을 불문하고 크게 사랑받았으며 20세기 초까지도 널리 유행했다. 사 자체가 연회에서 즐겨 부른 서정성 강한 노래 가사이다 보니 꽃, 여인, 술, 춤, 눈물 등이 자주 등장하고, 봄의 슬픔, 이별의 상심, 그리움, 회한 등이 주로 다루어졌으며, 섬세하고 화려한 분위기가 주를 이루어 '완약婉約(어여쁘고 함축적임)'이 정통 풍격으로 여겨졌다. 그 표현 영역이나 기능, 풍격 면에서 '시'와는 차이가 있었고 작가들도 이러한 장르의 차이를 인식했던 듯, 시에서는 표현할 수 없었던 극히 사적인 여린 감정들을 쏟아냈다. 물론 소동파 같은 대가는 이 장르에서도 호방한 풍격을 드러내어 내용과 표현 영역을 넓혔고, 남송대에 가서는 빼앗긴 북쪽 영토를 되찾아야 한다는 애국적 열정과 비분의 감정까지 담기게 되었다. 그러나 본래의 모습만 놓고 말하자면 사는 섬세하고 부드러운 '완약'한 풍격이 위주이고 시에 비해 대중성과 서정성이 강하다고 할 수 있다. 어쩌면 그 때문에 천 년의 시간을 건너뛰어 지금까지도 많은 사람들이 공감하고 즐기며 현대 곡조를 붙여 새로운 노래로 탄생할 수 있는 것이라 생각된다. 평쯔카이는 중국 사를 무척 좋아했는지 이 책의 거의 3분의 1에 달하는 분량을 사로 채웠는데, 그의 만화 한 컷 한 컷이 사의 서정성을 더할 나위 없이 잘 살렸다고 느껴진다. 이번 기회에 국내 독자들에게 사를 소개할 수 있게 되어 내심 반갑다.

평쯔카이가 만화로 고시사를 엮으면서 소개한 시사 작품은 대략 150편 가량으로 결코 적은 분량이 아니다. 이 책에서는 시대순으로 작품을 배열하고 있는데, 멀리는 기원전 옛날 노래부터 시작해 한漢 육조六朝 때 지어진 악부시와 고시古詩, 당송 이후 근체시近體詩와 사詞, 그리고 명청시대와 더 나아가 민국 초기에 창작된 시와 사까지, 2천 년도 넘는 세월 동안 읽혀온 작품들을 한 책에 담아내고 있다. 이백, 두보, 소식 등 우리에게 잘 알려진 작가부터 잘 알려지지 않은 작가 및 작가 미상의 작품에 이르기까지, 펑쯔카이는 본인이 평소 좋아하고 읊조리던 시사를 골라 이토록 어여쁜 그림책으로 엮었다.

이 책에 담긴 작품들을 번역하면서 펑쯔카이의 삶과 그 속에 깃들어진 철학을 느낄 수 있었다. 그가 고른 작품에는 소녀의 수줍은 설렘과 부잣집 공자의 호기로운 행색, 장부가 품었던 풍운의 뜻과 초라한 중년의 맥없는 한숨, 전쟁의 참혹함과 이별의 정한, 황량한 변새의 풍경과 불안한 시대의 기운, 땀 흘리는 농부와 천진하게 장난치는 아이들 등 역동적이고 치열한 삶의 현장들이 포착되어 있는데, 펑쯔카이는 그 특유의 관찰력과 초연함으로 예리하지만 끝내는 담담한 필치로 이 장면들을 그려냈다.

이 책에 수록한 작품에 이렇듯 수많은 주제가 담겨 있지만, 그중 펑쯔카이 그림의 매력을 단연 돋보이게 하는 것은 세상과 다툼을 잊고 사는 사람들이 연출해 내는 푸근한 장면들이다. 절강성 석문만에서 유년시절을 보내고 항주에서 학창시절을 보냈던 펑쯔카이의 영원한 고향, 물자 넉넉하고 산수 수려한 그 강남 땅을 배경으로 마음씨 고운 사람들의 소박한 삶이 그림으로 펼쳐지는데, 그 보통의 광경 속에 삶의 진리가 담겨 있음을 어렴풋이나마 느낄 수 있다. 추수하는 마을, 달 뜬 창가. 놀이하는 아이, 작은 탁자 놓고 술 마시는 노인, 닭 잡았다고 이웃을 부르는 사람들! 절제된 필치와 굵고 둥근 선으로 그려낸 마치 동화 같은 만화, 얼핏 보면 판화 같기도 한 그의 만화에는 이처럼 평화로운 시골 풍경이 있고, 동글동글 귀여운 아이의 얼굴이 있고(장녀 아바오阿寶도, 장남

잔잔瞻瞻도 그림 속에서 단골 손님으로 등장한다), 소박하게 살아가는 사람들의 나날이 있다. 논밭이 있고, 새와 꽃이 있고, 창과 달이 있고, 탁자와 술이 있다. 힘든 날들을 담담하게 살아내는 민초들의 웃음과 눈물이 있다. 시의가 있고, 유머가 있고, 연민이 있다. 그래서 보는 이로 하여금 지금의 현실 따위 모두 잊고 옛날을 떠올리며 웃음 짓게 하는 힘이 있다.

펑쯔카이의 이 책은 도도히 흘러 내려온 2천여 년의 중국 시사사詩詞史를 한 폭 한 폭의 그림을 통해 음미할 수 있게 해주는 보배로운 선물이다. 그래서 번역이라는 다소 지루한 작업을 진행하면서도 고전古典에 흠뻑 빠진 채 행복한 유영遊泳을 할 수 있었다. 옛날의 삶이 옛날의 것만은 아님을 다시금 느끼며, 고전을 공부하는 이유를 조금이나마 찾을 수 있었던 소중한 시간이었음에 감사한다. 이 책을 만난 독자들께서도 그림과 시를 아울러 음미하며, '그림 속에 시가 있고 시 속에 그림이 있다.'는 심미적 경지, 그 속에 담긴 소박한 생의 이치를 함께 느껴 보시길 바란다.

이주해 · 하경심
2020년 12월

〈차례〉

제2부_ 오늘 아침 풍광도 좋으니今朝風日好

제3부_ 작은 누각 서쪽 모퉁이에 끊긴 무지개가 선명하네
小樓西角斷虹明

제4부_ 차례대로 봄바람이 초가집에 불어오겠지次第春風到草廬

일러두기

1. 이 책은《펑쯔카이 만화 고시사豐子愷漫畫古詩詞》(상하이사회과학원출판사, 2017)를 번역한 것으로, 원서에 실린 중국 시와 사, 엮은이의 간평을 번역한 뒤 역자들의 감상 포인트를 덧붙였다.
2. 고대부터 신해혁명 전까지의 중국 내 지명과 인명 등은 한국어 한자음으로 표기했다. (예 저장성→절강성, 타오위엔밍→도연명)
3. 중국식 한자는 전부 한국식 한자로 바꾸어 표기했다.
4. 문학적 표현을 위해 비표준어를 사용하기도 했다. (예 님→임, 선들→선듯, 그러나→허나)
5. 이 책에 나오는 중국의 세시풍속과 그 절기는 한국의 것과 똑같진 않으나, 작품의 이해를 돕기 위해 원문 그대로를 번역하였다.
6. 잡지, 신문, 단행본은 겹화살괄호(《 》)로 표기하고, 시·사 제목을 포함한 문서는 홑화살괄호 (〈 〉)로 표기했다.

제1부

산에 나무 자라고 나무에 가지 자라건만

山有木兮木有枝

〔월인가越人歌〕

산에 나무 자라고 나무에 가지 자라건만, 그대 좋아하는 이 마음, 그대만 몰라요

월인가

(춘추시대) 작자 미상

오늘 밤은 무슨 밤인가요	今夕何夕兮
나룻배 타고 흘러갔어요❶	搴舟中流
오늘은 무슨 날인가요	今日何日兮
왕자님과 한배에 타게 되었어요	得與王子同舟
왕자님의 시선 받는 것 부끄럽지만❷	蒙羞被好兮
천한 저를 버리지도 나무라지도 않는군요	不訾詬恥
마음은 어지럽기 그지없으나	心幾煩而不絶兮
왕자님을 알게 되었잖아요	得知王子
산에 나무 자라고 나무에 가지 자라건만	山有木兮木有枝
그대 좋아하는 이 마음, 그대만 몰라요	心悅君兮君不知

* 주석

❶ 원시의 '건주搴舟'는 배를 끌고 가서 강 가운데 띄운다는 뜻이다.

❷ 늘 모욕을 당하던 사람이 관심을 받았다는 뜻이다. 혹자는 '그대의 시선을 받게 되었다.'로 해석하기도 한다.

* 간평

〈월인가〉는 춘추시대 초나라 사람이 번역한 월어越語로 지어진 노래로, 한나라의 저명한 학자인 유향劉向의 저서 《설원說苑》에 수록되어 있다. 유향은 이 시의 탄생 배경을 다음과 같이 설명하였다. "초왕의 아우인 악군자鄂君子 석晳이 배를 타고 유람을 나갔는데, 그를 앙모하던 월 땅의 처녀 뱃사공이 노를 끌어안고서 그를 향해 노래를 불렀다. 그 소리가 어찌나 아름답고 심금을 울리는지, 악군자 석은 그 즉시 사람을 시켜 이 노래를 초어楚語로 번역하게 하였다." 〈월인가〉는 중국에서 가장 오래된 민간 가요 중 하나이다. "그대 좋아하는 이 마음, 그대만 몰라요."는 지금까지도 사람의 마음을 흔들어 놓는 사랑의 속삭임이다.

* 감상 포인트

〈월인가〉는 중국에서 가장 오래된 사랑 노래이자 최초의 번역 작품으로, 《초사楚辭》의 근원 중 하나라 할 수 있다. 약 2,500년 전 물 맑고 풍경 수려한 남국의 물가, 그리고 그 물 위에 띄운 작은 배. 한 여인이 사랑하는 이를 배에 태우고 수줍게 속삭인다. "오늘 밤은 무슨 밤인가요?" "오늘은 무슨 날인가요?" 대체 이 밤이 무슨 밤이기에, 오늘이 무슨 날이기에 이와 같은 행운을 만났을까요? 격구로 이어지는 이 대목에서, 뜻밖에 사랑하는 이를 배에 태우게 된 처녀 뱃사공의 흥분된 심정을 엿볼 수 있다. 쿵쾅대는 심장, 늘 천대받아 오던 자신을 싫어하지도 부끄러워하지도 않는, 꿈에 그리던 왕자님. 산에 나무가 자라고 그 나무에서 가지가 자라듯 이 작은 가슴에 사랑의 싹이 트고 자라고 있건만, 야속하게도 그걸 몰라주는 님. 누구나 한 번은 해 보았을 첫사랑의 수줍음을 소박하고도 직접적인 언어로 잘 표현해 냈다.

작자 미상의 속요가 지닌 매력은 표현의 대담성에 있다. 고려 가요가 시조보다 더 매력적이듯, 사랑이라는 미묘한 감정을 거침없이 또 더할 나위 없이 세심하게 그려내니 말이다. 만일 이 시의 소녀가 배에 탄 왕자님과 사랑을 나누었다면, 어쩌면 이런 시를 후편에서 읊었을지도 모르겠다.

얼음 위에 대자리 엮어 님과 얼어 죽을망정
얼음 위에 대자리 엮어 님과 얼어 죽을망정
정 나눈 오늘 밤 더디 새시라 더디 새시라

— 고려 가요 〈만전춘滿殿春〉

〔연나라 조나라엔 미인도 많지燕趙多佳人〕

쌍쌍이 나는 제비가 되어, 진흙 물어다 그대 집 처마에 둥지라도 틀었으면

연나라 조나라엔 미인도 많지

(한) 작자 미상

연나라 조나라[1]엔 미인도 많아	燕趙多佳人
아름다운 얼굴 옥과도 같구나	美者顔如玉
몸에 걸친 옷가지는 비단 치마저고리	被服羅裳衣
창을 바라보며 청아한 곡조 고르는데	當戶理淸曲
그 소리가 어찌 그리도 슬픈가	音響一何悲
격앙된 소리로 보건대 기러기발이 촘촘하구나[2]	弦急知柱促
치닫는 마음을 두건과 허리띠로 달래고	馳情整巾帶
낮게 읊조리며 잠시[3] 망설여본다	沉吟聊躑躅
쌍쌍이 나는 제비가 되어	思爲雙飛燕
진흙 물어다 그대 집 처마에 둥지라도 틀었으면	銜泥巢君屋

* 주석

❶ 연나라 조나라는 전국시대戰國時代에 있던 나라로, 지금의 하북성河北省 일대에 해당한다.

❷ 박자가 너무 빠른 것으로 보아 기러기발을 촘촘히 세웠음을 알 것 같다는 말이다. 기러기발이란 거문고와 같은 현악기의 현을 고르는 데 쓰이는 기구로 안족雁足이라고 한다.

❸ 원시의 '료聊'는 잠깐, 잠시를 뜻한다.

* 간평

이 시는 〈고시십구수古詩十九首〉 중 하나인 〈높고 긴 동쪽 성벽東城高且長〉의 후반부에 해당한다. 동한 이후의 오언시는 사언시의 장중한 맛과 소체시騷體詩(초사에서 비롯되어 시구 가운데 '혜兮' 자가 들어가는 자구가 자유로운 시)의 매끄럽고 다채로운 맛이 다 들어 있는데, 그중 가장 대표적인 것이 바로 〈고시십구수〉이다. 여기 실린 19수의 시는 남조南朝 양梁나라의 소명태자昭明太子 소통蕭統이 편찬한 중국 최초의 시문선집《문선文選》에 수록되어 있다.《문심조룡文心雕龍》의 저자 유협劉勰은 이 시들을 "오언시 중 으뜸"이라고 칭송한 바 있다. 〈고시십구수〉의 작품명과 작가는 고찰이 불가능하다. 오늘날 우리가 부르는 제목은 모두 시의 첫 구절에서 따온 것이다.

* 감상 포인트

〈고시십구수〉 총 19수의 시에는 작자 미상 특유의 진솔함과 소박함, 그리고 생각보다 단순한 삶의 진리가 들어 있다. 천 년, 이천 년이 지나도 여전히 변치 않는 삶의 진리란 배고프면 울고, 힘들면 호소하고, 좋아하는 사람 앞에 서면 망설이고, 돌아서면 그리워하고, 헤어지면 보고프고, 인생의 무상 앞에 무기력함을 느끼고, 짧은 삶에 안타까워하고, 이별의 한, 고향 생각에 사무쳐도 보고, 이런 자잘한 감정일 것이다. 이런 것들을 멋진 시구로 조탁하지 않고, 굳이 어려운 말로 에둘러 표현하지도 않은 그런 보배 같은 시어들이 〈고시십구수〉 안에 가득하다. "쌍쌍이 나는 제비가 되어, 진흙 물어다 그대 집 처마에 둥지라도 틀었으면!" 평범하고 천근한 시어를 통해 애절한 그리움을 직접적으로 표현해 내는 과감성이야말로 후세 중국을 대표하는 근체시近體詩가 흉내 내지 못하는 미학적 경지이다.

〔술을 마시며飮酒〕

새벽에 문 두드리는 소리가 들리기에, 옷 거꾸로 입은 채 뛰어나가 대문을 여네

술을 마시며

(동진) 도연명

새벽에 문 두드리는 소리가 들리기에	淸晨聞叩門
옷 거꾸로 입은 채[1] 뛰어나가 대문을 여네	倒裳往自開
"누구냐"고 묻는 내 앞에	問子爲誰歟
좋은 마음으로 찾아온 농부가 서 있네	田父有好懷
술병 들고 멀리서 찾아와 인사하더니	壺漿遠見候
세상과 어울리지 못하는 나를 의아해하네	疑我與時乖
"남루하고 초라한 집은	襤縷茅簷下
훌륭한 거처라 할 수 없지요	未足爲高棲
온 세상 사람들이 그저 같아지기를 바라니[2]	一世皆尙同
그대도 진흙에 뒤섞여[3] 같이 사시길 바랍니다"	願君汩其泥
"어르신의 말에 깊이 느끼는 바 있습니다만	深感父老言
타고난 성정이 남들과 잘 어울리질 못합니다	稟氣寡所諧
말고삐 느슨히 쥐는 일이야 배울 수 있다지만[4]	紆轡誠可學
자신을 거스른다면 미혹됨이 아니겠습니까	違己詎非迷
이 술이나 같이 마십시다	且共歡此飮
나는 수레를 돌릴 수 없으니"	吾駕不可回

* 주석

❶ 너무 바빠 나가느라 옷을 위아래 거꾸로 걸친 것을 말한다.

❷ 온 세상이 서로 같아지는 것을 훌륭하게 여긴다는 뜻이다.

❸ '골汩'은 휘저어 더럽게 한다는 뜻이다.

❹ '우비紆轡'는 말고삐를 느슨하게 쥐다. 자신의 절조를 포기한다는 뜻이다.

* 간평

도연명陶淵明(365~427)은 이름이 잠潛, 자는 원량元亮, 시호는 정절靖節이다. 심양潯陽 시상柴桑(지금의 강서성 구강九江 서남쪽) 사람. 몰락한 벼슬아치 집안에서 태어났으나 그의 증조부 도간陶侃은 동진의 개국공신이었고, 모친은 동진의 명사인 맹가孟嘉의 딸이었다. 그러나 닷 되의 쌀(五斗米)을 벌기 위해 허리를 굽힐 수는 없다며 귀은歸隱한 결과, 가난하고 불우한 처지에 놓이고 말았다. 그의 시는 비록 소박하지만 도리어 비단보다 찬란하다.

현전하는 도연명의 시 125수 중에 '음주'라는 제목으로 엮인 시가 총 20수이다. 시의 서문에서 도연명은 이 시를 짓게 된 이유를 설명하고 있다. "나의 한가로운 삶은 무료하기 짝이 없다. 게다가 요즘은 밤까지 길어져, 어쩌다 좋은 술이 생기면 밤마다 마셨다. 홀로 그림자와 마주한 채 죄다 마시다 보면 어느새 술에 취했다. 술에 취하면 시 몇 구절을 지으면서 스스로 즐겼다. 이렇게 지은 시가 제법 많아졌는데, 뒤죽박죽 순서가 없다. 그래도 벗에게 이 시를 적도록 하여 즐거움으로 삼고자 한다." 펑쯔카이 선생이 그린 그림은 그중 아홉번째 시이다. 도연명이 전원으로 돌아와 은거할 때 몇몇 촌로가 술병을 들고 찾아와서 그냥 세상의 풍파에 몸을 맡긴 채 살아가라고 권하자, 도연명은 자신은 천성이 혼자이길 좋아하고 고고한지라 세상과 더불어 더러워질 수 없다며 그들의 권유를 거절한다.

* 감상 포인트

도연명은 〈오류선생전五柳先生傳〉을 지어, 바람이 선듯 불어오는 날 북창北窓 아래 누워 한가로운 날 고아한 정취에 흠뻑 빠진 자신의 모습을 묘사하고, "술 마시고 시를 지으면서 스스로 즐기나니, 무회씨 때 사람인가? 갈천씨 때 사람인가!(酣觴賦詩, 以樂其志, 無懷氏之民歟! 葛天氏之民歟)"라는 구절로 매듭지었다. 태곳적 사람처럼 부귀공명을 다 내던진 채 한 잔의 술과 한 편의 시를 즐길 줄 알았던 도연명이었으나, 사실 그의 마음속은 복잡하기 짝이 없었다. 입신立身, 입지立志, 입언立言. 전통시대 남아로 태어나 이루어야 할 일들이 얼마나 많았겠는가? 더구나 가장으로서 아내와 다섯 아들을 거느린 몸이다. 그래서 그는 자신의 귀향 결정에 대해 끊임없이 번뇌하고 반문할 수밖에 없었다. 그의 번뇌는 주옥같은 시편으로 승화되었는데, 이 시도 그중 하나라고 볼 수 있다.

이 시를 읽고 굴원屈原이 지은 〈어부漁父〉를 떠올리지 않을 수 없다. 남들처럼 살면 될 것을 왜 그리 힘들게, 고고하게 살고자 하느냐는 어부의 질문에 굴원이 답한 내용이다.

> "내가 들으니 새로 머리 감은 자는 반드시 관을 털고, 새로 목욕한 자는 반드시 옷을 털어 입는다고 하였소. 어찌 이 깨끗한 몸으로 더러운 세상의 것을 받아들일 수 있겠소? 차라리 상수에 몸을 던져 강 물고기의 뱃속에서 장사를 지낼지언정, 어찌 깨끗한 결백으로 세속의 먼지를 뒤집어쓸 수 있겠소?" 어부는 빙그레 웃더니, 노로 뱃전을 두드리며 떠나가면서 노래를 불렀다.
>
> 창랑수 물이 맑으면 내 갓끈을 씻고, 滄浪之水淸兮, 可以濯吾纓,
> 창랑수 물이 흐리면 내 발을 씻네. 滄浪之水濁兮, 可以濯吾足.
>
> 마침내 떠나서 다시 말이 없었다.

〔잡시雜詩〕

젊음은 다시 돌아오지 않고, 하루에 새벽은 두 번 있기 어렵네

잡시

(동진) 도연명

인생은 뿌리도 꼭지도 없어	人生無根蒂
길 위에 흩날리는 먼지와 같네	飄如陌上塵
바람에 이리저리 뒤집히더니	分散逐風轉
이 몸은 더 이상 옛날 모습 아니네❶	此已非常身
세상에 떨어졌으면 모두 형제이니	落地爲兄弟
어찌 골육하고만 친하다 하리오	何必骨肉親
기쁜 일이면 마땅히 서로 즐기고	得歡當作樂
한 말 술만 있어도 이웃과 모여야지	斗酒聚比隣
젊음은 다시 돌아오지 않고	盛年不重來
하루에 새벽은 두 번 있기 어렵네	一日難再晨
좋은 때❷ 놓치지 말고 마땅히 힘써야 하나니	及時當勉勵
세월은 사람을 기다려주지 않는다네	歲月不待人

* 주석

❶ '비상신非常身'이란 이 몸이 오래도록 변치 않는 몸이 아님을, 즉 변치 않을 것 같던 청장년 시절의 몸이 더 이상 아님을 말하고 있다. 생명이 바람결에 이리저리 뒹굴다 이 몸 또한 예전의 모습을 잃어버렸다는 뜻이다.

❷ 여기서 좋은 때란 젊었을 때, 아직 젊음이 남아 있는 오늘을 가리킨다.

* 간평

도연명의 〈잡시〉 12수는 진나라 안제安帝 의희義熙 10년(414)에 지어졌는데, 때는 50세이던 도연명이 귀은한 지 8년째 되던 해이다.
펑쯔카이 선생이 그린 것은 그중 첫 수이다. "인생은 뿌리도 꼭지도 없어, 길 위에 흩날리는 먼지와 같네."는 〈고시십구수〉 중 〈오늘은 좋은 잔칫날今日良宴會〉의 "세상에 깃든 한 평생, 홀연 광풍에 날아가는 먼지 같구나.(人生寄一世, 奄忽若飆塵)"와 통하는 면이 있다. 이 시의 작가는 한나라 말 가난하고 천한 삶에 염증이 난 무명 시인이다. 그는 "어찌 달리는 말에 채찍질하여, 중요한 길목을 차지하지 않는가?(何不策高足, 先據要路津)"라며 스스로 면려해 보지만, 관직에서 실의해 돌아온 도연명은 이와 반대로 공명과 이욕利慾에 대해 생각을 접은 지 오래였다. 그러나 이 시를 보면 도연명은 소극적으로 주저앉아만 있었던 것이 아니라 바람에 흩어지는 먼지처럼 몸 붙일 곳 하나 없는 인생에 허망해하는 한편, 사람들이 서로 아끼고 사랑하며, "좋은 때 놓치지 말고 마땅히 힘쓰기를" 바랐음을 알 수 있다.

* 감상 포인트

도연명의 〈잡시〉 12수에는 모두 덧없는 인생, 그 덧없음 속에서 느끼는 허탈이 기본 정서로 깔려 있다. 도연명은 중국 역대 시인들 중에서도 인생의 허무함을 가장 절절히 표현한 사람 중 하나이다. 특히 꼭지도 뿌리도 없이 어느 날 이 세상에 툭 떨어져 시작된 나의 인생, 세파에 시달리느라 옛모습마저 다 사라졌다는 시인의 고백에서, 반백 년을 살았으면 누구나 느낄 수 있는 보편적 서글픔이 느껴진다. 하루에 두 번 오지 않는 새벽, 이토록 물리적으로 저항할 수 없는 세월 앞에서 '즐길 수 있을 때 즐기고, 때를 놓치지 말고 힘쓰라'고 말해 보지만, 그마저도 애써 무심한 자기 위로로 들린다.

〈잡시〉 다섯 번째 수에서 이러한 느낌은 더 강렬해진다.

나 젊었을 적에는, 즐거운 일 없어도 절로 기뻤고	憶我少壯時 無樂自欣豫
사해 향한 큰 뜻 품고서, 날개 떨쳐 멀리 솟아오르려 했지	猛志逸四海 騫翮思遠翥
흐르는 세월에 이 몸 무너져, 이 마음도 차츰 사라져갔네	荏苒歲月頹 此心消已去
기쁜 일 만나도 즐겁지 않고, 매양 근심 걱정만 가득하네	値歡無復娛 每每多憂慮
기력은 점점 쇠해져, 하루하루 예전만 못함을 느끼는데	氣力漸衰損 轉覺日不如
골짜기 배 잠시도 쉬지 않고, 나를 끌고 감에 머물 수 없네	壑舟無須臾 引我不得住
살날이 얼마나 될까? 어디에 머물지 알 수 없구나	前塗當幾許 未知止泊處
고인들 촌음을 아꼈다는 말씀, 이를 생각하니 두려워지네	古人惜寸陰 念此使人懼

반백의 도연명은 한시도 쉬지 않고 흘러만 가는 시간 속에서 방황하는 영혼을 이토록 솔직하게 토로하였다. 《장자莊子 · 대종사大宗師》에 "골짜기에 배를 숨기고 못 속에 산을 숨겨 놓고 견고하다고 여기지만 밤중에 힘센 사람이 지고 가도 어리석은 사람은 모른다.(夫藏舟於壑, 藏山於澤, 謂之固矣. 然而夜半有力者負之而走, 昧者不知也)"라는 말이 나온다. 즉 가장 안전하다고 생각하는 곳에 내 삶을 매어놓아도, 힘센 장사와도 같은 시간은 어느새 찾아와 가져가 버린다는 뜻이다. 도연명은 여기서 '골짜기의 배(壑舟)' 두 글자를 가져와서 죽음을 향해 치닫고 있는 생명의 불안함을 형상적으로 표현하였다.

〔전원으로 돌아와서歸園田居〕

산골짝 계곡물 맑고도 얕아, 내 발 씻기에 참 좋겠구나

전원으로 돌아와서

(동진) 도연명

서글픠 홀로 지팡이 짚고 돌아와 보니	悵恨獨策還
구불구불 가시덤불 험난한 길을 지나왔네	崎嶇歷榛曲
산골짝 계곡물 맑고도 얕아	山澗淸且淺
내 발 씻기에 참 좋겠구나	可以濯吾足
갓 익은 술을 거르고	漉我新熟酒
닭 한 마리 잡아 이웃[1]을 부르네	隻雞招近局
해 지고 방 안 어두워	日入室中暗
싸리나무에 불 붙여 촛불을 대신하네	荊薪代明燭
이렇게 즐겁건만 밤은 어찌나 짧은지	歡來苦夕短
어느덧 하늘엔 아침 해가 떠오르네	已復至天旭

* 주석

❶ '근국近局'은 가까이 사는 이웃이라는 뜻이다.

* 간평

도연명의 시문은 소박하다. "서글픠 홀로 지팡이 짚고 돌아와 보니, 구불구불 가시덤불 험난한 길을 지나왔네."는 완적阮籍의 "때론 내 마음대로 길도 아닌 곳으로 홀로 수레 몰고 가다가, 길이 끝나는 곳에 서서 통곡하고 돌아왔다.(時率意獨駕, 不由徑路. 車跡所窮, 輒慟哭而反)"(《진서晉書 · 완적전阮籍傳》)라는 전고를 은연

중에 인용했다. 등산 도중 길을 잘못 들어 헤맸다는 뜻으로 볼 수도 있고, 벼슬살이를 하다가 슬퍼하며 돌아왔다는 뜻의 비유로도 볼 수 있다. "산골짝 계곡물 맑고도 얕아, 내 발 씻기에 참 좋겠구나."에서 그는 자신을 굴원의 어부에 비유하고 있다. 그러나 독자들은 글자 그대로 맨발을 맑고 얕은 계곡물에 담근다는 뜻으로 읽어도 좋다. 이처럼 "큰 기교일수록 졸박해 보이는(大巧若拙)" 예술 기법은 소동파蘇東坡로부터 "훌륭한 장인의 도끼질에선 흔적을 찾아볼 수 없다."는 찬사를 얻었다.

* 감상 포인트

자연으로 돌아와 느끼는 즐거움 중 가장 큰 것은 해를 시계 삼아, 대자연을 시장 삼아 사는 그런 여유일 것이다. 그러나 복작거리는 속세의 즐거움이라는 것 역시 선뜻 저버리기 어려우니, 분연히 떨치고 돌아간다는 게 어찌 그리 쉬운 일이랴. 그리고 한번 내린 결정에 어찌 또 후회가 없으랴. 도연명은 그 유명한 〈귀거래사歸去來辭〉를 지어 전원으로 돌아오게 된 과정을 서술했다.

> 돌아가자! 전원이 황폐해지려 하는데 어찌 돌아가지 않으리? 이제껏 마음이 육체의 부림 당하였으나 어찌 서러워하며 홀로 슬퍼만 할 건가? 지난 일 탓해봐야 무슨 소용 있으랴? 앞으로의 나날들 놓치지 않을 수 있다네. 길 잃고 헤매었으나 아직 멀리 온 것 아니니, 지금이 옳고 지난 세월이 틀렸다는 걸 이제야 깨달았네.

살아온 나날들이 틀렸음을 퍼뜩 깨닫고, 전원이 더 황폐해지기 전에 서둘러 돌아가는 시인의 가슴에는 부푼 희망이 안겨 있다. 흔들흔들 배 위에서 멀리 바라다보이는 내 집. 아이와 동복이 나를 반긴다. 이렇게 돌아온 고향 집에서 그에게 좋은 위로가 되어 주었던 것은 노동의 기쁨, 사시사철 변해 가는 자연의 풍광, 소나무와 국화, 그리고 한 말의 술을 함께 나눌 이웃이었다. 벼슬길에서 만난 영악한 인간들이 아니라 아무런 이해관계가 없는 소박한 사람들이었다. 밭 갈 때, 씨 뿌릴 때를 초보 농사꾼에게 살뜰히 알려주는 고마운 이웃들과 닭 한 마리 잡아 놓고 갓 익은 술을 걸러 한자리에 모였으니, 그 즐거움은 무진장의 것이었으리라. 그래서 시인에게는 이 밤이 야속하리만치 짧았다. 그러나 시인의 가슴 속에는 자신의 결정에 대한 확신이 안 설 때도 많아서, 온전히 즐거움만으로 여생을 보냈던 것은 아니다. 그의 심중 갈등은 다섯 명의 아들에게 준 편지에 잘 드러나 있다.

> 내 나이 어느새 오십이 넘었다. 젊어서부터 곤궁하여 늘 가난 때문에 이리저리 떠돌며 살아야만 했다. 성질은 드센데 재주라곤 없어 세상과 부딪히는 일이 많았다. 스스로 헤아려 보건대, 이러다간 세속의 우환을 남길 것만 같아 마지못해 세상을 떠나오다 보니, 어려서부터 너희들에게 추위와 배고픔을 겪게 했구나.

시인이 평생 안고 가야 했던 상처는 자신의 못남, 가족에 대한 죄책감 같은 것들이었다. 술로도 잊어보고, 노래로도 잊어보고, 그럼에도 결국 끝까지 놓을 수 없었던 미안함이었다. 그래서인지 소박하고, 청신하고, 사색적이고, 달관한 듯한 그의 작품 저변에는 언제나 허무함과 미련, 쓰라림이 서려 있다. 허나 그런 고민 속에서 방황하면서 평생을 보낼 수 있겠는가? 때때로 그에게 숨통을 틔어 주는 또 다른 삶이 있었기에 그는 살 수 있었고 또 노래할 수 있었다. 그런 즐거움이 있을 때마다 흔연히 붓을 들어 잠깐의 기쁨을 노래하였고, 그 시편들이 후세에 남아 도연명을 기억하게 해 주었다.

〔산해경을 읽고 讀山海經〕

밭 갈고 씨 뿌린 연후에, 가끔씩 돌아와 나의 책을 읽네

산해경[1]을 읽고

(동진) 도연명

초여름 맞아 풀도 나무도 자라나니	孟夏草木長
내 집을 에워싸고 가지가 무성하네[2]	繞屋樹扶疏
새들이 깃들 곳 있어 기뻐하듯	衆鳥欣有托
나도 내 오두막이 참 좋다네	吾亦愛吾廬
밭 갈고 씨 뿌린 연후에	既耕亦已種
가끔씩 돌아와 나의 책을 읽네	時還讀我書
외진 골목은 화려한 수레 다니는 곳[3]과 떨어져 있어	窮巷隔深轍
벗들의 수레도 왔다가 다시 머리 돌리곤 하네	頗回故人車
들뜬 기분으로 봄 술을 따라 놓고	歡然酌春酒
마당에 자란 채소를 뜯어 오네	摘我園中蔬
동쪽에서부터 가랑비가 내리더니	微雨從東來
산들바람도 같이 불어오네	好風與之俱
주나라 왕의 전기[4]를 넘겨 보다	泛覽周王傳
산해경의 그림을 감상하네	流觀山海圖
순식간에 우주를 두루 보았으니	俯仰終宇宙
이보다 더한 즐거움이 어디 있을까	不樂復何如

* 주석

❶ 《산해경山海經》은 중국의 산천 지리와 기이한 동물 혹은 부족들, 신화와 전설 등을 기록해 놓은 책이다.

❷ '부소扶疏'는 나뭇가지가 무성히 뻗어 있는 모습을 형용하는 말이다.

❸ '심철深轍'은 큰 수레가 지나가면서 찍힌 바퀴 자국을 말하는데, 다니는 수레가 많은 번화한 길을 상징한다.

❹ 주나라 왕의 전기란 《목천자전穆天子傳》을 가리킨다. 서진西晉 때 출토된 전국죽서戰國竹書(죽간竹簡에 쓰인 전국시대 문헌)에 주 목왕이 팔준마를 타고 서녘을 유람한 일이 실려 있다.

* 간평

이 시는 총 13수 중 첫 번째 시이다. 이 시에서 그리고 있는 것은 맑은 날 농사짓고 비 오는 날 책을 읽는 즐거움, 그리고 초여름 무성히 자라나는 만물의 생명력에 대한 찬가이다. "동쪽에서부터 가랑비가 내리더니, 산들바람도 같이 불어오네."는 천고에 길이 남은 명구로서 두보杜甫의 〈봄밤에 내리는 단비春夜喜雨〉 중 "바람 타고 밤에 모르게 내리어, 가랑비 소리 없이 만물을 적셔 주네.(隨風潛入夜, 潤物細無聲)"와 흡사한 느낌을 준다. 자연의 생명력에 대한 예찬은 펑쯔카이 선생 그림의 영원한 주제이기도 하다.

* 감상 포인트

도연명의 독서법은 "깊은 해석은 추구하지 않는다.(不求深解)"로, 당시 지식인들이 고서에 대한 전주箋註 작업, 즉 자구에 대한 분석과 해석에 천착하던 것과 상반되는 태도였다. 책을 읽기 위해 그가 준비한 것은 두 가지. 하나는 갓 담근 봄 술, 그리고 다른 하나는 직접 기른 채소들이다. 그 흐뭇한 순간에 가랑비에 산들바람까지 불어와 독서하기에 더없이 좋은 배경을 완성해 주었다. 그가 집어 든 책은《목천자전》과《산해경》. 두 책 모두 수많은 신화와 전설이 수록되어 있다. 집에 앉아《산해경》 그림을 감상하며 우주로 시공간 여행을 떠난 도연명은 "이보다 더한 즐거움이 어디 있을까!" 하며 벅찬 기쁨을 노래했다.

그러나 삼매三昧에 빠져 있던 내내 도연명의 가슴을 울렸던 것은 '삶의 유한함'이었다. 해와 경주를 하다가 목이 타서 강물을 다 들이켠 과보夸父는 죽었지만, 그가 땅에 꽂고 죽은 지팡이는 복숭아나무로 다시 살아났다. 바다에 빠져 죽었다가 새로 환생한 정위精衛는 자신이 빠져 죽은 바다를 메우기 위해 늘 작은 나뭇가지를 물어다가 물에 던졌다. 형천刑天은 목이 잘려 죽었지만 눈, 코, 입이 배로 옮겨가 다시 환생해 방패를 들고 춤을 추었다.

정위는 작은 나뭇가지 물어다가	精衛銜微木
창해를 메우려 했고	將以塡滄海
형천은 방패춤을 추며	刑天舞干戚
장한 뜻을 간직했네	猛志固常在
결국엔 같은 생명, 근심할 것 없다며	同物旣無慮
환생한 후에도 후회하지 않았으리	化去不復悔
하지만 한갓 옛날 일에만 마음을 써서야	徒設在昔心
좋은 시절을 그 언제나 만나려나	良辰詎可待

—〈산해경을 읽고〉 열 번째 시

죽음을 삶으로 승화시킨 불사의 상징들이지만, 도연명의 눈에는 부질없어 보일 뿐이었다. 기분 좋게 떠난 한바탕 마음의 여행에서 도연명은 삶의 유한함, 생사의 덧없음을 다시 한번 실감하는 동시에 생과 사에 대한 사색에 빠져 시름에 겨워하며 글을 매듭지었다.

제2부

오늘 아침 풍광도 좋으니

今朝風日好

〔군대를 따라從軍行〕

제방 옆 버드나무는 더위잡아 오르게 자랐건만, 변새 밖으로 떠난 사람은 돌아올 줄 모르네

군대를 따라

(수) 노사도

삭방[1]의 봉화가 감천[2]을 비추자	朔方烽火照甘泉
장안의 비장[3]이 기련산[4]을 나가네	長安飛將出祁連
서거 방패[5]에 옥검 찬 양갓집 자제	犀渠玉劍良家子
백마에 금안장 얹은 협객 소년	白馬金羈俠少年
아침이면 언월진[6]을 짜 우현왕 영토에[7] 주둔하고	平明偃月屯右地
저녁 무렵엔 어려진[8]을 펼쳐 좌현왕을 뒤쫓네	薄暮魚麗逐左賢
계곡의 돌호랑이는 화살을 맞은 적 있고	谷中石虎經銜箭
산 위의 금인은 하늘에 제사를 지냈다지[9]	山上金人曾祭天
저 하늘은 끝도 없이 펼쳐지고	天涯一去無窮已
계문[10]은 아득히 삼천리에 이어지네	薊門迢遞三千里
아침엔 마령[11]에 황사 모이는 걸 보더니	朝見馬嶺黃沙合
저녁엔 용성[12]에 구름 이는 걸 바라보네	夕望龍城陣雲起
마당의 고운 나무는 더위잡아 오르게 자랐건만	庭中奇樹已堪攀
변새 밖으로 떠난 사람은 돌아올 줄 모르네	塞外征人殊未還
천산[13] 저 너머 첫눈이 내리자	白雪初下天山外
뜬구름이 곧장 오원[14]으로 향하네	浮雲直向五原間
관산은 만 리나 되어 넘어갈 수 없으니	關山萬里不可越
그 누가 향긋한 달과 마주할 수 있으리오	誰能坐對芳菲月
흘러가는 물은 본디 사람 애간장을 끊어 놓고	流水本自斷人腸
얼어붙은 길은 예부터 말의 뼈를 다치게 했지	堅冰舊來傷馬骨

변방의 풍광은 중원과 달라	邊庭節物與華異
겨울 싸락눈 가을 서리가 봄에도 그치지 않네	冬霰秋霜春不歇
휘이 휘이, 긴 바람 강물을 건너오고	長風蕭蕭渡水來
줄지어 선 기러기 떼 하늘을 수놓네	歸雁連連映天沒
군대를 따라	從軍行
만 리 밖 용정[15]으로 출정했으나	軍行萬里出龍庭
선우[16]가 위교[17]에서 이미 무릎 꿇은 지금	單于渭橋今已拜
장군께서는 그 어디서 공명을 찾으시나요	將軍何處覓功名

* 주석

❶ '삭방朔方'은 원래 북방을 뜻하는 말이지만 여기서는 군郡의 이름으로 쓰였다. 지금의 내몽고 자치구 항금기杭錦旗 북쪽에 해당한다.

❷ '감천궁甘泉宮'은 원래 진秦나라 때 궁이었으나, 한 무제가 증축하여 제후와 빈객을 접대하는 장소로 삼기도 하고 여름 피서지로 삼기도 하였다.

❸ 여기서 '비장飛將'은 한나라 장군 이광李廣을 가리킨다.

❹ '기련산祁連山'은 흉노어로 천산天山이다. 감숙성 서부와 청해성 동북부 경계에 1천 킬로미터 길게 늘어진 산의 총칭이지만, 그중 가장 북쪽에 위치한 산만 따로 가리키기도 한다.

❺ '서거犀渠'는 무소 가죽으로 만든 방패의 이름이다.

❻ '언월진偃月陣'은 둥글게 굽은 달처럼 전군을 배치하는 고대 진법陣法의 하나다.

❼ '우지右地'는 흉노 우현왕의 영토로 서쪽 지역이다. 뒤에 나오는 '왼쪽 영토左地'와 상대되는 개념이다.

❽ '어려진魚麗陣'은 군영에서 실시하는 고대 진법의 하나로, 물고기 비늘처럼 죽 늘어서는 진을 말한다.

❾ '계곡의'부터 '지냈다지'까지는 한나라 전고를 가져왔다.《사기史記 · 이장군열전李將軍列傳》에 따르면 "이광이 수렵을 나갔다가 풀 속의 돌을 보고 호랑이인가 여기고 활로 쏘았는데, 화살이 돌에 박혔다. 가서 보니 돌이기에 다시 한번 쏘아보았으나 끝내 다시 뚫고 들어가지 못했다."고 한다. 또 한나라 장군 곽거병霍去病이 서역으로 출정 나가 승리한 후 휴도왕休屠王의 금인金人을 몰수해 하늘에 제사를 지냈다고 한다. 시인은 이 두 고사를 사용해 흉노 정벌에 나섰던 두 장군의 신위함을 표현하고자 했다.

❿ '계문薊門'은 연경팔경燕京八景의 하나인 계구薊丘를 말한다. 지금 북경시 덕승문德勝門 밖의 지역이다.

⓫ '마령馬嶺'은 지금 하남성 낙양洛陽에 있는 마령촌馬嶺村이다.

⓬ '용성龍城'은 한나라 때 흉노족의 땅으로 제천祭天하던 곳이라는 설도 있고, 지금의 하북성 노룡盧龍이라는 설도 있다.

⓭ '천산天山'은 중국 신강성 중부에서 뻗어 내려간 산맥을 말한다.

⓮ '오원五原'은 관새 이름이다. 지금의 내몽고 자치구 오원현이 여기 해당한다.

⓯ '용정龍庭'은 흉노 선우가 천지 귀신에게 제사 지내던 곳이다.

⓰ '선우單于'는 흉노의 왕을 부르던 호칭이다.

⓱ '위교渭橋'는 장안 부근 위수渭水에 놓인 다리로, 주로 이별을 상징하는 곳으로 인용된다.

* 간평

노사도盧思道(531~582)는 북조北朝와 수隋나라에 걸쳐 살았던 인물로, 자는 자행子行이다. 북제와 북주, 그리고 수나라에서 관리 노릇을 했다. 그래서 보통 수나라 시인이라고 부른다. 이 시는 당나라 변새시의 기초를 다진 작품이다. 《고금시화古今詩話》에 보면 촉蜀 땅으로 몽진 갔다 장안으로 돌아온 당 현종玄宗이 한밤에 근정루에 올라 "뜰 안 기이한 나무는 더위잡아 오르게 자랐건만, 변새 밖으로 나간 사람은 돌아올 줄 모르네."라는 구절을 읊조렸다 한다.

* 감상 포인트

〈군대를 따라從軍行〉는 악부 상화가사相和歌辭 평조곡平調曲에 속한다. 송나라 곽무천郭茂倩의 《악부시집樂府詩集》에 의하면 악부에 12개 부류 중에서 상화가사는 속악俗樂의 특징이 강해, 백성들의 희로애락이 가득 담긴 진솔한 작품이 가장 많다고 한다.

악부시, 상화가사. 이 두 가지 특징만으로도 시의 분위기를 대략 파악할 수 있는데, 더욱이 이 시의 제목은 〈종군행·군대를 따라〉이다. 고대 중국은 북방 민족과 끊임없는 전투를 치러야 했다. 이에 수많은 젊은이들이 고향 땅을 떠나 흉노 정벌에 징집될 수밖에 없었다. 이 시절 관새 밖 황량하기 짝이 없는 전장에서 겪어야 했던 고난들, 집에 홀로 남겨진 아낙네의 설움과 그리움을 시로 노래한 것이 바로 〈종군행〉이다. 이 시도 강렬한 전장의 묘사로 시작한다. 삭방, 봉화, 긴박하게 이어지는 한 바탕 또 한 바탕의 전쟁. 시인의 상상력은 흉노와의 전쟁이 가장 극렬했던 한나라 무제 때로 거슬러 올라간다. 언월진, 어려진을 짜고 좌현왕, 우현왕의 뒤를 쫓던 용맹했던 장군들을 불러낸다. 그러다 이내 분위기가 전환되면서 서로 떨어져 지내야 하는 부부의 애절한 심정을 표현하기 시작한다.

아내는 눈을 들어 아득히 먼 황하 이북 땅을 바라보다가 "마당의 고운 나무는 더위잡아 오르게 자랐건만, 변새 밖으로 떠난 사람은 돌아올 줄 모르네."라고 푸념한다. 이 구절은 〈고시십구수古詩十九首〉 중 〈마당에는 고운 나무 자라나 있어庭中有奇樹〉를 인용한 것이다.

마당에는 고운 나무 자라나 있어	庭中有奇樹
잎 푸르고 꽃은 활짝 피었네	綠葉發華滋
나뭇가지 잡고서 꽃가지 꺾어	攀條折其榮
그리운 님에게 보내려 하네	將以遺所思
꽃향기 소매에 가득하건만	馨香盈懷袖
길이 멀어 보낼 길이 없구나	路遠莫致之
이 꽃이 무에 귀할까	此物何足貴
이별 한만 되레 더욱 들게 하는걸	但感別經時

너무도 멀어 찾아갈 수도 없는 길. 저 무심한 바람은 삭방에서 이곳으로 불어오고, 기러기 떼는 훨훨 날아 삭방으로 날아가건만, 이 몸만은 님 계신 곳으로 날아갈 수가 없구나. 어여삐 뜬 달도 부질없어라. 충분히 공명을 얻었어요. 흉노 왕이 무릎을 꿇었어요. 그런데 당신은 왜 돌아오지 않으시나요?

〔촉주로 부임해 가는 두소릉을 보내며送杜少府之任蜀州〕

이 세상에 지기가 있다면, 하늘 끝 먼 곳도 이웃과 같다오

촉주로 부임해 가는 두소릉을 보내며

(당) 왕발

장안 성궐❶은 삼진❷ 땅을 보위하고	城闕輔三秦
아득한 연기 저 멀리로 오진❸이 보이네	風煙望五津
그대와 이별하는 이 마음 어떠할까	與君離別意
똑같이 떠돌며 벼슬하는❹ 처지	同是宦游人
이 세상에 지기가 있다면	海內存知己
하늘 끝 먼 곳도 이웃과 같다오	天涯若比隣
우리 이 갈림길에 서서	無爲在歧路
아녀자처럼 눈물로 손수건 적시지 맙시다	兒女共沾巾

* 주석

❶ 여기서 '성궐城闕'이란 당나라 때 도성인 장안을 가리킨다.

❷ 항우項羽가 진秦나라를 멸망시키고 섬서陝西와 관중關中을 항복해온 진나라 장수 세 명에게 분봉했는데, 이로 인해 후세에는 섬서성을 삼진이라 부르게 되었다.

❸ '오진五津'은 사천성四川省 경내에 있는 다섯 개의 나루를 말한다.

❹ '환유宦游'는 밖을 떠돌아다니며 관직을 구하는 것, 혹은 관직으로 인해 외지로 도는 것을 말한다.

* 간평

왕발王勃(650~676)은 자가 자안子安이고 강주絳州 용문龍門(지금의 산서성 하진河津) 사람이다. 왕발은 양형楊炯, 노조린盧照隣, 낙빈왕駱賓王과 더불어 '초당사걸初唐四傑'로 일컬어졌는데 그중 으뜸이었으며, 그가 지은 〈등왕각서滕王閣序〉는 초당 제일의 웅문雄文으로 일컬어진다. 이 시도 가가호호 누구나 알 만큼 널리 알려졌는데, 특히 "이 세상에 지기가 있다면 하늘 끝 먼 곳도 이웃과 같다오." 두 구절에는 호방한 기운이 넘쳐, 성당盛唐의 호방한 기상을 연 신호탄이라고 여겨진다.

* 감상 포인트

스물일곱 젊은 나이로 요절한 시인 왕발은 《구당서舊唐書》 기록에 따르면 여섯 살에 글을 지을 줄 알았고, 아홉 살에는 안사고顔師古의 《한서漢書》 주注를 읽고 《지하指瑕》 10권을 지어 오류를 바로잡았다고 한다. 열여섯에 과거 급제해 직조산랑職朝散郎에 제수되었으나 〈투계격鬪鷄檄〉을 지어 올렸다가 패왕부沛王府로 쫓겨났고, 3년 후에 다시 돌아와 괵주참군虢州參軍에 제수되었으나 관노를 죽였다는 이유로 다시 쫓겨났다가 부친을 만나러 돌아오는 도중 바다에 빠져 죽었다. 장안에서 벼슬하다 사천으로 폄적, 다시 돌아왔다가 교지交趾(지금의 베트남 북부)로 폄적, 잠시 돌아오다 바다에 빠져 사망. 짧은 생애를 참으로 격동적으로 살다 간, 기구한 운명의 불운한 천재이다.

삼진 땅 한 가운데 자리 잡은 장안성은 드높기만 한데, 두소부가 향해야 할 사천 촉주는 아득히 멀기만 하구나. 시인은 그 먼 땅으로 벗을 보내야 하는 복잡한 심경을 우선 물리적인 거리를 통해 묘사하였다. 젊은 나이에 벌써 벼슬살이의 고락을 이해한 그. 그러한 아픔을 서로 잘 아는 동료 하나를 이제 멀리 사천 땅으로 보내야만 한다. 그대나 나나 환해宦海를 떠돌며 벼슬살이 하는 처지이니, 서로의 마음은 말로 하지 않아도 잘 알 수 있을 테지.

그러나 젊디젊은 시인은 슬픔에 목메지 않는다. 대신 천고에 길이 남을 호방한 한마디를 던진다. "그 어디건 나를 알아주는 사람만 있다면, 하늘 끝 땅 끝도 이웃이나 마찬가지라오." 부디 그곳에서도 지기를 만나기를. 눈물 대신 내미는 축복 어린 손! 먼 길 떠나는 이의 어깨가 한결 가벼워졌을 것 같다.

〔산에서 내려오며 부르는 노래下山歌〕

소나무 사이 밝은 달은 언제나 한결같건만

산에서 내려오며 부르는 노래

(당) 송지문

숭산을 내려오며 생각도 많아	下嵩山兮多所思
고운 님 손을 잡고 천천히 걸음 걷네	携佳人兮步遲遲
소나무 사이 밝은 달은 언제나 한결같건만	松間明月長如此
그대와 다시 노닐 날은 그 언제일까요	君再游兮復何時

* 간평

송지문宋之問(656~712)은 자가 연청延淸이며 분주汾州(지금의 산서성 분양현汾陽縣) 사람이다. 시문에 뛰어나 당시 '심전기沈佺期'와 '심송沈宋'으로 병칭되었다. 고종高宗 때 진사가 되어 관직을 두루 역임하였고, 황제를 호종하며 함께 연회에 참석해 수많은 응제시應製詩를 지었다. 특히 5언율시의 기틀을 다지고 7언율시를 창조하여 후세 율시의 발전에 큰 영향을 미쳤다.

이 시는 초사체楚辭體에 속한다. 춘추시대 제나라 재상 관중管仲이 〈상산가上山歌〉를 지어 산에 오르는 병사들을 북돋았다고 하는데, 이 시는 바로 그것을 모방하여 지은 것이다. "소나무 사이 밝은 달은 언제나 한결같건만"에서 느껴지는 고아함과 한적함이 평생 공리功利를 추구하느라 급급해 수단을 가리지 않았던 송지문의 일생과 선명한 대비를 이룬다.

* 감상 포인트

송지문만큼 문학과 인격에 관한 평가가 확연히 나뉘는 인물도 흔치 않을 것이다. 이른바 궁정문인宮庭文人으로 분류되며 권력에 아부하는 내용의 응제시를 평생 숱하게 지었지만, "오언시에 능해 당시 그를 능가할 자가 없었"으며 칠언율시를 확립한 공로는 누구도 부정하지 못한다. 고종, 측천무후, 중종. 당나라 최악의 진흙탕 조정에서 벼슬하면서 그는 총애도 받았고, 죄를 지어 내쳐지기도 했다. 조정에 복귀했으나 뇌물죄로 폄적되었고, 다시 저 멀리 광서廣西 땅으로 유배되어 현종이 즉위하자 곧 사사되었다.

이 시는 초사체로 지어졌는데 송지문은 이 초사체를 멋있게 변형시켰다. 매 행의 네 번째 글자에 초사체의 상징과도 같은 '혜兮' 자를 놓아 유유하고도 애잔한 느낌으로 시를 끌어가다가 세 번째 구에 이르러 '혜' 자를 버리고 칠언시 본연의 모습으로 돌아간다. 느릿느릿 늘어지던 박자가 마치 클라이맥스에 오른 듯 빨라지다가 마지막 구에서 다시 초사체로 돌아가 느릿한 속도로, 아쉬움을 남긴 채 끝맺음한다. 이처럼 멋진 변주로 낭만적이고 서정적인 느낌을 표현했으니, 그의 문학성에는 찬사를 보낼 수밖에 없다.

〈황학루黃鶴樓〉

날 저물어 가는데 고향 땅은 그 어디메인가? 안개 자욱한 강가가 사람 시름만 더하는구나

황학루[1]

(당) 최호

옛사람은 이미 황학을 타고 가버리고　昔人已乘黃鶴去
여기 빈자리에 황학루만 남았구나　此地空餘黃鶴樓
한번 가버린 황학은 다시 오지 않건만　黃鶴一去不復返
흰 구름만 천년을 유유히 흘러 다닌다　白雲千載空悠悠
맑은 시냇가에 역력히 이어진 한양의 나무　晴川歷歷漢陽樹
꽃과 풀이 흐드러지게 뒤덮은 앵무 삼각주[2]　芳草萋萋鸚鵡洲
날 저물어 가는데 고향 땅은 그 어디메인가　日暮鄉關何處是
안개 자욱한 강가가 사람 시름만 더하는구나　煙波江上使人愁

* 주석

❶ 황학루 옛터는 지금 호북성 무창현武昌縣에 있다. 19세기 말에 화재를 입었다가 1985년에 재건되었다. 전설에 따르면 이곳에서 신선이 학을 타고 승천했다고 한다.

❷ 앵무의 삼각주는 보통 '앵무주鸚鵡洲'라고 불리는 곳으로 역시 무창현 서남쪽에 있다.《후한서後漢書》기록에 따르면, 동한 말에 강하江夏 태수太守 황조黃祖가 이 삼각주에서 크게 연회를 베풀 적에 한 빈객이 앵무를 바쳤기에 앵무주라는 이름을 얻었다고 한다.

* 간평

최호崔顥(704~705)는 변주汴州(지금의 하남성河南省 개봉시開封市) 사람이다. 현종 때 진사가 되었고, 시로 명성이 높았다고 하나 현전하는 시는 40수에 지나지 않는다.

이 시에서는 옛일을 조문하면서 고향을 그리워하는 내용을 적었다.《창랑시화滄浪詩話》의 저자 엄우嚴羽는 이 시를 당대 7언율시 중 최고로 꼽았다. 전하는 바에 따르면 이백李白 역시도 황학루라는 제목으로 시를 한 수 지으려고 했는데, 최호가 지은 이 시를 보고는 도저히 따라갈 수 없다고 여기면서 "눈앞에 펼쳐진 풍경 말로 표현할 길 없나니, 최호의 시가 머리 꼭대기에 있다네." 라고 말하면서 붓을 내려놓았다고 한다.

* 감상 포인트

강서江西 남창南昌의 등왕각滕王閣, 호남湖南 악양岳陽의 악양루岳陽樓와 더불어 강남 3대 누각으로 꼽히던 황학루는 삼국시대 오나라 군주 손권孫權이 지었다고 전해진다. 지금은 처음 모습이 남아 있지는 않지만, 악양루에 올라가 본 경험에 비추어 볼 때 그 규모가 아마도 상당했을 것이다. 그래야 손권이 촉나라 유비劉備를 대비해서 세운 망루답지 않겠는가!

《삼국지》를, 보다 정확히 말해《삼국지연의》를 혹심히 좋아하는 한국인들이 황학루에서 처음 떠올리는 사람이 손권이라면, 도교 문화가 발달한 중국인들이 먼저 떠올리는 것은 전설 속 선인仙人들이다.《제해지齊諧志》에는 선인 자안子安이 황학을 타고 이곳에 나타났다고 하였고,《태평환우기太平寰宇記》에서는《도경圖經》을 인용하여 선인 비문위費文偉가 여기서 황학을 타고 등선했다고 하였다. 시인 최호는 이 높은 누대에 올라 생각했다.

'아! 옛사람은 이곳에서 누런 학을 타고 신선이 되었다던데, 천년이 지난 지금 등선했다는 사람은 보이지 않고, 흰 구름만 무심히 천년 세월을 흐르고 있다.'

최호의 시야에 가까이로 또 멀리로 곳곳의 풍경들이 들어왔다. 황학루 제일 높은 곳에 올라 사방을 조감하는 시인의 시선을 따라가 본다. 맑은 강, 그 사이로 역력히 보이는 한양까지 늘어선 나무들, 방초 흐드러진 앵무주. 시선은 가까운 곳에서 먼 곳으로 이어진다. 저 너머, 저 너머 나의 고향은 어디쯤일까? 희뿌옇게 피어오르는 강가의 안개가 아련한 시각적 효과를 더하면서 시인의 시름을 한껏 고조시킨다.

〔장간행長干行〕

물어볼 게 있으니, 배를 잠시 세워 주세요. 혹 고향이 같을지도 모르니까요

장간행[1]

(당) 최호

당신 집은 어디인가요 君家何處住
저의 집은 횡당[2]에 있답니다 妾住在橫塘
물어볼 게 있으니, 배를 잠시 세워 주세요 停船暫借問
혹 고향이 같을지도 모르니까요 或恐是同鄉

* 주석

❶ 장간행은 예부터 전해 오는 악부시의 제목 중 하나로 〈장간곡長干曲〉이라고도 하고 〈강남곡江南曲〉이라고도 한다. 악부 잡곡가사雜曲歌辭에 속하며, 장간리 일대에서 유행하던 민가였다고 한다. 장간리는 지금 남경시 진회하秦淮河와 우화대雨花臺 사이라고 한다.

❷ '횡당橫塘'은 옛날 오吳 땅 지명이다. 지금 소주蘇州 서남쪽의 횡당이 가장 유명하다.

* 간평

옛날에는 교통 통신이 불편해서 외지로 나간 사람들은 동향인 혹은 친구들을 유난히도 각별히 여겼다. 이 시 속의 여자는 한 남자의 말투를 듣고, 혹 동향인이거나 혹 아는 사람이 아닐까 하는 생각에 말을 건넨다. 물론 처음 보는 남자에게 마음이 동해 "혹 고향이 같을지 모르니까요."라는 핑계로 먼저 말을 건넸을 수도 있다.

* 감상 포인트

두 가지 추측이 가능하다. 동향인을 만난 반가움이거나, 이상형을 만난 설렘이거나. 단, 외국어 수준에 그 종류도 수십 종(혹은 수백 종)에 이르는 중국의 방언을 감안해 볼 때, 비슷한 말투를 듣고 각별한 친근감을 느꼈을 가능성은 다분하다.

이 시는 민가民歌 같기도 하고, 수준 높은 창작품 같기도 하다. '행行'이라는 제목으로 소박한 민가풍임을 각인시키고, 일방적인 대화만을 기술하여 현장감과 생동감을 부여하였다. 일생에 관한 많은 정보가 남겨져 있지 않은 최호라는 시인을 다시금 기억하게 하는 작품이다.

이 시는 모두 4수로 이루어져 있는데, 펑쯔카이 선생이 가져온 것은 그중 첫 번째 수이다. 매 수 4구, 총 20글자로 되어 있어 편폭도 짧고 내용도 흥미진진하므로 함께 소개한다.

나의 집은 구강 물가에 있어서	家臨九江水
구강 옆길로 다녔습니다	來去九江側
같이 장간 사람인데	同是長干人
어려서부터 서로 알지 못했군요	自小不相識

두 번째 수는 첫 번째 수에 대한 답가答歌라고 볼 수 있다. 첫 번째 수에서 소녀가 "저의 집은 횡당에 있답니다. 혹시 동향이 아닐까요?"라며 먼저 말을 걸자 두 번째 수에서는 소년이 대답한다. "나의 집은 구강 물가에 있습니다. 같이 장간에서 자랐는데, 어려서부터 서로 알지 못했군요." 이제라도 만나서 다행이라는 뜻일까? 아니면 어려서부터 몰랐으니 지금 만났다 해도 별 의미 없다는 뜻일까?

아래 물섬엔 풍랑이 심해	下渚多風浪
연밥 따는 배 점차 줄어드네요	蓮舟漸覺稀
어찌 기다리지 않고서	那能不相待
홀로 물길 거슬러 돌아가겠어요	獨自逆潮歸

세 번째 수이다. 소녀가 소년에게 기다리겠다고, 함께 돌아가자고 말하는 것으로 보아 소년이 어느 정도 마음을 열었는가 보다.

삼강엔 조수 세차게 거슬러 올라오고	三江潮水急
오호엔 풍랑이 거세지지만	五湖風浪湧
본래 꽃이란 가벼우니	由來花性輕
연꽃 실은 배 무겁다 두려워 마오	莫畏蓮舟重

네 번째 수인데, 삼강도 오호도 물결 사납지만, 연꽃은 가벼우니 배 무거울까 두려워하지 말라는 말은 소년이 소녀를 안심시키기 위해 한 말로 들린다. 아마도 둘은 함께 돌아가려나 보다.

사실 네 수의 시가 서사하고 있는 것은 몇 분 안 되는 짧은 시간이었을 텐데, 말투로 재현한 두 사람의 심리 묘사가 매우 탁월하여 마치 긴 장면을 감상한 듯한 느낌을 준다.

〔연꽃을 꺾으며採蓮曲〕

만났어도 혹 찾지 못할까 두려워, 둘이 목란 배를 나란히 모네

연꽃을 꺾으며[1]

(당) 최국보

옥처럼 맑은 강가엔 꽃이 다투듯 피어나고	玉溆花爭發
황금빛 연못엔 물이 어지러이 흐르네	金塘水亂流
만났어도 혹 찾지 못할까 두려워	相逢畏相失
둘이 목란 배[2]를 나란히 모네	幷着木蘭舟

* 주석

❶ 〈채련곡〉은 옛날 악부시 제목으로, 《강남농江南弄》 7곡 중 하나이다. 〈채련녀採蓮女〉 혹은 〈호변채련부湖邊採蓮婦〉 등의 제목으로 소개되기도 한다. 주로 강남 일대의 풍광을 묘사하고 있는데, 특히 여성들의 생활상 및 그들의 감정생활에 대한 묘사를 위주로 하고 있다.

❷ 목란 배(木蘭舟)는 목란 나무로 만든 배를 말한다. 남조 임방任昉이 지은《술이기述異記》에 "심양潯陽강에 목란 배가 있는데, 그곳에 목란 나무가 많다. 옛날 오왕 합려가 이곳에서 목란을 길러 궁전을 지었다. 칠리주七里洲에 노반魯班이 목란 나무를 깎아 만든 배가 있는데, 지금까지도 그곳에 남아 있다고 한다. 시인이 말하는 목란 배는 바로 여기서 나왔다."라는 기록이 보인다.

* 간평

최국보崔國輔(687~755)는 오언절구를 가장 잘 지었으며, 남조南朝 악부민가의 느낌을 가장 잘 표현하였다. 그러나 시집은 지금 전해지지 않는다.

최국보는 오군吳郡(지금의 강소성 소주蘇州) 혹은 산양山陽(지금의 절강성 소흥紹興) 사람으로 추정된다. 두 곳 모두 수향水鄕으로 이름나서인지, 이 시는 수향에서는 볼 수 있는 정경을 잘 묘사하고 있다. 연꽃 가득한 연못에 물결이 질탕한데, 사람 키보다 더 자란 연꽃에 우연히 만난 연인이 혹시라도 서로를 찾지 못할세라 기어이 목란 배를 나란히 하고 천천히 저어 간다. 그 정경으로, 그 마음으로, 사람 심정을 흠뻑 취하게 한다.

* 감상 포인트

연꽃 가득 핀 못을 보았는가? 생각보다 장대한 모습에 놀람을 금치 못할 것이다. 옥처럼 푸른 물에 꽃이 다투듯 피었는데, 햇빛에 출렁이는 금빛 물결이 그 사이를 어지러이 흐른다. 연꽃을 따러 나왔다가 우연히 만난 두 사람은 행여 서로를 놓칠세라 배를 나란히 하고서 노 저어 간다. 강남 땅 수향水鄕 출신이라서 물가 여름의 정경을 이처럼 잘 표현한 것일까? '옥'과 '금' 두 글자로 나타난 선명한 색채 대비는 이내 푸른 물에 희고 붉은 꽃, 그 사이에 일렁대는 황금빛 물결을 눈앞에 펼쳐지게 한다. '다투듯'이라는 글자는 '어지러이'라는 글자와 짝을 이루었고, '피어나 있는' 정태靜態는 '흐르는' 동태動態와 짝을 이루었다. 딱 두 구절로 이미 모든 배경화면을 완성해 놓은 셈이다.

이 그림 같은 화면에 등장하는 것은 아직 만나기만 해도 설레는 젊은 연인들이다. 물 위에서 마주쳐 기쁨에 상기된 두 사람은, 혹시라도 저 물살이 서로를 갈라놓을까 봐 두 배를 단단히 묶어 놓고 나란히 노 저어 간다. 향긋한 연꽃 향기 속에 나란히 미끄러져가는 목란 배. 그 위에 앉아 한곳을 바라보는, 혹은 서로를 응시하는 젊은 연인들이 눈앞을 스쳐 지나가는 듯하다.

주석에 보이듯, 목란 배는 목란 나무로 깎아 만든 배이다. 오왕 합려가 궁전을 짓기 위해 특별히 키운 나무이니, 매우 귀하고 향기로운 나무였을 것이다.

더구나 이 나무로 처음 배를 만든 사람은 춘추전국시대 노魯나라의 명장名匠 공수반公輸般이다. 오랜 시간이 흘렀다지만 여느 배에 비해 그 제작이 당시로서는 매우 뛰어났을 것이다.

금 상앗대의 목란 배 金槳木蘭船,
장난치며 강남에서 연꽃을 따네 戲採江南蓮

— 유효위劉孝威, 〈채련곡採蓮曲〉

목란 배를 나란히 띄우고 도란도란 사랑을 이야기하는 연인은 꽤 부잣집 자제였는가 보다.

〔낙양 여아행洛陽女兒行〕

가난하고 천하여 강가에서 손수 빨래를 한다 해도

낙양 여아행

(당) 왕유

낙양의 여인이 맞은편 집에 사는데	洛陽女兒對門居
모습 보아하니 이제 갓 열다섯 남짓 되었겠네	才可容顔十五餘
낭군은 옥 재갈 물린 청총마를 타고	良人玉勒乘驄馬
시녀는 금 쟁반에 잉어회를 올리네	侍女金盤鱠鯉魚
화려한 집 붉은 누각이 끝없이 이어지고	畵閣朱樓盡相望
붉은 복사꽃 푸른 버들이 담장 향해 늘어졌네	紅桃綠柳垂檐向
나갈 땐 비단휘장 친 칠향거[1]에 타고	羅帷送上七香車
돌아올 땐 화려한 부채[2] 들고 구화장[3]에 드시네	寶扇迎歸九華帳
서방님[4]은 부귀한 데다 한창 젊은 나이	狂夫富貴在青春
교만하고 사치스러운 기개는 석숭石崇[5]도 이긴다네	意氣驕奢劇季倫
스스로 벽옥[6]을 아껴 몸소 춤을 가르치고	自憐碧玉親教舞
산호도 아끼지 않고 가져다주었네[7]	不惜珊瑚持與人
봄날 창에 아침 해 떠야 구미등[8]을 끄니	春窓曙滅九微火
구미등이 조각조각 꽃문양 이어진 창살에 떨어지네	九微片片飛花瑣
놀이가 끝났어도 노래 익힐 시간 없으니	戯罷曾無理曲時
곱게 단장하고서 향기 쐬며 앉아 있을 뿐	妝成只是熏香坐
성안의 지인들은 모두가 부잣집 사람들이라	城中相識盡繁華
밤낮으로 조 씨와 이 씨네 집을[9] 찾아다니네	日夜經過趙李家
옥처럼 어여쁜 월 땅 여인[10]을 그 누가 불쌍히 여길까	誰憐越女顔如玉
가난하고 천하여 강가에서 손수 빨래를 한다 해도	貧賤江頭自浣紗

* 주석

❶ '칠향거七香車'는 일곱 종류의 향목으로 깎아 만든 수레이다.

❷ '보선寶扇'은 고대 부귀한 여인네들이 외출할 때 얼굴을 가리기 위해 들고 다니던 새 깃털로 장식한 부채이다.

❸ '구화장九華帳'은 화려한 꽃무늬를 수놓은 휘장을 말한다.

❹ '광부狂夫'는 '졸부拙夫'와 같은 표현으로 고대 부녀들이 자신의 남편을 부를 때 사용하던 겸사謙辭였다.

❺ '계륜季倫'은 진晉나라 석숭石崇의 자이다. 그는 부귀영화의 상징으로 불릴 만큼 대단한 집안에 부자였으며, 녹주綠珠라는 애첩을 사랑한 것으로도 유명하다.

❻ '벽옥碧玉'은 《악부시집樂府詩集》에 따르면 남조 송나라 때 여남왕汝南王의 애첩 이름이라고 한다. 그러나 여기서는 '녹주'를 상징하는 용어로 사용한 듯하다. 한나라 사람들이 왕소군王昭君을 불쌍히 여겨 부르던 〈명군明君〉이라는 노래가 있었는데, 석숭의 애첩인 녹주가 춤을 잘 추었으므로 석숭이 이 곡을 직접 가르쳤으며, 또 스스로 〈명군〉이라는 노래를 지어 녹주로 하여금 부르게 하였다는 기록이 있다.

❼ 이 구절 역시 석숭과 관련된 유명한 고사로, 《세설신어世說新語 · 치태侈汰》편에 기록되어 있다. 당시 부귀로 어깨를 나란히 하던 왕개王愷가 사마염이 하사한 두 자나 되는 귀한 산호수 하나를 내보이며 자랑하자 석숭이 철여의를 던져 산호수를 부숴 버렸다. 왕개가 격노하자, 석숭은 태연히 "내 지금 산호수를 가져올 테니, 마음에 드는 걸 가져가시오."라고 말하면서 하인에게 자기 산호수를 모두 가져오게 했다. 그중에는 석 자, 넉 자짜리가 예닐곱 개나 있었으며 모두 왕개의 것보다 훨씬 아름다웠다.

❽ '구미등九微燈'은 궁궐이나 벼슬아치 집에서 사용하는 등을 말한다.

❾ 조 씨와 이 씨는 후궁에서 한나라 성제成帝의 황후가 된 조비연趙飛燕과 첩

여婕妤가 된 이평李平을 말하는데, 여기서는 부귀한 귀족 집안을 상징하는 말로 사용되었다.

⑩ 월 땅 여인은 춘추시대 월나라의 미녀 서시西施를 가리킨다. 서시가 범려范蠡의 눈에 띄기 전 빈천했을 때, 강가에 앉아 빨래하고 있던 중 물고기가 강물에 비친 서시의 아름다움에 반해 헤엄치는 것을 잊고 강바닥으로 가라앉았다고 한다. 이런 서시의 아름다움에 빗대 '침어侵魚'라는 성어가 생겨났다.

* 간평

왕유王維(699?~759?)는 자가 마힐摩詰이고 하동河東 포주蒲州(지금의 산서성 운성運城) 사람이다. 개원 19년(731)에 과거 급제하였으며 숙종 때 다시 상서우승尙書右丞에 제수되어 '왕우승王右丞'이라고 불렸다. 맹호연孟浩然과 더불어 산수시의 대가로 추앙받았고, 산수화의 거장으로서 후세에 남화의 시조로 일컬어졌다. 또 불교에 심취해 시불詩佛이라 불리기도 하였다.

초당사걸 중 한 명인 노조린盧照隣이 〈장안고의長安古意〉라는 빼어난 시를 지어, 장안의 귀족 호족의 사치스러운 생활을 비판한 바 있다. 이 시는 그 영향을 받았다고 볼 수 있는데, 함축적으로 황족 및 왕족들을 비판하는 면에서 일맥상통한다. 〈장안고의〉에서 노조린은 자기 자신을 불우하게 살다 간 서한西漢의 재사才士 양웅揚雄에게 비유하였는데, "적막하고 쓸쓸한 양자의 집(寂寂寥寥楊子居)"과 "양나라의 화려한 누각은 하늘 높이 솟았네.(梁家畵閣天中起)"가 선명한 대비를 이룬다. 이 시의 마지막 두 구절은 재주를 품고도 이를 펼치지 못한 자신의 신세를 원망하는 듯하다.

* 감상 포인트

산중재상山中宰相이라 불리던 산수山水 시인 왕유의 시는 얼핏 '풍자' 내지는 '비판'이라는 단어와 어울리지 않아 보인다. 왕유의 시라고 하면 많은 사람들이 "시 속에 그림이 있고, 그림 속에 시가 있다(詩中有畵, 畵中有詩)."는 소동파의 평어를 떠올리듯, 시와 그림 모두에 능했던 왕유는 시 중에서도 산수의 정경을 그림처럼 표현하는 것으로 유명하다. 그러나 이 시는 부유한 자들의 형상을 통해 가난한 자들의 심경을 읊은, 왕유의 시 중 단연코 보기 드문 작품이다.

시인은 맞은 편 집에 사는 열대여섯 살 소녀를 바라본다. 그 젊은 여인이 호족에게 시집가 온갖 부귀영화를 누리는 장면을 시인은 옥이며 금이며, 비단이며 보물 등을 총동원해 묘사하였다. 그들이 누리는 부귀를 한껏 과장하기 위해, 역사상 부자 하면 빠지지 않는 석숭石崇까지 끌어들였다. 본디 어여쁜 여인은 '금옥金屋'에 감춰 둔다고 하지 않았던가. 어마어마하게 큰 산호수를 여의如意(등긁개)를 휘둘러 보란 듯이 깨버렸던 석숭처럼, 한창 청춘에 겨운 낭군은 밤에도 구미등을 밝혀 놓고 쾌락을 누리며 열대여섯 살 애첩을 애지중지한다. 애첩은 춤 연습도, 노래 연습도 할 겨를 없이 그 옆에 인형처럼 앉아 시중을 든다. "향을 쐬며 앉아만 있는" 낙양의 여인이라는 묘사에서, 알 수 없는 공허함과 무료함이 느껴진다.

온갖 호사스러움을 묘사한 후 시인은 뜻밖에 오왕吳王 부차夫差를 멸망에 몰아넣은 여인, 서시西施를 호출한다. 아직 모략가 범려를 만나지 못한 서시는 옥처럼 어여쁜 얼굴로 항주 어디쯤에선가 완사浣紗, 즉 비단을 빨고 있다. 서시가 만약 끝까지 빨래만 빨았다면 그 고운 얼굴도 아무 소용없었으리라. 아마도 시인은 이 구절을 통해 고귀한 재주를 품고도 지우知遇를 입지 못한 남아들의 회한을 은유하려고 했던 모양이다.

소년행

(당) 왕유

신풍❶의 맛 좋은 술은 한 말에 만 꿰미나 하고	新豊美酒斗十千
함양❷의 유협❸ 중엔 소년도 많다오	咸陽游俠多少年
만남 김에 의기에 넘쳐 임금 위해 술 마시느라	相逢意氣爲君飮
높은 누대 수양버들 아래 말을 매어 놓았소	繫馬高樓垂柳邊

* 주석

❶ '신풍新豊'은 지금의 섬서성 서안 임동구臨潼區 동북쪽에 해당한다. 맛 좋은 술로 유명하다.

❷ '함양咸陽'은 전국시대 진秦나라의 도성이다.

❸ '유협游俠'이란 이 나라 저 나라를 떠돌며 협객 노릇을 하던 용사들, 혹은 건달들을 말한다.

* 간평

자고로 영웅 소년들 중 역사적으로 이름난 유협들은 대부분 한나라 장안의 유협, 즉 시에서 언급한 함양의 유협들이었다. 사마천은《사기》에서〈유협열전〉을 단독으로 편성하기도 했다. 이 소년들의 '상무尙武' 정신은 성당盛唐 시기 장안에도 이어졌다. 왕유는 젊은 시절에 음악 방면의 천재로서 장안에 명성이 자자하더니, 겨우 20세에 과거에서 장원급제하였다. 이 시를 보면 왕유는 장안 소년 유협들의 삶에 어느 정도 익숙했던 듯하다. 이 시는 변새시邊塞詩 범

〔소년행少年行〕

만남 김에 의기에 넘쳐 임금 위해 술 마시느라, 높은 누대 수양버들 아래 말을 매어 놓았소

주에 넣어도 무방하다. 화려한 옷차림에 성난 말을 몰고, 가슴 가득 호방함을 품고 달리는 유협 소년이야말로 기세등등하던 대당제국의 상징이라 할 수 있다.

* 감상 포인트

중국인들이 가장 사랑하는 왕조는 누가 뭐래도 '한당漢唐'이다. 그래서 한과 당을 '제국'이라 부른다. 일통一統의 꿈을 실현하고 200년 이상 굳건히 버텨준 이 두 제국을 중국인들은 여전히 사랑하며, 그 제국의 씨줄 날줄이 되어 왕조의 혈맥에 산소를 공급해 주던 유협들을 아직도 그리워한다.

함양, 장안, 서안. 같은 곳 다른 이름. 이곳엔 영웅호걸들의 치열한 전투가 있었고, 자신들이 충성하는 영웅호걸을 위해 목숨을 바친 유협들의 의기가 있었다. 고대판 〈영웅본색〉이 이곳에서 펼쳐지고 있었던 것이다. 한 말에 만 냥이나 하는 술을, 요즘 말로 하면 호기롭기만 하지 백수나 다름없는 건달들이 무슨 수로 사 먹겠는가? 하지만 일단 의기투합만 하면 돈이 문제이랴! 자기가 섬기는 임금을 위해 기꺼이 그 술을 사 마신다, 술잔을 부딪치며.

젊은 시절의 왕유는 운 좋게도 '성당' 시기를 살았다. 대당제국의 꿈이 가장 무르익었을 즈음 출세가도에 막 들어선 시인이니, 이런 시가 아니 나올 수 있겠는가? 그러나 음악과 시로 이미 명성을 떨치고 있던 시인의 시선은 세심히도 그 높은 누대 밖에 매어 놓은 말에게까지 미친다. 주인이 수양버들 푸르른 그늘 아래 매어 놓은 말들은 주인의 명령이 떨어질 때만 기다리며 다리를 툭툭 차고 있었으리라. 주인이 제 한 몸 부서져라 임금을 위해 바쳤듯, 말도 자기 주인을 위해 제 한 몸 부서져라 달렸으리라.

바람 쓸쓸히 불어 역수가 차도다	風蕭蕭兮易水寒
장사가 한번 떠나면 돌아오지 못하리라	壯士一去兮不復還
호랑이 굴을 찾고 교룡의 궁전에 들어갈 제	探虎穴兮入蛟宮
하늘 우러러 부르짖음에 흰 무지개 생겨나네	仰天嘘氣兮成白虹

형가荊軻가 진시황을 찌르러 가기 전 역수易水에서 불렀던 노래이다. 협객의 비장함을 잘 보여 주는 듯하여 뒤에 붙여 본다.

안서[1] 안찰사로 떠나는 원이[2]를 보내며

(당) 왕유

위성[3]에 아침 비 내려 가벼운 먼지를 씻어내니 渭城朝雨浥輕塵
객사의 버드나무는 푸르름을 더했구나 客舍靑靑柳色新
그대여, 이 술 한잔 다 들이키게나 勸君更盡一杯酒
서쪽 양관[4]을 나서면 오랜 벗일랑 없으리니 西出陽關無故人

* 주석

❶ '안서安西'는 당나라 때 안서도호부安西都護府를 말하는데, 관할 범위는 천산天山 남북과 총령葱嶺 서쪽 페르시아까지였다.

❷ '원이元二'라 하면 원이라는 성을 가진 사람 중에 항렬이 두 번째인 사람을 지칭한다.

❸ '위성渭城'은 진나라 함양을 한 무제가 고친 명칭이다. 장안 서북쪽, 위수 북쪽에 해당한다.

❹ '양관陽關'은 실크로드의 시작 지점으로 지금의 감숙성 돈황燉煌 서남쪽에 있다. 옥문관玉門關 남쪽에 있기 때문에 양관이라는 이름을 얻었다.

* 간평

이 시는 중국 문학사상 가장 유명한 송별시 중 하나이다. 후대로 유전되면서 〈증별贈別〉, 〈위성곡渭城曲〉, 〈양관삼첩陽關三疊〉 등의 이름으로 달리 불리기도 했다. 당唐은 중국 역사상 가장 개방적인 나라였다. 그래서 당나라 시인들은

〈안서 안찰사로 떠나는 원이를 보내며送元二使安西〉

그대여, 이 술 한 잔 다 들이키게나

늘 서역을 오갔고, 군대를 따라 변새로도 나갔다. 왕유도 변방에서 벼슬해 본 경험이 있어서 "거대한 사막에 한 줄기 곧은 연기 피어오르고, 기다란 강에 둥근 해 떨어지네."라는 장엄하고도 화려한 시를 쓴 바 있다.

오랜 도성 함양에 아침 비가 내려 먼지를 다 쓸어내리는데, 푸릇푸릇한 객사에 버들가지가 나직이 드리웠다. 이토록 청신한 이미지를 묘사한 후 뜬금없이 건넨 한마디. "그대여, 술 한잔 더 들게나. 서쪽 양관을 나서면 오랜 벗일랑 없으리니." 강렬하고도 진솔한 석별의 정을 느낄 수 있다.

이 시는 후에 악부에 편입되어 천년을 두고 회자되었다.

* 감상 포인트

왕유가 가장 잘 지었다던 오언절구 중에서도 수작으로 꼽히는 송별시이다. 공간적 제약을 극복해 낸 현대인에게 이별은 크게 와 닿는 단어가 아니다. 그러나 천오백 년 전의 이별은 한번 가면 다시 돌아올 수 있을지, 다시 볼 수 있을지 모르는 생이별에 다름 아니었다. 왕유의 벗이 가야 할 곳은 사막이 시작되는 아득히 먼 서역 땅. "양관은 중국 바깥에 있고, 안서는 또 양관 바깥에 있다. 양관부터 이미 오랜 벗 없다고 했으니, 안서는 오죽했을까?"(심덕잠沈德潛, 《당시별재唐詩別裁》) 이제 저 양관을 나서면 아는 사람은 고사하고 의사소통 가능한 사람 하나 만나기도 여간 어렵지 않을 터인데, 거길 지나 푸른 눈을 가진 사람들이 사는 안서까지 가야만 한다. 그런 땅으로 오랜 벗을 보내야 하는 시인이지만, 서로의 가슴에 가득 찼을 '아픔'은 한 글자도 언급하지 않고 비 내려 산뜻해진 객사를 묘사한다. 비 그친 뒤의 싱그러움은 눈으로, 코로 기억한다. 이제 그 푸름 속에서 시인은 벗에게 술 한잔을 권한다. 벗을 향한 마지막 석별의 정을 술 한잔에 가득 담고서.

소식蘇軾은 왕유를 묘사하며 "마힐摩詰의 시를 음미하자니 시 속에 그림이 있고, 마힐의 그림을 보자니 그림 속에 시가 있네."라고 말한 바 있다. 비록 왕유의 산수시와 산수화를 놓고 한 말이나 이 시에도 똑같이 적용할 수 있을 것 같다. 비 갠 뒤 푸른 자연에 파묻힌 객사에서 술잔을 앞에 놓고 말을 잇지 못하는 벗들의 모습이 시를 음미하노라면 절로 그려지니 말이다.

〔새하곡塞下曲〕

하늘 끝 고요한 곳엔 정벌도 전쟁도 없어, 살벌한 기운이 녹아 해와 달의 빛이 되었네

새하곡

(당) 상건

옥백[1]으로 조회하고 돌아가다 제향[2]을 우러름에　玉帛朝回望帝鄕
오손[3]은 돌아가 더 이상 왕이라 칭하지 않았네　烏孫歸去不稱王
하늘 끝 고요한 곳엔 정벌도 전쟁도 없어　天涯靜處無征戰
살벌한 기운이 녹아 해와 달의 빛이 되었네　兵氣銷爲日月光

* 주석

❶ '옥백玉帛'은 조근朝覲할 때 중국 조정에 바치던 예물을 말한다.

❷ '제향帝鄕'은 황제가 있는 곳, 즉 장안을 가리킨다.

❸ '오손烏孫'은 신장 이르츠크 계곡(伊犁河谷) 일대에서 활동하던 유목민족으로, 중국과 비교적 우호적으로 지냈다. 여기서는 당나라 때 변방에서 생활했던 소수민족에 대한 범칭으로 사용되었다.《한서漢書》에 실린 내용을 보면, 한 무제 이후로 중국 조정에서는 오손을 후대하는 차원에서 종실 친왕의 딸을 오손에게 시집보냈다고 한다.

* 간평

시인 상건常建은 현종 천보天寶 15년에 진사 급제했으나 안사의 난이 발발하던 무렵이라 과거급제의 영화를 누리지도 못하고 전란의 피해를 고스란히 입었다. 그는 네 수의 〈새하곡〉을 지어 조정과 소수민족 정권이 전쟁을 멈추고 조공 질서를 바로잡을 수 있기를 기원하였다. 이 시의 마지막 구절인 "살벌한 기운이 녹아 해와 달의 빛이 되었네."는 기운이 호방하여, 청나라 학자 하상賀裳은 일찍이 "당나라 3백 년간 지어진 〈새하곡〉 중에 훌륭한 작품이 많지만, 밝고 드넓기가 이 시만 한 것이 없다."(《재주원시화載酒園詩話》)고 찬탄한 바 있다.

* 감상 포인트

〈새하곡塞下曲〉은 당나라 때 창작된 신악부新樂府 제목으로, 한나라 악부시인 〈출새〉, 〈입새入塞〉에서 나왔으며, 횡취곡사橫吹曲辭에 속한다. 당나라, 특히 성당盛唐시대에 변새시邊塞詩가 유행하면서 〈새하곡〉이라는 제목으로 많은 시가 지어졌는데, 전장戰場의 묘사, 변방의 풍광 및 이민족의 생활, 한족 남아로서의 포부 등 호방한 풍격을 위주로 한다. 여기에 등장하는 변새는 대개가 서역, 즉 사막 너머 실크로드로 가는 길목을 가리킨다.

서역은 오랫동안 중국 왕조를 위협하던 만만치 않은 상대였다. 한 무제는 흉노에게 투항한 이릉李陵을 멸족시키고자 하였으며, 그를 대신해 변명하던 사마천司馬遷을 궁형에 처했다. 원제元帝는 흉노를 달래기 위해 왕소군王昭君을 호한야 선우에게 시집보냄으로써 비련의 여인이 눈물 흘리며 '출새'하는 명장면을 연출해 냈다. 한족을 위협하며 숱한 역사 고사를 탄생시킨 흉노에 비해 볼 때, 오손은 한나라와 비교적 우호적으로 지내던 온순한 민족이었다. 《서유기》에도 등장하는 천산산맥 저 너머 투르크 계열의 오손은 비교적 순응하며 중화 질서 내에서 큰 화를 일으키지 않았다. 그러나 이 관계를 유지하기 위해 변방에서 죽어간 병사가 그 몇이던가! 눈물 삼키며 오손에게 시집간 중국의 공주가 그 몇이던가! 이제는 정벌도 전쟁도 끝나고 햇빛 달빛이 만천하를 비추고 있으니, 그 얼마나 고대하던 평화인가. 시인은 어렵사리 찾아온 평화의 장면을 '日月光' 세 글자에 담아 칭송하고 있다.

같은 제목의 시 중에 상건의 시가 밝고 드넓은 것으로서 찬사를 받았다면,

또 다른 대표적 변새 시인 고적高適의 〈새하곡〉은 무부武夫의 호방한 기개가 단연 돋보인다. 뒷부분만 소개해 보겠다.

만 리 밖에서 죽는 것도 아까워하지 않더니	萬里不惜死
하루아침에 성공을 거두었구나	一朝得成功
기린각에 공신의 그림 걸리고	畵圖騏驎閣
명광궁에 입조하네	入朝明光宮
글 읽는 선비 향해 크게 웃노니	大笑向文士
경서 한 권이 어찌 평생 파고들 만한 것이랴	一經何足窮
고인들 이 도를 몰라	古人昧此道
종종 늙은이 되곤 하였네	往往成老翁

〔오랜 벗의 시골집을 찾아가서過故人莊〕

술잔 들고 뽕나무와 삼베 이야기를 나누네

오랜 벗의 시골집을 찾아가서

(당) 맹호연

오랜 벗이 닭과 기장밥[1]을 마련한 다음	故人具鷄黍
농가에 있는 집으로 나를 초대했네	邀我至田家
푸른 나무가 마을 주변을 에워싸고	綠樹村邊合
청산이 성곽 밖에 비스듬히 누워 있네	靑山郭外斜
방문 열자 채마밭 마주 보이니	開軒面場圃
술잔 들고 뽕나무와 삼베 이야기를 나누네[2]	把酒話桑麻
이제 중양절이 되면	待到重陽日
다시 찾아와 국화를 봐야겠구나[3]	還來就菊花

* 주석

❶ 닭과 기장밥이면 농가에서는 진수성찬에 해당한다. 기장은 누런 쌀로, 옛 사람들은 고급 양식이라고 생각했다.

❷ 이 구절은 도연명의 〈전원으로 돌아와서歸田園居〉 중 "서로 만나도 번잡한 말 하지 않고, 오직 뽕나무며 삼베가 바랐다는 말뿐일세. 뽕나무며 삼베가 하루가 다르게 자라니, 내 땅도 하루가 다르게 넓어지겠네.(相見無雜言, 但道桑麻長. 桑麻日已長, 我土日已廣)"를 염두에 두고 쓴 것으로 보인다.

❸ 이 구절 역시 도연명의 〈음주飮酒〉에 나오는 유명한 구절 "동쪽 울 밑에서 국화를 꺾다가, 저 멀리 남산을 바라본다.(采菊東籬下, 悠然見南山)"를 떠올리게 한다. 또 백의송주白衣送酒 고사와도 관계가 있다. 도연명이 술을 좋아하나 집

이 가난하여 늘 얻을 수 없는 것을 알고서 강주자사江州刺史 왕홍王弘이 술값을 대주곤 했다. 한 해는 중양절을 맞았으나 술이 없어 멍하니 앉아 국화만 바라보고 있었는데 마침 그때 왕홍이 보낸 심부름꾼이 술을 가지고 찾아왔다는 고사이다.

* 간평

맹호연孟浩然(689~740)은 양주襄州 양양襄陽 사람이다. 한 번도 벼슬한 적이 없다 하여 맹산인孟山人이라 불리기도 한다. 관직생활이 여의치 않자 구차히 세속에 영합하지 않고 지조를 지키며 은사隱士로서 생을 마쳤다. 그는 산수풍경을 묘사하는 데 뛰어나 왕유와 '왕맹王孟'으로 병칭되었다.

중국의 유명한 시인들 중에 생의 대부분의 시간을 농촌에서 보낸 사람은 도연명과 맹호연뿐이다. 그들은 농촌생활의 경험을 통해 전원생활을 진실하고 자연스럽게 표현해 냈기 때문에 어쩌다 유배생활을 해 본 사람이나 은거하며 지내던 시인들의 그것과는 비교할 바가 아니다. 이 시는 진짜 이웃에 사는 오랜 벗의 초대를 받아 식사 한 끼 하고 온 일을 실제로 기록한 듯, 손 가는 대로 조탁 없이 단번에 쓰여졌지만 아무리 읽어도 싫증이 나지 않는다.

* 감상 포인트

이 시는 맹호연이 녹문산鹿門山에 은거할 때 지은 것인데, 한적한 농가의 풍경과 소박한 우정이 시의 행간 행간에 잘 나타나 있다. 오랜 친구의 초대를 받아 찾아간 시골집. 거기엔 갓 지어 낸 밥과 환영의 뜻을 가득 담은 닭고기가 차려져 있다. 푸른 나무와 푸른 산으로 온통 에워싸인 친구의 집은 또 시원하기 그지없다. 둘이 나누는 대화는 농사꾼의 그것과 다름 아니다. 뽕나무 농사는 잘 되어 가나? 삼베는 잘 자랐는가? 300년 전 도연명이 그러했듯이, 맹호연도 똑

같은 대화를 나눈다. 시인은 이내 다음에 만날 날을 기약해 본다. 가을에 국화꽃이 어여쁘게 피면 내 다시 찾아오리라. 주인에게 한 말이었을까? 아니면 혼자 한 말이었을까?

〔건덕강에서 묵다宿建德江〕

해 저물 무렵 나그네 시름이 새롭구나

건덕강[1]에서 묵다

(당) 맹호연

배를 옮겨 안개 자욱한 모래섬에 정박하니	移舟泊煙渚
해 저물 무렵 나그네 시름이 새롭다	日暮客愁新
넓은 벌판엔 하늘이 나무만큼 낮게 드리우고	野曠天低樹
맑은 강엔 달이 가깝기도 하구나.[2]	江淸月近人

*주석

❶ 건덕(지금의 절강성에 있음) 서부를 지나가는 신안강新安江 줄기를 '건덕강建德江'이라고 부른다.

❷ 물속에 비친 달이 아주 가까이에 있는 듯 느껴진다는 뜻이다.

* 간평

당 현종 개원 17년 겨울에, 맹호연은 도성에서 고향인 호북성 양양으로 돌아왔다. 관직을 얻으려다 실패한 경험이 그의 마음을 우울하게 만들고 의지를 꺾어 놓았다. 이에 그는 이듬해 봄에 오월 땅으로 유람을 떠나 친구도 찾아보았다. 떠나는 맹호연을 위해 이백은 황학루 아래에서 전별연을 열어 주고, 〈광릉으로 가는 맹호연을 보내며送孟浩然之廣陵〉라는 시도 지어 줬다. 이 시는 맹호연이 오월 여행을 하던 당시에 지은 작품이다. "배를 옮겨 안개 자욱한 모래섬에 정박하니, 해 저물 무렵 나그네 시름이 새롭구나." 관직에 나아갈 기회를 완전히 잃어버린 맹호연. 그래서인지 그의 여정과 시에 실의의 시름이 가득 담겨 있다.

* 감상 포인트

하늘에 천당이 있다면 땅에 소주蘇州, 항주杭州가 있다는 오월吳越 좋은 땅. 그 땅을 유람하러 나섰지만, 시인의 가슴에는 애잔함만 가득하다. 남아로 태어나 세상을 경영하고자 하는 뜻을 한번쯤은 펼쳐야 하는 것 아닌가. 모든 것이 좌초되고 만 지금, 시인은 시름을 풀어 보고자 떠난 여행에서 여전히 그 시름에 묶인 채 벗어나지 못한다.

추강모색秋江暮色. 얕은 모래섬에 배를 묶어 두고 하룻밤을 보내려는데, 뉘엿뉘엿 지는 석양이 객수를 돋운다. 아무리 아름다워도 남의 땅! 나무만큼 키 작은 하늘, 강가에 풍덩 빠져 가까이 잠긴 달. 이토록 아름다운 경관은 강남의 유려한 풍광을 돋보이게 하기보다는 울분과 쓰라림으로 가득한 맹호연의 심경을 역으로 부각시킨다.

이 시와 같은 시기에 지어진 작품이 바로 〈뱃사공에게 묻다問舟子〉인데, 나그네의 고단함과 망연함은 한층 더 고조되어 있다.

저물녘 뱃사공에게 묻네	向夕問舟子
앞으로 갈 길이 또 얼마나 남았냐고	前程復幾多
물굽이는 마침 정박할 만하니	灣頭正堪泊
회수엔 바람 세고 물결 높다네	淮裏足風波

여기서 묻고 있는 '갈 길'은 앞으로 남은 여정이자 자신의 인생길이다. 바람 세고 물결 높은 회수처럼, 인생길은 높고도 험하니 물결 잔잔한 물굽이에서 잠시 묵어간들 어떠리.

맹호연은 〈간평〉에서 소개했듯, 평생 이렇다 할 벼슬을 하지 못했다. 느지막이 40세에 고향을 떠나 장안으로 들어왔다. 한때는 태학太學에서 시를 지어

좌중을 놀라게 한 그였지만, 과거에 실의하고 결국은 녹문산鹿門山에 들어가 평생 은거하였다. 그의 일생이 단출했듯이 그의 시는 짧고 간결한 오언절구가 대부분이다. 장황하거나 번잡하지 않은 오언시로 그는 전원의 평화로움을 노래하고, 은일隱逸생활의 한적함을 노래하고, 유랑의 서글픔을 노래했다. 여기 소개한 두 수의 시는 그의 소박했던 삶을 그대로 보여 준다.

〔장간행長干行〕

낭군께서 죽마 타고 왔네

장간행[1]

(당) 이백

소첩의 앞머리 막 이마를 덮을 시절 妾髮初覆額
꽃을 꺾어 대문 앞에서 놀면[2] 折花門前劇
낭군께서 죽마[3] 타고 와서 郎騎竹馬來
우물 난간을 돌면 청매 가지고 장난쳤지요 繞床弄青梅
장간리에 같이 살면서 同居長干里
두 어린것은 꺼릴 줄도 의심할 줄도 몰랐어요[4] 兩小無嫌猜
열네 살에 당신 아내가 되었으나 十四爲君婦
부끄러워 얼굴 한 번 들지 못하고 羞顔未嘗開
고개 숙인 채 어두운 벽만 바라보며 低頭向暗壁
천 번 불러도 고개 한 번 돌리지 못했어요 千喚不一回
열다섯이 되어서야 얼굴 들고서 十五始展眉
티끌 되고 재가 될 때까지 함께하자고 기원했지요 願同塵與灰
다리 기둥 붙들고 지킨 약속[5] 나도 늘 지켰건만 常存抱柱信
어찌하다 망부대에 올랐을까요 豈上望夫台
내 나이 열여섯에 당신은 멀리 떠나 十六君遠行
구당과 염예퇴[6]로 가셨어요 瞿塘灩澦堆
오월엔 암초에 걸리지 않아야 할 텐데 五月不可觸
원숭이 울음소리 하늘 위로 구슬프네요 猿聲天上哀
그대가 밟았던 대문 앞에는 門前遲行跡
계단마다 푸른 이끼가 자랐는데 一一生綠苔

이끼가 짙어져도 쓸어 내지 못하고	苔深不能掃
이른 가을바람에 낙엽이 지네요	落葉秋風早
팔월에 나비가 찾아와	八月胡蝶來
서쪽 정원을 짝지어 나는데	雙飛西園草
이 모습 보고 소첩의 마음 아파 와	感此傷妾心
시름에 겨워 고운 얼굴 늙어 가요	坐愁紅顔老
조만간 삼파[7]에서 내려오시면	早晚下三巴
미리 편지로 알려 주세요	預將書報家
마중 가는 길 멀다 않고서	相迎不道遠
곧 바로 장풍사[8]로 달려갈 테니까요	直至長風沙

* 주석

❶ 장간은 지명으로, 지금의 남경이다.

❷ 원시의 '극劇'은 장난을 친다는 뜻이다.

❸ 죽마는 대나무 등을 잘라서 사람이 딛고 설 수 있게 만든 발판을 말한다. 죽마는 고적에도 등장하는 오래된 놀이이다.

❹ 둘 다 어려서 무엇을 꺼리며 피할 줄도, 서로 미워하며 시기할 줄도 몰랐다는 뜻이다.

❺ 이 고사는《장자 · 도척盜跖》에서 나왔다. 미생尾生이 한 여자와 다리 밑에서 만나자고 약속을 했는데, 여자가 도착하기 전에 갑자기 물이 불어났다. 하지만 미생은 약속을 지키고자 그 자리를 떠나지 않다가 다리 기둥을 붙잡은 채 물에 빠져 죽었다.

❻ 구당은 중국 사천성 동쪽 끝에 있는 장강 삼협三峽의 하나. 북안北岸에 백제

두 어린것은 꺼릴 줄도 의심할 줄도 몰랐어요.

성白帝城 사적이 있다. 염예퇴는 유예석猶豫石이라고 부르는 거대한 암초였는데, 여기에 수없이 많은 배들이 부딪혀 좌초되었기에 20세기에 들어와 폭파시켜 없애 버렸다. 역도원酈道元의 《수경주水經注》에 다음과 같은 기록이 보인다. "백제성 서쪽에 바위 하나가 있는데, 겨울에는 물 밖으로 20여 장 나오지만 여름엔 물에 잠겼다가 가을이 되어야 비로소 나온다. 속담에 염예퇴가 코끼리만 할 때는 구당을 거슬러 올라가면 안 되고, 염예퇴가 말만 할 때는 구당을 내려가서는 안 된다는 말이 있으니, 뱃사공들은 염예퇴를 보고 물때를 알았던 것이다."

❼ 삼파는 '파도巴都, 파동巴東, 파서巴西', 즉 지금의 중경에 해당하던 옛 땅의 이름이다.

❽ 장풍사는 지금 안휘성 안경시安慶市 장강가에 있던 지명이다.

* 간평

이백李白(701~762)은 자가 태백太白이고 호가 청련거사靑蓮居士이다. '시선詩仙'이라 일컬어지며 '시성詩聖' 두보杜甫와 병칭되었다. 천보 원년(742)에 장안으로 들어가 공봉한림供奉翰林 직에 임명되었다. 그러나 권귀들의 눈에 들지 못하여 방랑생활을 이어가다가 62세로 생을 마감했다.

이백은 두 수의 〈장간곡〉을 지었는데, 이것이 그중 하나이다. 〈장간곡〉은 현종 개원 13년(725) 이백이 처음 금릉金陵에 도착한 직후에 지었다. "낭군께서 죽마 타고 와서 우물 난간을 돌면 저는 청매를 꺾어서 장난쳤지요."와 "장간리에 같이 살면서, 두 어린것은 꺼릴 줄도 의심할 줄도 몰랐어요."에서 '청매죽마靑梅竹馬' '양소무시兩小無猜'라는 성어가 나왔다. 시에 묘사된 순진무구한 사랑은 삶의 역경을 다 헤치고 나온 수많은 사람들의 심금을 울린다.《왕개운이 직접 비주(注)를 단 당시선王闓運自批唐詩選》에서는 이 시를 "맑고 요염하고 교태롭고 어리석다."라고 표현했다.

* 감상 포인트

죽마고우로 만나 장난치던 아이들이 열넷에 혼례를 치르고 열여섯에 생이별을 했다. 이백은 처음부터 끝까지 열여섯 어린 아내의 목소리로 노래한다. 처음 시집가 부끄러움에 고개조차 들지 못했다는 새색시가 이 몸이 부서져 티끌이 되고 재가 될 때까지 백년해로하자 약속했건만, 젊디 젊은 낭군은 구당삼협 험한 물길을 따라 장사하러 떠나갔다. 그 험한 길에서 행여 암초라도 만날까 노심초사하면서, 쌍쌍이 날아가는 나비에 고운 얼굴 시들어 가는 어린 신부의 모습이 지면 위로 떠오른다. 이 시를 읽으면 함께 떠오르는 우리나라 옛시가 있으니, 바로 한번 떠나 오지 않는 남편을 원망하는 대신 달님께 축원하는 여심을 간절히 표현한 시, 〈정읍사井邑詞〉이다. 이백의 〈장간행〉보다 더 처연하고 애잔한 우리의 시를 여기 적어 본다.

달하 높이곰 도다샤 (달님이시여, 높이높이 돋으시어)
어긔야 머리곰 비취오시라 (아, 멀리멀리 비치시라!)
어긔야 어강됴리
아으 다롱디리
져재 녀러 신고요 (시장에 가 계신가요.)
어긔야 즌 ᄃᆡ랄 드ᄃᆡ욜셰라 (아, 진 곳을 디딜까 두려워라!)
어긔야 어강됴리

〔금릉 야성 서북쪽 사안의 돈대에 올라登金陵冶城西北謝安墩〕

공을 이루었거든 옷깃 떨치고 떠나가, 무릉도원으로 다시 돌아가리라

금릉 야성[1] 서북쪽 사안의 돈대[2]에 올라

(당) 이백

옛날 진나라 황실 무너져[3]	晉室昔橫潰
영가 연간[4]에 마침에 남으로 도망쳤네	永嘉遂南奔
모래 먼지는 어찌 이리도 가득한지	沙塵何茫茫
용과 호랑이[5]가 아침저녁으로 다투었네	龍虎鬪朝昏
오랑캐 말이 한족 땅 풀밭을 가르고[6]	胡馬風漢草
하늘이 낸 교만한 자들이[7] 중원을 짓밟았네	天驕蹙中原
철인[8]께서 국운이 무너짐에 느낀 바 있어	哲匠感頹運
구름 속 붕새[9]처럼 훨훨 날아올랐네	雲鵬忽飛翻
군사들의 군복[10]이 초나라를 비추고	組練照楚國
높이 든 깃발이 바닷가에 이어지는데	旌旗連海門
서진[11]의 백만 대군	西秦百萬衆
창과 갑옷이 구름처럼 모였네	戈甲如雲屯
“채찍을 던져 넣어도 강을 메울 수 있고	投鞭可填江
단번에 쓸어 내는 건 논할 거리도 못 된다”[12]하더니	一掃不足論
황운이 정도로 돌아오자	皇運有返正
추악한 오랑캐들 혼이 다 달아났네	醜虜無遺魂
웃고 이야기하며 횡류를 막아 냄에[13]	談笑遏橫流
억조창생의 희망이 그에게 달려 있었네	蒼生望斯存
야성 옛터를 찾아가 보니	治城訪古迹
사안의 돈대 아직도 남아 있네	猶有謝安墩

난간에 기대어 바라보니 주변이 험한지라　憑覽周地險
돈대만 높이 솟아 있고 사람 소리 들리지 않네　高標絶人喧
동산[14]의 자태를 상상하며　想像東山姿
우군[15]의 말씀을 회고하네　緬懷右軍言
오동이 아름다운 나무를 볼 줄 알았기에　梧桐識嘉樹
혜초의 향긋한 뿌리처럼 이 이야기 전해졌네　蕙草留芳根
백로가 가을 모래섬에 어른거리고[16]　白鷺映春洲
청룡이 아침 햇살 속에 드러나는구나[17]　青龍見朝暾
땅은 오래되었어도 경물은 여전하고　地古雲物在
대는 기울었어도 벼와 기장은 잘 자랐네　臺傾禾黍繁
나 여기 찾아와 맑은 술을 따르고　我來酌淸波
이곳에 이름난 정원을 꾸미려네　于此樹名園
공을 이루었거든 옷깃 떨치고 떠나가　功成拂衣去
무릉도원으로 다시 돌아가리라　歸入武陵源

* 주석

❶ '야성冶城'은 삼국시대 오나라에서 쌓은 성이라 한다. 옛터는 지금 남경시 조천궁朝天宮 일대에 있다.

❷ 사안의 돈대는 금릉성 동반산東半山 보녕사報寧寺 뒤에 있다. 사안謝安이 왕희지王羲之와 함께 이곳을 올랐다 하여 후세 사람들이 사안의 돈대라고 불렀다.

❸ '횡궤橫潰'는 정권이 무너진 것을 뜻한다. 여기서는 서진 황실이 황권 다툼으로 서로를 죽이던 팔왕의 난(八王之亂)을 가리킨다.

❹ '영가永嘉'는 진 회제懷帝 때의 연호이다. 영가 5년(311)에 흉노의 귀족 유요劉曜가 낙양성을 함락하자, 중원 일대의 백성들이 분분히 남쪽으로 피난 갔다.

❺ '용과 호랑이'는 당시 틈을 타고 일어난 할거割據 세력들을 말한다.

❻ '풍風'은 바람처럼 마음껏 누빈다는 뜻으로 사용되었다.

❼ '천교天驕'는 하늘이 낸 교만한 자식이라는 뜻으로, 원래는 흉노를 가리키는 말이었지만 여기서는 부견符堅이 이끈 전진前秦을 가리킨다.

❽ 여기서 말하는 철인은 명철한 재사才士로 곧 사안을 지칭한다.

❾ 구름 속 붕새는 '대붕大鵬'을 말하며, 사안을 비유한다.

❿ '조련組練'은 옛날 거졸車卒이나 보병들이 입던 전투복을 말한다.

⓫ 서진은 곧 전진이다.

⓬ 《진서晉書 · 부견재기符堅載記》의 기록에 따르면 부견이 진나라를 침략할 때 대신 중에 진나라가 장강長江 험지를 지키면서 버티면 반드시 이긴다는 보장이 없다고 말리자, 자신의 막강한 병력을 자랑하면서 이렇게 말했다. "나 정도의 군대라면 채찍만 강물에 던져 넣어도 그 물줄기를 족히 끊을 수 있다. 단번에 쓸어 내는 것은 족히 논할 거리도 못 되거니와, 일거에 진나라 군사를 평정하는 것도 말할 필요조차 없다."

⓭ 《진서 · 사안전》의 기록에 따르면, 부견이 진나라를 쳐들어왔으나 사안은 여전히 침착하게 바둑을 두면서 태연자약하게 담소를 나누었다고 한다.

⓮ 동산은 사안이 은거하던 곳이기에 사안을 대신 받는 말로 사용되었다.

⓯ '우군右軍'은 왕희지의 별칭이다. 《진서 · 사안전》에 다음과 같은 내용이 전한다. 한번은 사안과 왕희지가 함께 야성에 올라왔는데, 사안에게서 고아한 은사의 풍모를 본 왕희지가 사안에게 말했다. "하우는 근면히 일하느라 손발에 굳은살이 박이고, 문왕은 끼니도 늦게 먹어 가며 날마다 겨를이 없었습니다. 지금 사방에 온통 보루이니 누구나 충성을 바쳐야 할 터, 공허한 담론이나

일삼으며 업무를 폐하고 헛된 문장으로 중요한 일을 방해한다면, 이는 지금 마땅히 해야 할 일이 아닌 듯합니다." 그러자 사안은 이렇게 대답했다. "진나라는 상앙을 임용했으나 이세二世 때 망하고 말았으니, 이것이 어찌 청담이 불러온 화이겠습니까?"

⑯ 여기서는 중의법으로 사용되었다. 백로는 사실 백로주白鷺洲로 지금의 남경에 있다. 따라서 봄날 저 멀리로 백로주가 보인다는 뜻이다.

⑰ 위의 시구와 대를 이룬다. 청룡 역시 산 이름으로, 남경 동남쪽에 있다. 아침 햇살 사이로 청룡산이 드러난다는 뜻이다.

* 간평

동진의 유명한 재상이었던 사안은 이백이 매우 경모하던 인물 중 하나였다. 이백은 일찍이 "다만 동산東山의 사안석謝安石을 쓰기만 한다면, 그대 위해 담소하며 오랑캐를 평정하리라.(但用東山謝安石, 爲君談笑靜胡沙)"라는 시를 쓴 적도 있다. 이 시는 이백이 금릉 사안의 돈대를 유람한 후에 느낀 바가 있어 지었다. 시인은 돈대 위에 올라 사안이 세운 불멸의 공업을 떠올리고, 그와 왕희지 사이의 우정과 지지를 떠올린다. 그러다가 아무런 공업도 이루지 못하고, 또 왕희지와 같은 지기 하나 없는 자신의 처지에 탄식한다.

* 감상 포인트

이백의 시에 자주 언급되는 인물이 사안이다. 이백은 금릉(지금의 남경)을 여행하면서 옛날 유적지를 두루 다녀봤는데, 그중 그의 마음을 온통 사로잡았던 것이 바로 사안과 관련된 유적지였다.

서진西晉 왕조를 실질적으로 무너뜨린 전란을 역사에서는 '영가의 난'이라 부른다. 여덟 명의 황족이 16년간 권력 쟁투를 일삼았고, 이 싸움에서 이기기 위해 각각 흉노나 선비족 등 외부 세력을 끌어들였다. 이렇게 '중국' 황실의 암투에 개입한 이민족들은 마침내 진 황실을 남쪽으로 몰아내고 중원 땅에 그들의 정권을 수립하기에 이르렀다. 이백은 이 과정을 매우 상세히 묘사하고 있다. 황실이 무너지고, 영가의 난으로 결국 남쪽 금릉으로 도망치듯 천도하는 과정. 그 틈을 타 용호상박의 국면이 펼쳐지고, 호마가 중원을 짓밟았다. 이백은 사안의 돈대 위에 올라 4백 년 전의 이 땅을 상상한다. 교만하기 짝이 없는 부견과 그를 여유 있게 상대한 지혜로운 철인 사안. 중원의 정통을 지켜낸 현자에 대한 경모가 시의 행간을 가득 메운다.

시인은 또 한 명의 고인을 불러낸다. 사안과 함께 이 돈대에 올라 "중대한 시기인 만큼 정사에 최선을 다해야 한다."고 사안의 손을 잡고 곡진히 당부하던 왕희지. 보통 위대한 서예가로 알려져 있지만 왕희지는 사안을 알아보고 독려해 준 지기知己이기도 하였다. "오동나무는 어느 나무가 좋은 나무인지를 알아본다."는 시구에서, 자신의 고독한 그림자를 내려다보는 이백의 씁쓸함이 느껴진다.

이백은 감은 눈을 뜨고 사방을 돌아본다. 백로주, 청룡산, 봄날의 아침. 세월이 오래여도 경물은 여전하고, 돈대는 기울어도 만물은 잘도 자라는구나. 마지막 염원을 적어본다. 내 기왕 여기에 왔으니 술 한잔 마시고, 이 돈대 위에 훌륭한 정원을 만들어 보리라. 그리고 한 번 전쟁으로 천하의 소란을 잠재운 사안처럼, 남아로서 공명을 이룬 후 미련 없이 옷자락 휘날리며 무릉도원으로 떠나리라. 이백의 시가 멋있는 이유는 호방함 속에 헛헛함을, 포부와 이상 속에 서글픔을 표현할 줄 알기 때문이다.

궁중행락사

(당) 이백

물 푸른 남훈전❶	水綠南薰殿
꽃 붉은 북궐루❷	花紅北闕樓
태액지엔 꾀꼬리 노래 들리고❸	鶯歌聞太液
영주엔 봉황의 피리 소리 맴도네❹	鳳吹繞瀛洲
소녀❺는 구슬 패옥소리 울리고	素女鳴珠佩
선녀❻는 알록달록 공을 가지고 노네	天人弄彩球
오늘 아침 풍광도 좋으니	今朝風日好
미앙궁❼에 들어가 노닐어야 하리	宜入未央游

* 주석

❶ '남훈전南薰殿'은 당나라 흥경궁興慶宮 안에 있던 궁전 이름이다.

❷ '북궐루北闕樓'는 궁궐 북쪽에 있던 문루인데, 후에 궁궐이나 조정을 대신하는 말로 사용되었다.

❸ 태액지는 대명궁大明宮에 있었고, 연못 안에 봉래산이 있었다. 이 구절에서 꾀꼬리 노랫소리는 궁녀들의 노랫소리를 비유한 것이다.

❹ '영주瀛洲'는 곧 봉래산을 가리키니, 태액지 안에 있던 가산假山을 말한 것이다. 봉황의 피리 소리란 퉁소 소리를 아름답게 표현한 것이다.

❺ '소녀素女'는 원래 전설에서 음악에 정통하고 음양술陰陽術과 방중술房中術에 능했다고 하는 선녀의 이름이지만, 여기서는 궁녀를 가리키는 말로 사용되었다.

〔궁중행락사宮中行樂詞〕

오늘 아침 풍광이 좋아, 혹 누가 올까 설레네

❻ 원시의 '천인'은 선녀를 가리킨다. 여기서도 궁녀를 말한다.

❼ 미앙궁은 서한 때 지은 궁궐 내 정전正殿이다.

* 간평

당나라 사람 맹계孟棨가 쓴《본사시本事詩》에 "현종은 한번은 궁인들과 놀이를 즐기다가 환관 고역사高力士에게 말하기를, '이렇게 좋은 날 아름다운 경치를 어찌 음악만으로 즐길쏘냐? 훌륭한 재주 가진 사인詞人을 얻어 읊어 보게 한다면 후세에 자랑감으로 삼을 수 있으련만.'이라고 하니 고역사는 황명을 받아 이백을 부르러 왔다. 그러나 그때 이백은 영왕寧王에게 불려가 술을 마셨기에 이미 만취한 상태였다. 이백이 비틀거리며 절을 올리자 왕은 그가 성률聲律에 약하다는 것을 알고 〈궁중행락〉 오언율시 10수를 짓게 했다. 이백이 머리를 조아리며 말했다. '영왕이 신에게 술을 내리시어 이미 취했나이다. 폐하께서 신의 무례를 용서해 주신다면 신 보잘것없는 재주나마 바쳐 보겠나이다.' 주상이 '좋다!' 하고는 두 신하에게 명해 그를 부축하게 하여 먹에 적신 붓을 준비하게 한 다음, 다시 두 명에게 명해 붉은 줄이 쳐진 종이를 펼치게 했다. 이백이 붓을 쥐고 생각을 펼쳐 나가는데, 한 번도 멈추지 아니하고 열 수를 완성했을뿐더러 한 군데도 고치지 않았다. 필적도 기운차 봉황이 날고 용이 꿈틀거리는 것 같았다. 또 성률이며 대구며 빼어나지 않은 것이 없었다."

〈궁중행락사〉는 지금 8수만 전해지는데, 모두 화려하고 함축미가 뛰어나지만 가장 인상 깊은 시구는 사뭇 담담하게 느껴지는 "오늘 아침 풍광도 좋으니" 이 구절이다. 그래서 펑쯔카이 선생도 이 구절을 제목 삼아 만화를 그렸고, 홍콩의 저명한 산문가 동챠오董橋도《오늘 아침 풍광도 좋으니》라는 제목으로 책을 썼다.

* 감상 포인트

술에 거나하게 취한 이백이 황제 앞에서 일필휘지로 완성한 시가 〈궁중행락사〉인데, 여기 실린 시는 10수 중 여덟 번째 시이다. 황제의 명을 받고 달아오르지도 않은 시흥을 애써 돋우며 써야 했던 응제시應製詩이건만, 이백은 그런 시마저도 이렇듯 호방하게 써 내려갔다. 당나라 현종과 관련된 야사는 수도 없이 많은데, 그중 노래와 연극 등 오락을 좋아하여 친히 궁중 악단까지 구성해 종종 연주회를 열었다는 기록은 곳곳에서 발견할 수 있다.

이날도 한껏 노래와 연주를 즐기던 현종은 문득 '이 호사스런 장면을 멋진 시로 읊어 후세에 전한다면 얼마나 멋질까?' 하는 생각을 하게 되었고, 이내 최측근 환관 고역사를 보내 이백을 불러왔다. 술에 취한 이백은 "무례"를 용서해달라고 한 뒤 자신의 시재를 단숨에 펼쳤다. '푸른 물'과 '붉은 꽃'의 시각 대비는 눈이 부실 정도이고, 이어지는 꾀꼬리 소리와 퉁소 소리는 귀에 쟁쟁 울리는 듯하다. 여기에 등장하는 궁녀들은 패옥을 차고 알록달록 공을 가지고 노는 천상의 선녀로 묘사된다. 온통 찬란한 장면들로 시의 앞부분을 장식한 시인은 시를 마무리하는 지점에서 몹시도 평이한 시구를 툭 던진다. "오늘 아침 풍광도 좋으니, 미앙궁에 들어가 노닐어야 하리." 이건 무슨 뜻인가? 어떻게 읽어도 이백의 '무례한' 풍자로 느껴진다.

"날씨도 좋고 경치도 좋으니, 이렇게 좋은 날 이제 정전에 드시어 정사를 살피시지요."

〔녹수곡渌水曲〕

아름다운 연꽃은 말이라도 건넬 듯하건만, 흔들리는 배에 탄 사람 시름겹게 하네

녹수곡

(당) 이백

푸른 물 가을 달 아래 맑게 흐르는데　　淥水明秋月
남쪽 호수에서 흰색 마름을 따네　　南湖採白蘋
아름다운 연꽃은 말이라도 건넬 듯하건만　　荷花嬌欲語
흔들리는 배에 탄 사람 시름겹게 하네　　愁殺蕩舟人

* 간평

〈녹수곡〉은 연꽃 따는 여자의 쓸쓸한 심정을 읊은 시이다. 사람 말을 이해하는 듯한 연꽃이건만, 이 여인의 속내는 그 어디에도 털어놓을 곳이 없다. 이 시는 남조 악부시의 신운神韻을 잘 표현했으며, 시어는 청신하면서도 자연스럽고 시의는 함축적이며 부드럽다.

* 감상 포인트

이백이 가장 능했던 장르는 역시 악부시이다. 특히나 악부시의 본고장이라 할 수 있는 금릉 땅에서 살게 된 이백은 더욱 충만해진 감수성으로 여인들의 한과 시름을 곧잘 읊곤 했다.

물 위에 둥둥 뜬 흰색 마름, 꽃꽃이 피어난 희고 붉은 연꽃. 밝은 달빛 아래 정갈하게 빛나는 그 꽃들 사이로 배 하나가 미끄러지듯 지나가고, 그 위에 앉아 있는 아가씨 얼굴에는 수심이 가득하다. 호수 위로 던져진 그림자는 무심히 물과 함께 흘러간다.

〔산속에서 은자와 술잔을 마주하고山中與幽人對酌〕

난 취해서 자고프니 그대 먼저 가시게

산속에서 은자와 술잔을 마주하고

(당) 이백

둘이 술잔 마주하는데 산꽃이 피니	兩人對酌山花開
한 잔 한 잔, 다시 또 한 잔	一杯一杯復一杯
난 취해서 자고프니 그대 먼저 가시게	我醉欲眠卿且去
낼 아침에 생각 있거든 금 안고 오시길	明朝有意抱琴來

* 간평

이 시는 은연중에 도연명의 전고를 사용하고 있다. 《송서宋書 · 도연명전陶淵明傳》에 따르면 도연명에게는 줄 없는 금, 일명 무현금無絃琴이 있었는데, 귀천을 불문하고 길손이 찾아오면 다 맞아들였으며, 그렇게 길손과 마주하고 술잔을 기울일 때면 이 금을 두들기며 어루만졌다 한다. 그러다 술이 먼저 취할 때면, "난 취해서 자고 싶으니, 그대 먼저 가시게."라고 말했다 한다.

"하늘 향해 크게 웃으며 문 나서 떠나가니, 우리들이 어찌 초야에 묻혀 있을 사람인가.(仰天大笑出門去, 我輩豈是蓬蒿人)"(〈남릉에서 아이들과 이별하고 도성에 들어가다南陵別兒童入京〉) 젊은 시절 자신만만했던 이백은 한창 때 귀향을 선택한 도연명을 그다지 좋아하지 않았다. 그러나 현종에게 버림을 받아 실의한 후부터는 도연명과 다른 듯 비슷한 인생길을 걸어가야 했다. "어찌 눈썹 찌푸리고 허리 꺾어 가며 권귀를 모시느라, 나로 하여금 마음도 얼굴도 펴지 못하게 할 수 있겠는가?(安能摧眉折腰事權貴, 使我不得開心顔?)"(〈장진주將進酒〉)

* 감상 포인트

'술' 하면 떠오르는 시인들이 여럿 있겠지만, 중국인에게 묻는다면 단연 도연명과 이백 두 사람을 꼽을 것이다. 얼핏 별다른 접점이 없어 보이는 이 두 사람은 '술'과 '천진한 매력'이라는 두 지점에서 정확히 겹친다.

도연명이 자신의 자전自傳처럼 쓴 글이 〈오류선생전五柳先生傳〉인데, 거기에 이러한 구절이 나온다. "본성이 술을 좋아하나 집이 가난하여 항상 술이 있진 않았다. 친구가 이런 사정을 알고 간혹 술자리를 마련하여 부르곤 했는데, 가서 마실 때면 언제나 다 비우면서 기필코 취하였으되, 취한 뒤에는 이내 물러나 가고 머묾에 미련을 두지 않았다.(性嗜酒, 家貧, 不能常得, 親舊知其如此, 或置酒而招之, 造飮輒盡, 期在必醉, 旣醉而退, 曾不吝情去留)" 얼마나 멋진가. 취하려고 술을 마셨고, 이미 취했으면 미련 없이 돌아갔다니. 2차, 3차를 외치며 가고 머묾에 미련을 두는 우리네 버릇에 그만 머쓱해지고 만다.

천고의 시름 씻고저	滌蕩千古愁
마시고 또 마신 술이 백 병	留連百壺飮
청담 나누기 좋은 밤	良宵宜淸談
밝은 달빛에 잠들지 못하네	皓月未能寢
취하여 빈 산에 누으면	醉來臥空山
천지가 곧 이불이자 베개라네	天地卽衾枕

— 이백, 〈우인회숙友人會宿〉

취한 채 하늘을 이불 삼아 땅을 베개 삼아 드러누운 시인. 확실히 도연명과 이백은 똑같이 천진하다. 이날도 천고의 시름을 씻고저 술을 마셨을까?

이백이 벗과 술잔을 기울이는데, 주변을 보니 산꽃이 흐드러지게 피었다.

한 잔, 한 잔, 또 한 잔. 세상 밖을 떠도는 시인과 산속 깊이 들어간 은자. 이 둘 사이에 따질 격식이 어디 있겠는가? 이백은 도연명의 대사를 그대로 따라 해본다. 난 너무 졸려서 자야겠으니, 그대 먼저 돌아가시게. 내일 아침에 혹시 또 내 생각이 나거든 금琴 안고 오시게. 도연명의 금에는 줄이 없다. 굳이 연주를 하지 않아도, 그 금을 툭툭 두들기고 어루만지기만 하여도 충분히 금의 묘미를 느낄 수 있었으니까. 이백의 벗인 은자가 내일 아침 안고 올 금도 줄 없는 무현금이었을지 모른다. 자잘한 세속의 구속을 다 벗어던진 자들만이 공감할 수 있는 자유와 방종, 천진과 순수. 이백은 도연명의 그림자를 천의무봉의 솜씨로 자신에게 덧씌웠다. 저기 탁자에 술에 취해 엎어진 자는 도연명일까, 이백일까?

〔자야추가子夜秋歌〕

그 언제야 오랑캐를 평정하고 낭군께서 원정에서 돌아오려나

자야추가[1]

(당) 이백

장안을 비추는 한 조각 달 長安一片月
집집마다 들리는 다듬이질 소리 萬戶擣衣聲
가을바람 쉬지 않고 불어오지만 秋風吹不盡
모두가 옥문관의 임 그리는 마음이라네 總是玉關情
그 언제야 오랑캐를 평정하고 何日平胡虜
낭군[2]께서 원정에서 돌아오려나 良人罷遠征

* 주석

❶ 〈자야가〉는 악부 오성곡사吳聲曲辭로, 춘가 · 하가 · 추가 · 동가로 나뉘어져 있다. 《당서唐書 · 악지樂志》에 "〈자야가〉는 진곡晉曲이다. 진에 자야라는 이름의 여자가 이 곡을 만들었는데, 애달픔이 가득했다."는 기록이 보인다. 오 땅에서 나온 노래라 하여 〈자야오가〉라고 불리기도 한다.

❷ 원시의 '양인良人'은 옛날 아내가 남편을 부르는 호칭이다.

* 간평

이 시는 예로부터 전해 오던 악부 제목을 이용하여 창작한 시가로, 춘하추동 사계절로 나누어져 있다. 〈자야추가〉는 멀리 수자리 살러 간 남편을 그리워하며 전쟁이 빨리 끝나기를 염원하는 내용을 담고 있다.

밝은 달을 보고 감흥이 인 한 여인이 멀리 떠나간 임을 그리워하는 이 시에는 장약허張若虛의 "규방의 발을 걷어도 달은 떠나지 않고, 다듬잇돌에서 지워 버려도 다시 찾아오네.(玉戶簾中卷不去, 搗衣砧上拂還來)"의 의경이 잘 표현되어 있다. 청나라 사람 심덕잠沈德潛은《당시별재唐詩別裁》에서 "전쟁을 일삼는 조정을 언급하는 대신 오랑캐가 아직 평정되지 않았다고 말하였으니, 입언이 온후하다."라고 이 시를 평했다.

* 감상 포인트

이백은 유독 악부시를 많이 지었다. 진晉 나라 때 자야子夜라는 여인이 이 노래를 잘 불러 〈자야가〉라는 이름이 붙었다고 전해지는데, 이백은 장강長江 하류 오吳 땅 사람들이 즐겨 부르던 이 노래를 정리하여 〈사시가四時歌〉를 지었다. 이 시는 그중 가을 노래에 해당한다.

〈춘가春歌〉에서는 뽕잎을 따는 진秦 땅의 나부羅敷를 노래하였고, 〈하가夏歌〉에서는 월越 땅 약야계若耶溪 연꽃을 따는 서시西施를 노래했다. 여기 수록한 〈추가秋歌〉에서는 수자리 살러 간 남편을 그리며 다듬이질하는 여인을 노래하였고, 〈동가冬歌〉에서는 역시 수자리 살러 간 남편을 위해 바느질하는 여인을 노래하였다. 마치 네 폭의 병풍에 그려 넣은 봄, 여름, 가을, 겨울 사계절 미인도美人圖를 보는 듯하다.

유래가 있는 악부시에는 이미 부여되어 있는 '주제'가 있어서, 이 시도 〈자야가〉 본연의 주제를 충실히 따르고 있다. 아직도 전쟁이 그치지 않아 저 멀리 옥문관으로 수자리 살러 떠난 낭군을 그리며 독수공방하는 여인. 가을 하늘 밝게 걸린 한 조각 달을 보며, 집집마다 들려오는 다듬이질 소리를 들으며, 여인의 한은 깊어만 간다. 이제나 저제나 임 돌아올 날만 기다리는 여인의 마음이 가을 하늘 멀리 날아 옥문관에 닿았으려나.

간평에서 소개했듯이, 장약허張若虛(660~720)의 〈봄 강 꽃 피고 달 뜬 밤에春

江花月夜〉에서 노래하고 있는 정서도 〈자야추가〉와 매우 닮아 있다. 다만 하나는 봄날이, 하나는 가을날이 배경이라는 점이 다를 뿐이다.

가련하여라, 누각 위의 달 배회하면서	可憐樓上月徘徊
이별한 여인이 화장하는 경대를 비추겠지	應照離人粧鏡臺
규방의 발을 걷어도 그 달은 떠나지 않고	玉戶簾中卷不去
다듬잇돌에서 지워 버려도 다시 찾아오네	擣衣砧上拂還來

〔선주 사조루에서 교서 이운을 전별하며宣州謝朓樓餞別校書叔雲〕

푸른 하늘에 올라가 밝은 달이라도 따려 했네

선주[1] 사조루[2]에서 교서 이운[3]을 전별하며

(당) 이백

날 버리고 가 버린	棄我去者
어제라는 날은 붙잡을 수 없고	昨日之日不可留
내 마음 어지럽히는	亂我心者
오늘이라는 날은 번뇌도 많구나	今日之日多煩憂
만 리에 부는 긴 바람이 기러기를 전송하니	長風萬里送秋雁
이 경치 마주하고 높은 누대에서 취해볼 만하리	對此可以酣高樓
그대의 봉래문장[4]엔 건안의 풍골[5] 배어 있고	蓬萊文章建安骨
중간에 등장한 사조의 시엔 청신함이 넘치네[6]	中間小謝又清發
우리 둘 빼어난 흥을 품고 장한 생각 드날리며	俱懷逸興壯思飛
푸른 하늘에 올라가 밝은 달이라도 따려 했네	欲上青天攬明月
칼을 뽑아 물을 끊어도 물은 다시 흐르고	抽刀斷水水更流
잔을 들어 시름을 씻어도 시름은 더욱 깊어지네	擧杯銷愁愁更愁
이 세상 산다는 것 뜻대로 되지 않으니	人生在世不稱意
낼 아침 머리 풀고[7] 일엽편주나 띄우려네[8]	明朝散髮弄扁舟

* 주석

❶ 지금의 안휘성 선성宣城 일대를 예전에는 선주라고 불렀다.

❷ 사조謝朓(464~499)는 남조 제齊나라 때의 문인으로 자는 현휘玄暉이다. 사람들은 사영운謝靈運(385~433)을 '대사大謝', 사조를 '소사小謝'라고 불렀다. 영명

永明 5년(487)에 경릉왕竟陵王 소자량蕭子良 밑에서 관직을 맡으며 문학으로 서로 어울리면서 경릉팔우竟陵八友 중 한 사람이 되었다. 사조가 선주와 인연을 맺은 것은 건무建武 2년(495)에 선성 태수宣城太守로 나가면서부터이다. 그래서 당시에는 그를 사선성謝宣城이라고 부르기도 하였다. 사조루는 지금의 선성시 중심에 있는 능양산陵陽山 정상에 있다. 사조가 먼저 세웠다고도 하고, 당나라 초기에 선성 사람들은 사조를 기념하기 위해 누각을 지었다고도 한다. 원래는 북루北樓 혹은 북망루北望樓라고 불렸으나, 이백의 시가 유명해지면서 사공루謝公樓, 사조루라고 불렸다.

❸ 이운李雲보다는 이화李華(715~766)라는 이름으로 더 많이 알려진 당나라 문장가이다. 자는 하숙遐叔. 저명한 산문가로서 당시 소영사蕭穎士와 이름을 나란히 해 '소리蕭李'로 병칭되었다. 이백과는 한 집안 숙질 사이라는 말이 있으나 정확치 않다.

❹ '봉래문장蓬萊文章'은 훌륭한 문장을 가리킨다. 여기서는 이운의 문장을 비유하는 말로 사용되었다. 동한 때는 황실의 장서각을 도가봉래산道家蓬萊山이라고 불렀는데, 이곳에 은밀한 도서가 많이 소장되어 있음을 뜻하기 위함이었다.

❺ '건안풍골建安風骨'은 강건하고 힘 있는 시문의 풍격을 주로 가리킨다. 한나라 말 건안建安 연간에 조조曹操 삼부자와 건안칠자建安七子의 작품이 유난히 힘 있고 굳세어서 후인들이 건안풍골이라는 말로 표현했다.

❻ 원시의 '청발淸發'은 청신하고 수려한 문장을 가리킨다.

❼ 머리를 푼다는 것은 관을 쓰지 않는 것을 말하는데, 더 나아가 관직을 버리고 얽매이지 않는 삶을 살아가는 것을 뜻한다. 옛사람들은 머리를 묶고 관을 썼기 때문에 산발은 곧 한가롭고 자유로운 삶을 상징한다.

❽ 작은 배에 올라 강호에서 귀은생활을 함을 뜻한다. 춘추시대 말년에 범려

范蠡는 월왕越王 구천句踐을 떠나 "일엽편주에 올라 강호를 떠다녔다."고 한다 (《사기·화식열전》).

*간평

당나라 이전 시인들 중 이백이 가장 좋아하던 사람은 바로 사조였다. 따라서 이 시는 이운의 문장에 대한 칭송이라기보다는 사조의 천재성에 대한 찬미라고 해야 좋을 것이며, 사조의 천재성에 대한 찬미라기보다는 이백 자신의 애환에 대한 표출이라고 해야 좋을 것이다. 원래 명성이 그다지 높지 않았던 사조는 이 시 덕분에 널리 이름을 알리게 되었다. 혹자는 이 시를 "천마가 하늘을 나는 듯, 신룡이 바다에서 나온 듯하다."고 평가하기도 하였다.

*감상 포인트

이 시는 당나라의 운명을 파국으로 치닫게 한 안사의 난 직전(천보天寶 12년, 753)에 지어졌다. 이백은 원대한 꿈을 안고 장안 땅을 밟았으나 겨우 한림원翰林院에서 한직을 맡았을 뿐이고, 그나마 참언에 의해 결국 조정을 나와 유랑생활을 해야만 했다. 떠돌다 잠시 머문 선주에 그의 오랜 벗인 이운이 찾아왔으나, 이내 떠나게 되자 못내 아쉬워 이곳 사조루에 올라 전별연을 연 것이다. 당시 고문가古文家로 이름을 날리던 이운, 즉 이화는 비서성 교서랑校書郞 직을 맡고 있었기에 '교서 이운'이라는 표현을 쓴 것이다.

스산한 가을날, 기러기 멀리 나는데 중년의 두 남자가 높은 누대에 올라 술을 마시며 이별을 아쉬워한다. 붙잡을 수도 없이 떠나가는 어제라는 나날들, 그리고 하루하루 버거운 오늘이라는 현실. 이별을 앞에 두고 이백의 가슴을 후벼 파는 것은 속절없는 인생이었다. 술잔을 기울이며 지난날을 더듬어 본다. 그대가 누구이던가? 당대 으뜸가는 명문장가로, 그 굳건한 필력은 건안칠자의 풍골風骨로밖에 표현할 길 없지 않은가? 나는 누구이던가? 나의 시로 말하면 이 누각의 주인인 사조만큼이나 청신하지 않던가? 그토록 빼어난 흥취와 장한 생각으로 하늘의 달이라도 딸 만한 기세였건만, 흐르는 세월 앞에 속절없이 늙어가고 있다. 하늘에 오를 듯한 흥도, 달을 따겠다던 기세도, 현실의 속박 속에서 무너져 내리고, 눈앞에 보이는 것은 쇠잔한 가을의 풍경뿐이다.

시인은 말한다. 사조루 앞을 흐르는 완계수宛溪水. 그 물을 칼로 끊어 봐도 물은 다시 흐르고, 내 앞에 놓인 한잔의 술, 그 술 마셔 시름을 씻어 봐도 시름은 더 깊어만 진다고. 영원의 진리 앞에 선 무기력한 인간으로서, 고뇌와 번민 끝에 드디어 초탈을 경험한다. 산다는 게 다 그렇지. 마음대로 되는 일이 과연 몇이나 있겠는가! 머리를 풀어헤친다는 말에는 세속의 구속으로부터 벗어나고자 하는 몸부림이 서려 있다. 유한한 삶을 즐길 수 있는 길이란 이것뿐. 시선으로부터 자유로워진 다음, 빈 배에 올라 허욕의 경지로 나아가는 것. 이백이 얻은 결론에서 자못 장자莊子의 사유가 느껴진다.

이백은 사조루에 여러 차례 올랐는데, 이 시 이외에도 〈가을날 선성 사조북루에 올라秋登宣城謝朓北樓〉라는 시를 남겼기에 간단히 소개해 보고자 한다.

강이 흐르는 성은 그림 같은데	江城如畵裏
저녁 무렵 산에 올라 맑은 하늘 바라보네	山晩望晴空
두 줄기 강물은 맑은 거울처럼 성을 감싸 안고	兩水夾明鏡
두 개의 다리는 길게 드리워진 무지개 같구나	雙橋落彩虹
인가의 연기, 유자나무 차갑고	人煙寒橘柚
가을의 빛깔, 오동나무 짙어라	秋色老梧桐
그 누가 있어 이 북루에 올라	誰念北樓上
바람 맞으며 사조를 그리워할까	臨風懷謝公

시에서 말하고 있는 '북루'는 곧 사조루이다. 이백이 이토록 사조를 그리워하는 이유는 무엇일까? 사조의 시는 "한나라를 잇고 당나라를 열었다"는 평가를 받는다. 그러나 시재詩才 때문만은 아닐 것이다. 사조를 기념하기 위해 이 누각을 지었고, 그 누각은 사조의 명성과 주변 승경을 통해 또 한 번 이름을 얻었으며 이백은 이곳에 와서 경관과 인물을 동시에 감상하고 그리워하였던 것이다. 한 장소가 명소로 거듭나는 것이 대개 이와 같다.

〔전출새前出塞〕

적을 잡으려면 먼저 그 왕을 잡아야 한다

전출새

(당) 두보

활을 당기려면 강하게 당기고	挽弓當挽强
화살을 쏘려면 멀리 쏘아야 하며	用箭當用長
사람을 쏘려면 먼저 그 말을 쏘고	射人先射馬
적을 잡으려면 먼저 그 왕을 잡아야 한다	擒賊先擒王
사람을 죽임에도 한계가 있고	殺人亦有限
열국에도 각각의 경계가 있다	列國自有疆
침략하는 무리를 제압할 수만 있으면 그만	苟能制侵陵
살상을 많이 할 필요 어디 있으랴	豈在多殺傷

* 간평

두보杜甫(712~770)는 자가 자미子美이고 소릉야로少陵野老라는 자호를 썼다. 이백과 더불어 '이두李杜'로 병칭되는 중국의 대표 시인이다. 젊어서부터 시재詩才로 이름을 드날렸으나, 진사 시험에 낙방하고는 전국 각지를 두루 유랑했다. 만년에 공부원외랑工部員外郞을 지냈다 하여 사람들은 그를 두공부杜工部라고 부르기도 한다. 그는 44세가 되던 755년에 안녹산安祿山의 난을 맞이하여 동란의 시기를 보내다 59세로 세상을 떠났다. 그 당시 겪었던 고난의 시대상을 직시하고 우국의 마음과 울분으로 시를 창작했기에, 사람들은 그의 시를 '시사詩史' 즉 시로 기록한 역사라고 표현하기도 한다.

두보는 여러 편의 〈출새〉 시를 창작하였는데, 먼저 지어진 아홉 수를 〈전출새〉라고 하고, 뒤에 지어진 다섯 수를 〈후출새〉라고 한다. 이 시의 요지인즉 현종에게 무공을 좋아하여 가벼이 전란을 일으키지 말 것을 삼가 간언함과 동시에, 유목민들이 더 이상 당나라 변경을 침략하지 않기를 희망하는 것이다. 반드시 치러야 할 전쟁이 있지만 적당한 데서 그쳐야지 더 이상 원수를 만들어서는 안 된다는 것이다.

* 감상 포인트

안사安史의 난의 피해를 두보처럼 고스란히 입은 시인도 많지 않다. 변변치 않은 관직을 전전하던 그는 난이 일어나자 여기저기 떠돌다 건원乾元 2년(759)에 결국 가족과 함께 사천으로 피난 갔다. 지금도 사천성 성도成都에는 그가 살았던 집이 '두보초당杜甫草堂'이라는 이름으로 남아 있다. 그곳에서 비교적 안정적인 삶을 살 수 있었지만, 나라를 향한 우국충정을 버릴 수 없었던 그는 〈북정北征〉, 〈삼리三吏〉, 〈삼별三別〉 등을 지어 냉혹한 현실을 묘사했다.

그의 시는 한 시대를 반영한 역사요, 역사의 흐름 속에 격동을 겪었던 민초들의 목소리였기에 중국문학사에서는 그의 시를 시사詩史라고 부른다. 시로 역사를 써내려간 이가 바로 두보인 것이다.

이 시에서 두보가 강조하고자 하는 바는 무엇일까? 모름지기 전쟁에 임했으면 활을 당겨도 힘껏, 활을 쏴도 멀리 쏘아야 하는 법. 그것이 군사의 도리이다. 그러나 그다음 구절에서는 사뭇 다른 분위기가 느껴진다. 사람을 쏘기 전에 말을 쏘고, 적을 사로잡으려면 먼저 왕을 사로잡으라니, 결국 한 사람의 목숨이라도 덜 죽여야 한다는 것 아니겠는가? 말을 죽일지언정 사람을 먼저 죽이지는 말고, 왕을 사로잡으면 되니 애꿎은 적군을 잔뜩 사로잡을 필요가 없다는 말에서 진정한 전쟁의 뜻을 잘 알고 있던 그의 인자한 흉금이 느껴진다. 반드시 치러야 할 전쟁이라 해도 사람을 함부로 죽여서는 안 되고, 각자의 영토가 있으니 남의 땅을 넘보아서는 안 된다. 아! 이러한 도리를 알았다면 대대로 그 많은 살상이 일어났겠는가!

두보의 마지막 구절이 아직도 전란이 끊이지 않고 있는 이 지구촌 곳곳에 전해졌으면 좋겠다. 누가 나의 땅을 쳐들어왔다면 적들을 제압하기만 하면 되는 것이다. 반드시 사람을 많이 죽여야만 전공을 세우는 것은 아니므로.

〔춘망春望〕

시절을 느끼고서 꽃도 눈물 흩뿌리고

춘망

(당) 두보

나라는 망했어도 산과 강은 남아 있고	國破山河在
봄 찾아든 성에는 초목만 우거졌네	城春草木深
시절을 느끼고서 꽃도 눈물 흩뿌리고	感時花濺淚
이별에 한이 맺혀 새도 마음 놀란다	恨別鳥驚心
봉화가 석 달 연이어 올라가니	烽火連三月
집에서 온 편지가 만금과 맞먹네	家書抵萬金
허연 머리 긁고 긁어 더욱 짧아져서	白頭搔更短
도무지[1] 비녀 하나도 꽂을 수가 없구나	渾欲不勝簪

* 주석

❶ 원시의 '혼욕渾欲'은 "완전히 ~할 것 같다"는 뜻이다.

* 간평

현종 천보 15년(756) 7월에 안사의 반란군이 장안을 침략하자 숙종肅宗이 영무靈武에서 황위에 올라 연호를 지덕至德으로 고쳤다. 두보는 영무로 향하던 도중 반란군에게 사로잡혀 장안으로 압송되었다. 지덕 2년에 지어진 이 시는 산과 강은 여전하고 도성엔 봄이 찾아왔건만, 꽃 앞에서 눈물 흘리고 새 울음에 깜짝 놀란다고 하였으니, 거의 매 행이 다 명구라 할 수 있다. 특히 "봉화가 석 달 연이어 올라가니, 집에서 온 편지가 만금과 맞먹네."는 천고에 길이 남을 명구이다.

* 감상 포인트

“오백년 도읍지를 필마로 돌아드니, 산천은 의구하되 인걸은 간 데 없네.” 중고등학교 시절에 많이 외던 시조였다. 나라가 망했는데도 의연히 자기 자리를 지키고 있는 산과 강. 어느 성씨가, 심지어 어느 민족이 주인이 된들 산하야 흔들리랴!

시골 늙은이 소릉은 울음을 삼키고서	少陵野老呑聲哭
봄날 아무도 모르게 곡강 자락을 찾아왔네	春日潛行曲江曲
강가 궁전의 천 개 문 잠겨 있는데	江頭宮殿鎖千門
버들가지와 부들은 누굴 위해 푸르렀나	細柳新蒲爲誰綠

— 두보, 〈강 머리에서 슬퍼하다哀江頭〉

“빼앗긴 들에도 봄은 오는가?”

안녹산, 사사명에게 빼앗겨 버린 장안성엔 버젓이 봄이 찾아왔다. 사람 마음 알 리 없는 무심한 사계는 그렇게 돌고 또 돌아 또 봄이 찾아왔다.

굳게 잠긴 성문을 보며 시인은 화려했던 시절을 회상한다. 황제가 의장행렬 늘어놓고 사냥하던 곳, 황제와 함께 수레에 올라 총애를 한 몸에 받던 양귀비. 활과 궁을 허리에 찬 무인들, 금 재갈 물린 백마. 두보의 눈앞에 지난날의 장면이 스치고 지나간다. 무심히 자라난 장가의 풀들을 보며 두보는 시를 마저 읊는다.

사람에겐 정이 있어 눈물이 가슴을 적시는데	人生有情淚沾臆
저 강물과 저 강가 꽃은 그 끝도 없구나	江水江花豈終極
황혼에 오랑캐 기마병들 성 가득 먼지 일으키니	黃昏胡騎塵滿城
성 남쪽으로 가려다 다시 성 북쪽을 바라보네	欲往城南望城北

두보가 가려고 했던 성 남쪽은 원래 두보의 집이 있던 곳이었다. 옛집에 가 보고 싶었으나, 어지럽고 착잡한 마음에 차마 그곳을 바라보지도 못하고 반대쪽을 바라보는 두보의 심경이, 시의 마지막 구절에 절절히 배어 있다.

그러니 이런 난리 통에 집에서 보낸 편지 한 통이 오죽 소중했을까. 그래서 그 편지 한 장이 만금과 맞먹는다고 표현한 것이다. 사십대 중반을 넘어선 시인은 허옇게 센 머리를 고통과 번민 속에 긁고 또 긁었다. 그래서 그 허연 머리마저 다 빠져버려 비녀 꽂을 머리조차 남지 않았다. 초라해진 내 모습과 만신창이가 된 장안이 묘한 조화를 이루면서 시대의 아픔을 최고조로 끌어올린다.

꿈에 이백을 보다

(당) 두보

뜬구름은 종일토록 흘러가는데	浮雲終日行
떠도는 이는 오래도록 돌아오지 않네	游子久不至
세 밤 동안 자주 그대 꿈을 꾸다니	三夜頻夢君
우정의 깊음에서 그대의 마음을 보겠네	情親見君意
이별을 고할 땐 늘 움츠린 모습으로	告歸常局促
슬피 말하길 "다시 오기 어려울 걸세.	苦道來不易
강호엔 풍파도 많아	江湖多風波
노라도 떨어뜨릴까 두려워서 말일세."	舟楫恐失墜
문을 나서며 허연 머리 긁적이는데	出門搔白首
마치 평생의 포부 뒤로한 듯 보였네	若負平生志
도성 거리엔 높은 벼슬아치❶ 가득하건만	冠蓋滿京華
이 사람만 홀로 초췌하구나	斯人獨憔悴
누가 말했나? 하늘의 벼리 드넓다고❷	孰云網恢恢
늙어 가는 처지에 도리어 걸려들고 말았구나	將老身反累
천추만세에 이름이 남는다 해도	千秋萬歲名
죽은 뒤의 일은 적막하기만 한 것을	寂寞身後事

〔꿈에 이백을 보다夢李白〕

도성 거리엔 높은 벼슬아치 가득하건만, 이 사람만 홀로 초췌하구나

* 주석

❶ '관개冠蓋'는 관원들이 머리에 쓰는 관과 수레 위에 씌우는 가리개로, 고위 관료들을 상징한다.

❷ 《노자老子》에 "하늘의 벼리는 드넓고 성글지만 빠뜨리지는 않는다.(天網恢恢, 疎而不漏)"라는 말이 나온다.

* 간평

두보는 〈이백 꿈을 꾸고서〉라는 제목의 시를 두 수 지었는데, 펑쯔카이 선생이 그린 장면은 두 번째 수이다.

당 현종 천보 3년(744)에 두보와 이백은 낙양에서 처음 만났다. 건원乾元 원년(758)에 숙종이 된 이형李亨과 영왕永王 이인李璘 형제가 서로 힘겨루기를 하고 있었는데, 영왕의 막부에 몸 담았던 이백은 영왕이 패망하자 야랑夜郞으로 유배되었다가 이듬해 봄에 무산巫山에 이르렀을 때 사면되었다. 두보는 이백이 유배되었다는 사실만 알았지, 그가 사면되어 돌아온 사실은 알지 못했다. 이 두 수의 시는 두보가 이백이 야랑으로 유배되었다는 소식을 들은 뒤에 그리움이 쌓여 꿈을 꾼 후에 지은 것이다.

첫 번째 수의 "오랜 벗이 꿈에 보였나니, 내가 오래 그리워했음을 알겠네.(故人來入夢, 明我長相憶)"와 "지는 달빛 집 마루에 가득하여, 여전히 그대 얼굴색을 비추고 있네.(落月滿屋梁, 猶疑照顔色)", 그리고 이 두 번째 시의 "도성 거리엔 높은 벼슬아치 가득하건만, 이 사람만 홀로 초췌하구나." 등은 천고에 회자되는 명구이다.

* 감상 포인트

이 시는 4, 6, 6으로 끊어 읽어야 하는 구조로 이루어져 있다. 처음 4구는 꿈꾸기 이전, 다음 6구는 꿈속의 모습, 그다음 6구는 꿈꾼 뒤 시인의 심경을 읊고 있다.

온/오프라인 '만남'이 어렵지 않은 현대인들은 '만남'이 귀했던 시절, 고인들의 그리움을 상상하기 힘들다. 그래서 흘러가는 구름을 보며 유자遊子를 떠올린다는 매우 상투적인 표현이 실은 상투적인 말이 아니었음을 이해하기 어렵다.

지금까지도 이李-두杜로 병칭되며 중국 시인의 대명사로 명성을 누리고 있는 이 두 대가가 이처럼 서로 사랑하는 사이였다는 사실이 몹시도 새삼스럽다. 누군가를 세 밤 연속 꿈에서 본다는 것은 보통 우정이 아니고선 불가능한 일. "여기서 그대 또한 나를 끔찍이 생각하고 있음을 알겠네."라고 시인은 둘 사이의 우정을 확신한다. 첫 번째 수에서는 내가 오래 그리워해 꿈을 꾸었다고 했고, 두 번째 수에서는 이백 역시 나를 그리워했음을 알겠다고 했다. 이런 것을 일컬어 "간담상조肝膽相照"라고 하던가? 그러나 꿈에 보인 이백은 너무나 초라했다. 영왕의 막부에 들어간 죄로 저 멀리 유배형에 처해진 오랜 벗. 그가 이미 사면되었다는 소식도 알 길 없는 시인은 애처롭고 애처로워 밤마다 이백 꿈을 꾼다. 하늘이란 과연 믿을 만한 존재인가? 누구나 막다른 골목에 서면 하늘을 원망해 보듯, 시인도 공정하기 짝이 없다던 천강天網에 늘그막에 걸려든 친구를 위해 분통을 터뜨려 본다. 다행히 죽어 원한이 벗겨져 이름을 남긴다 한들, 저 무덤에 누워 있을 해골이 무엇을 알 것인가! 자고이래로 이와 같은 울분을 터뜨린 이가 두보 하나는 아니었을 것이다.

〔봉제역에서 엄 공을 다시 보내며 – 사운 奉濟驛重送嚴公–四韻〕

강촌으로 홀로 돌아가 거하면서, 적막하게 남은 생이나 돌보려네

봉제역[1]에서 엄 공을 다시 보내며 – 사운

(당) 두보

멀리 보내는 이, 여기서 이별인데	遠送從此別
푸른 산은 부질없이 이별의 정 불러일으키네	青山空復情
그 언제나 술잔을 다시 잡으려나	幾時杯重把
어젯밤엔 달 아래를 함께 거닐었네	昨夜月同行
고을마다 노래하며 떠나는 그대 아쉬워했고[2]	列郡謳歌惜
세 임금의 조정을[3] 출입하는 영광을 누렸네	三朝出入榮
나는 강촌[4]으로 홀로 돌아가 거하면서	江村獨歸處
적막하게 남은 생이나 돌보려네	寂寞養殘生

* 주석

❶ '봉제역奉濟驛'은 지금의 성도成都 동북쪽 면양현綿陽縣에 해당한다.

❷ 지방관으로서 선정을 베풀어 떠날 때면 백성들이 덕을 칭송하며 아쉬워했다는 뜻이다.

❸ 이 시를 받는 엄무嚴武라는 사람은 현종, 숙종, 대종代宗 세 조정에서 관직 생활을 하였다.

❹ 두보가 성도에서 살던 초당이 완화계浣花溪 옆에 있었기에 자신의 거처를 강촌이라고 표현한 것이다.

* 간평

검남절도사劍南節度使 엄무는 두보의 오랜 친구이다. 그는 성도에서 지방관을 하는 동안 두보를 많이 돌봐 주었다. 두보를 자신의 막료로 불러 주었을 뿐만 아니라, 두보가 공부원외랑이라는 관직을 할 수 있도록 천거까지 해주었다. 보응寶應 원년(762)에 엄무가 부름을 받고 조정으로 들어가게 되자 두보는 엄무를 성도에서 이백 리나 떨어진 면양 봉제역까지 배웅을 나가 이 이별시를 지어 그에게 주었는데, 그 전에 이미 〈엄 시랑을 전송하러 면주까지 와서 함께 두사군의 강루에 올라 연회를 열다送嚴侍郎到綿州同登杜使君江樓宴〉를 지은 적이 있기 때문에 '다시 보내며'라고 한 것이다.

* 감상 포인트

두보가 가족을 이끌고 풍찬노숙風餐露宿하여 허겁지겁 사천성 성도로 온 것은 760년이며, 그곳에 머문 시간은 약 4년가량이다. 사람들은 그가 지금은 유명한 관광지가 되어 버린 완화계浣花溪 옆 두보초당杜甫草堂에서 줄곧 머물렀으리라 생각하지만, 기실 사고무친 이역에서 자리 잡기란 그리 쉬운 일이 아니었다. "오래된 절엔 중들이 적어, 비어 있는 객방에서 한동안 묵었네.(古寺僧牢落, 空房客寓居)"(〈고 사군에게 보답으로 드리다酬高使君相贈〉) 이렇듯 절방을 빌려 살기도 했고, 이미 성도에서 자리 잡고 있던 옛 벗들의 도움을 받기도 했는데, 그 중 대표적인 사람이 바로 엄무嚴武였다.

엄무는 당나라 때 공부시랑을 지낸 대신 엄정지嚴挺之의 아들이었고, 장안에서부터 사귄 오랜 벗이었다. 비록 두보보다 나이가 한참 아래였지만, 촉 땅 최고의 군벌로서 입지가 탄탄했던 그는 두보를 관직에 추천도 해 주고, 완화계 옆에 초당을 지어 주었다(초당을 엄무가 지어 주었다는 설에는 아직도 이견이 분분하다). 타지에서 엄무가 얼마나 의지가 되었을지 가히 짐작할 수 없다. 이렇듯 물

심양면으로 도와주던 엄무와의 이별이기에 두보의 심경은 더욱 착잡하였다. 달만 보아도 눈물이 나오고 산만 보아도 눈물이 나왔다. 전도 창창한 젊은 벼슬아치를 떠나보내고, 쓸쓸히 완화계로 돌아와 누운 두보의 모습이 초당 안에 배경처럼 그려진다. 그러나 아이러니하게도 두보보다 14살이나 어린 엄무는 두보보다 4년 빨리 겨우 40세의 나이로 세상을 떠나고 말았다.

또 고기잡이를 구경하다

(당) 두보

푸른 강에 어부들 새벽부터 모여	蒼江魚子淸晨集
그물 던져 들어 올리자 물고기들 다급하네	設網提網萬魚急
사공이 바람처럼 빨리 배를 몰아서	能者操舟疾若風
파도 속으로 돌진하여 작살을 번쩍 드네	撑突波濤挺叉入
그물을 빠져나간 작은 고기는 셀 수도 없지만	小魚脫漏不可記
죽은 듯 산 듯, 입을 뻐끔거리네[1]	半死半生猶戢戢
큰 놈은 상처 입어 모두 머리가 늘어졌어도	大魚傷損皆垂頭
진흙탕에서 뻗대며 우뚝 서기도 하네	屈强泥沙有時立
동쪽 나루에서 고기잡이 보고 다시금 찾아오니	東津觀魚已再來
주인은 회 다 뜨고 나서 술잔을 기울이네	主人罷鱠還傾杯
날 저물자 교룡은 살던 굴을 바꾸고	日暮蛟龍改窟穴
산자락의 전어, 상어는 구름 우레를 따라오네	山根鱣鮪隨雲雷
창과 방패, 병기와 갑옷, 전쟁 아직 끝나지 않았으니	干戈兵革鬪未止
봉황과 기린이 어찌 나타나랴	鳳凰麒麟安在哉
우리들은 어찌하여 이런 놀이를 즐기는가	吾徒胡爲縱此樂
하늘이 낸 목숨 죽이는 것, 성인께서 슬퍼하거늘	暴殄天物聖所哀

〔또 고기잡이를 구경하다 又觀打魚〕

우리들은 어찌하여 이런 놀이를 즐기는가? 하늘이 낸 목숨 죽이는 것, 성인께서 슬퍼하거늘

* 주석

❶ '집집戢戢'은 물고기가 입을 뻐끔거리는 모양이다.

* 간평

보응寶應 원년(762)에 두보는 조정으로 돌아가는 엄무를 전송하기 위해 성도에서 면주까지 따라갔다. 당시 면주의 지방관은 두보의 종질손이었는데, 면강 동쪽 나루에서 연회를 베풀고 두보를 초대했다. 연회가 열린 곳에서는 고기잡이하는 광경도 볼 수 있었기에 두보는 〈고기잡이 노래觀打魚歌〉를 지었다. 얼마 후 이곳을 다시 찾은 두보는 면강 동쪽 나루에서의 고기잡이를 구경하면서 이 시를 짓고, 전에 지은 시와 구별 짓기 위해 〈또 고기잡이를 구경하다〉라고 제목을 붙였다. 두 시 모두에 살상을 반대하는 그의 인애로운 마음이 잘 드러나 있다.

* 감상 포인트

두보는 이 시에 앞서 지은 〈고기잡이 노래〉에서도 비슷한 광경을 펼쳐보였다. "면주의 강 동쪽 나루엔, 헤엄치는 방어가 은보다 더 희네. 어부가 배를 출렁이며 큰 그물을 던져 놓자, 강 질러 수백 마리가 잡혀 올라오네.(綿州江水之東津, 魴魚鱍鱍色勝銀. 漁人漾舟沈大網, 截江一擁數百鱗)" 이 신명나는 장면을 묘사한 뒤 "잠룡은 소리 내지 않고 교룡은 노여워하며, 회오리바람 휘이익 모래 먼지를 일으키네.(潛龍無聲老蛟怒, 回風颯颯吹沙塵)"라고 하여 삼엄한 분위기를 연출한다. 이어 요리사들이 쌍칼을 휘둘러 눈처럼 흰 생선회를 한 접시 차려 내니, "방어의 기름진 맛은 천하 제일이라.(魴魚肥美知第一)"며 감탄한다. 그러나 마지막에 두보는 회를 쳐 물고기를 먹고 나면 다시는 황하의 용문龍門을 거슬러 올라가 풍운의 조화를 부리는 용이 되지 못할 것을 안타까워하며, "그대는 보지 못했는가, 아침에 흰 지느러미 잘리면 지철 거리의 물결로도 영영 돌아가지 못하는 것을!(君不見朝來割素鬐, 咫尺波濤永相失)" 하고 탄식한다. 두 번째로 지은 이 시에서도 마찬가지이다.

떠들썩한 고기잡이 광경을 신명나게 묘사하는가 싶더니, 두보는 이내 그물에 걸려들어 '죽음'을 앞에 둔 작은 물고기, 큰 물고기를 그려 낸다. 작은 고기는 반쯤 죽어 입만 뻐끔거리고, 큰 고기는 온몸이 상처투성이가 되고도 마지막 기운을 짜내가며 진흙에서 퍼덕거린다.

두 번이나 찾아온 두보를 보고 주인은 회를 떠서 술잔을 건넨다. 여기까지는 아침나절의 풍경이다. 마지막 네 구는 저녁으로 배경이 바뀐다. 아니, 더 정확히 말하면 여기부터는 두보의 상상이다. 밤이 들자 이번에 교룡이 이 강을 찾아오고, 상어며 전어도 한바탕 찾아온다. 주인이 바뀌어 버린 강물 속. 아침에 한바탕 치른 물고기와의 전쟁이 실제 전쟁을 연상케 한 것이다. 물 속의 치열한 전투가 땅 위의 혼란한 전쟁을 떠올리게 한 것이다. 이토록 어지러운 세상에 봉황과 기린이 어찌 나타날 것인가? 아! 우리들은 왜 이런 놀이를 즐길까? 고기잡이 놀이. 사람잡이 놀이. 하늘이 낸 생물을 죽이는 것은 성인이 슬퍼하는 바이거늘.

추흥

(당) 두보

산성 마을에 고요히 아침 해 비추는데	千家山郭靜朝暉
매일같이 강루에 앉아 푸른 산 바라보네	日日江樓坐翠微
이틀 밤을 보낸[1] 어부들은 다시 배를 띄우고	信宿漁人還泛泛
맑은 가을날 제비도 예전처럼 날아가네	淸秋燕子故飛飛
광형[2]은 직간했으나 공명 이루지 못하였고	匡衡抗疏功名薄
유향[3]은 경전 전했으나 소원과 어긋났네	劉向傳經心事違
함께 공부한 소년들 중엔 귀해진 이 많아	同學少年多不賤
오릉[4]에서 가벼운 옷 입고 살진 말을 탄다네	五陵衣馬自輕肥

* 주석

❶ '신숙信宿'은 연속 두 밤을 가리킨다.

❷ 광형匡衡은 서한의 경학자로, 어려서 고학으로 학문을 완성해 원제元帝의 중용을 받았다. 그러나 서슴지 않고 직간을 하다가 후에 서인으로 파면되었다.

❸ 유향劉向 역시 원제 때 학자로 특히 경전과 전적을 정리하는 데 큰 공을 세웠다. 그 역시 환관을 반대하였다가 서인으로 파면되었다. 선제宣帝 때 석거石渠에서 오경을 강론하기도 하였다.

❹ '오릉五陵'은 장안성長安城 북쪽에 있는 한대 제왕의 묘역인 오릉원五陵原을 말하며, 한 고조의 장릉長陵, 혜제의 안릉安陵, 경제의 양릉陽陵, 무제의 무릉茂陵, 소제의 평릉平陵으로 되어 있다.

〔추흥秋興〕

함께 공부한 소년들 중엔 귀해진 이 많아, 오릉에서 가벼운 옷 입고 살진 말을 탄다네

* 간평

당나라 대종代宗 대력大歷 원년(766)에 두보는 가족들을 이끌고 기주夔州(지금의 중경시重慶市 봉절현奉節縣)에 도착해 기주도독 백무림柏茂林의 돌봄을 받았다. 그해 가을, 지인들과 떨어져 쓸쓸한 신세가 되어 버린 두보는 황제가 있는 장안을 바라보며 유명한 율시 〈추흥팔수〉를 지었다. 이 시는 그중 하나이다.

광형과 유향은 자신들의 재능과 학문으로 황제로부터 중용되었던 서한의 경학자들이다. 두보는 천보 10년(751)에 현종에게 〈삼대례부三大禮賦〉를 바쳤고, 숙종 지덕 2년(757)에도 상소를 올려 전쟁에 패한 전 재상 방관房琯을 용서해 줄 것을 청하였다. 앞의 일로 그는 집현원대제集賢院待制에 임명되었지만, 뒤의 일로 숙종의 노여움을 사 하마터면 죽임을 당할 뻔하였다. 두보는 이 시를 빌려 시대를 잘못 만난 자신의 처지를 비관하고, 은근히 조정에서 자리를 차지하고 있는 용렬한 권세가들을 풍자하고 있다.

* 감상 포인트

이 시는 두보가 55세 때 지은 작품이다. 가난과 신병에 시달리며 낯선 곳 기주에서 남의 돌봄을 받아야 했던 두보는 복받치는 망향의 정과 여수旅愁를 〈추흥〉 여덟 편의 시로 읊었다. 이 시는 그중 세 번째 수이다. 두보의 가을 시야 노상 쓸쓸하지만 이 시는 더욱 쓸쓸하다. 시는 선경후정先景後情의 구성을 취하고 있어서 앞의 4구는 가을날의 정경을 읊었고, 뒤의 4구는 그로 인해 일어난 감흥을 읊었다. 두보의 심경이 전환하는 계기는 바로 '예전처럼 날아가는' 제비이다. 봄에 날아왔던 제비는 가을이 되자 다시 떠나간다. 그러나 나는 떠돌다 멀리 기주까지 들어와 이젠 돌아가지도 못하는 신세가 되어 버렸다. 고향 찾아 돌아가는 제비를 보고, 자신의 신세를 돌아볼 수밖에 없었던 두보는 서한 때 학자 광형과 유향을 떠올린다. 회재불우懷才不遇한 저들의 운명이 나의 그것과 닮았구나. 함께 공부했던 벗들은 다들 귀인이 되어 세상의 부귀영화를 누리고 있건만. 쓸쓸함을 넘어선 헛헛한 웃음이 두보의 입가에 번진다.

기부 외로운 성엔 석양이 비끼는데 夔府孤城落日斜
매번 북두성 보며 도성을 그리네 每依北斗望京華

—〈추흥〉 두 번째 수

옥구슬 같은 이슬에 단풍나무 시들고 玉露凋傷楓樹林
무산 무협엔 가을 기운 스산하다 巫山巫峽氣蕭森

—〈추흥〉 첫 번째 수

듣자니 장안 시국이 바둑판이라기에 聞道長安似弈棋
평생 겪은 세상일에 슬픔 이기지 못하겠네 百年世事不勝悲

—〈추흥〉 네 번째 수

〈추흥팔수〉 시가 보여 주는 것은 두보의 생의 슬픔이요, 시국에 대한 근심이요, 타향에서의 외로움임을 알 수 있다.

〔소한식 날에 배에서 짓다小寒食舟中作〕

봄물 위에 떠 있는 배는 하늘 위에 앉은 듯

소한식[1] 날에 배에서 짓다

(당) 두보

명절이라 억지로 마셔 보지만 음식은 차고	佳辰强飮食猶寒
안석에 기대앉으니 갈관[2]이 쓸쓸하구나	隱几蕭條戴鶡冠
봄물 위에 떠 있는 배는 하늘 위에 앉은 듯하고[3]	春水船如天上坐
노인 눈에 비친 꽃은 안개 속에서 보는 듯하네	老年花似霧中看
어여쁘게 장난치는 나비가 한가로운 휘장을 지나가고	娟娟戲蝶過閑幔
여기저기 가벼운 갈매기가 급한 여울물로 내려앉네	片片輕鷗下急湍
구름 희고 산 푸른 만여 리 길이건만	雲白山靑萬餘里
시름겨워 바라보니 정북쪽이 바로 장안이구나	愁看直北是長安

* 주석

❶ '소한식小寒食'은 한식 다음날, 청명 전날이다. 때론 청명절과 겹치기도 한다.

❷ '갈관鶡冠'은 은자들이 쓰는 관이다. 전하는 바에 따르면 초나라 은자 갈관자鶡冠子가 관새의 깃털로 만든 관을 썼다고 한다. 관새는 꿩과 비슷한 조류이다.

❸ 봄에 물이 불어나 배가 마치 하늘과 닿은 듯 보인다는 뜻이다.

* 간평

검남절도사 엄무가 세상을 뜨자 두보는 의지할 바를 잃었다. 대종 대력 5년(770)에 두보는 가족을 이끌고 삼협을 거쳐 사천을 빠져나온 다음 호남성 담주潭州(지금의 장사長沙)에 도착했다. 이 시는 바로 이 시기에 지어졌는데, 세상을 뜨기 반년 남짓 전임에도 그는 여전히 나라 걱정을 그치지 못하고 있다. 양신楊愼은《승암시화升庵詩話》에서 "봄물 위에 뜬 배는 하늘 위에 앉은 듯, 노인 눈에 비친 꽃은 안개 속에서 보는 듯" 이 두 구절은 남조 진陳나라 승려 혜표慧標의 〈물을 읊다詠水〉 중 "배는 공중을 떠다니는 듯하고, 사람은 거울 속을 다니는 듯하다.(舟如空裏泛, 人似鏡中行)"와 초당初唐 궁정시인 심전기沈佺期의 〈조간편釣竿篇〉 중 "사람은 하늘 위에 앉아 있는 듯하고, 물고기는 거울 속에 매달려 있는 듯하네.(人如天上坐, 魚似鏡中懸)"에서 나왔으나, "장엄함과 화려함은 갑절이나 되는지라 환골탈태의 오묘함을 얻었다고 이를 만하다."라고 하였다.

* 감상 포인트

자고로 좋은 시절 맞이하면 그리움이 더욱 간절해지는 법. 청명절은 답청踏靑하는 날. 즉 봄놀이하기 좋은 시절이다. 생기가 가장 왕성하고 음기가 물러나 대지에 봄기운이 가득한 날이다. 또 조상의 묘를 찾아가 성묘하기 위해 가족들이 한데 모이는 날이다. 고향 생각이 절로 간절해지는 때가 아닐 수 없다. "시름겨워 바라보니 정북쪽이 바로 장안이구나." 꿈에도 잊지 못할 장안이 그래서 이날 이토록 간절해진 것이다. 생의 종점에 다가온 두보는 이제 호남성 담주로 이사해 살고 있다. 입안이 까끌거려 뭘 먹어도 맛이 없는데, 한식이다 보니 음식마저 차갑다. 상을 물리고 쓸쓸히 앉아 있는 갈건 쓴 노인. 무심한 봄은 다시 찾아와 물 불어나고 꽃도 피었건만. 나비도 날고 갈매기도 노닐건만. 그 정경마저 흐릿하고 초로의 서러움만 돋운다. 눈 들어 저 멀리 북쪽을 바라본다. 구름 너머 산 너머 만여 리를 가면 내가 젊어 노닐던 장안 땅이로구나. 두보가 그리워하는 곳이 장안인지, 아니면 장안을 누비던 젊은 날 자신인지 모르겠다.

이 시를 지을 당시 두보는 배 위에 앉아 있었다. 봄물이 불어 마치 '하늘에 앉아 있는 듯' 한데, 저 멀리 뭍에 보이는 꽃은 노안 때문에 가물가물, 안개 속인 듯 부옇게 보인다. 가까운 곳에서 나비 한 쌍이 날아와 너울거리는데, 어디선가 갈매기가 쏜살같이 여울로 내려와 물고기를 쫀다. 살아 있는 것들의 생동감. 그것을 지켜보는 나이 든 자의 축 처진 모습이 선명한 대비를 이루면서 삶의 서글픔을 도드라지게 한다.

〔전가춘망田家春望〕

지기 하나 없는 이 몸 한심해라! 고양 땅 일개 주정뱅이일 뿐이로다

전가춘망

(당) 고적

문 나섰건만 아무것도 보이는 것 없고	出門何所見
춘색만 들판에 가득하구나	春色滿平蕪
지기 하나 없는 이 몸 한심해라	可嘆無知己
고양 땅 일개 주정뱅이일 뿐이로다❶	高陽一酒徒

* 주석

❶ 《사기 · 역생육가열전酈生陸賈列傳》에 나오는 내용이다. 한 고조 유방劉邦이 병사들을 이끌고 진류陳留를 지나갈 때 역이기酈食其가 알현을 청했다. 유방은 식자층을 싫어했는데, 역이기가 유자儒者처럼 생겼다는 말을 듣고 접견을 거절하자 역이기는 하는 수 없이 스스로를 "고양의 술주정뱅이"라고 소개했다. 고양은 지금 하남성 기현杞縣 서남쪽이며, 역이기가 그곳 출신이다.

* 간평

고적高適(704~765)은 자가 달부達夫 혹은 중무仲武이고, 발해渤海 수脩(지금의 하북성 창주滄州) 사람이다. 형부시랑刑部侍郎, 산기상시散騎常侍 등을 역임하고 발해현후渤海縣侯에 봉해졌다. 잠삼岑參과 더불어 당나라 변새시인의 대표로 병칭된다.

고적은 젊어서 아무 데도 얽매이지 않고 호탕하게 즐겼다. 남들처럼 생의 단계에 맞게 공명을 이루고자 하지도 않았다. 대신 전국시대 소진蘇秦, 장의

張儀, 역이기酈食其처럼 현란한 세 치 혀를 놀려 군왕의 마음을 사로잡고 싶었다. 이 시는 아직 뜻을 펼쳐 보지 못한 젊은 시절에 지어졌는데, 답답한 심경도 있지만 여전히 자부심과 오만함이 넘쳐, 자신 또한 역이기처럼 영웅의 재능과 원대한 책략을 지녔으나 아직 현명한 군주를 만나지 못했을 뿐이라고 적고 있다.

* 감상 포인트

조용히 흐르는 물과 사시사철 강산을 수놓는 대자연을 감상하고 누릴 수 있는 남쪽에 비해, 중국의 북쪽은 황량하고 척박하다. 하지만 북방인의 자부심은 또 얼마나 강한가? 초나라 항우項羽를 '원숭이'라고 비웃을 만큼 덩치도 뜻도 큰 사람들. 진시황을 찌르려 역수易水를 건너간 형가荊軻의 후예들. 그들은 기질 자체가 남방과 다르다.

아직 사해의 포부에 부풀어 있는 젊은 시인은 집 문밖을 나설 때마다 울분에 찬다. 이 드넓은 벌판은 봄을 맞이해 주어 맘껏 봄 잔치를 펼쳐 주건만, 나는 그 누구에게도 지우知遇를 입지 못하는 신세로구나. 원조 고양 땅 술주정뱅이인 역이기는 한 고조 유방을 만나 유세라도 해 봤건만, 나는 더할 것도 뺄 것도 없는 그냥 '고양 땅 술주정뱅이'일 뿐이로다. 마지막 구절은 거의 시인의 절규에 가깝다.

천리 밖 누런 구름이 밝은 해를 가리니	千里黃雲白日曛
북풍에 기러기 울고 눈발이 흩날리네	北風吹雁雪紛紛
자네 가는 길에 지기 없을까 근심하지 말지니	莫愁前路無知己
천하에 그 누가 그대를 몰라볼까	天下誰人不識君

고적이 지은 〈동대와 이별하며別董大〉이다. 천리 밖 북쪽 변방으로 좌천되어 가는 동대를 위해 고적은 이런 시를 지어 위로의 손길을 건넸다. 저 멀리 북녘에 지기 없을까 걱정 마라. 세상 그 어디인들 그대 모를 사람 있을까? 나와 같은 아픔을 가진 자에게 건네는 위로. 1,300년 전에 서로를 위로하던 방식이 지금의 그것과 다르지 않음에 안도한다.

〔도성으로 들어가는 사신을 만나다逢入京使〕

대신 말 좀 전해주오, 난 잘 있다고

도성으로 들어가는 사신을 만나다

(당) 잠삼

동쪽 멀리 고향 바라보니 길은 아득한데	故園東望路漫漫
양 소매 다 젖도록 눈물 마르지 않네❶	雙袖龍鍾淚不乾
말 타고 만나 종이도 붓도 없으니	馬上相逢無紙筆
대신 말 좀 전해 주오, 난 잘 있다고	憑君傳語報平安

* 주석

❶ '용종龍種'은 눈물이 흘러내리는 모양, 혹은 노년에 몸도 쇠하고 실의하여 축 처진 모습을 형용하는데, 여기서는 전자의 뜻으로 사용되었다.

* 간평

잠삼岑參(715~770)은 형주荊州(호북성湖北省 소재) 강릉江陵에서 태어났다. 안사의 난이 진압된 뒤 768년에 은퇴할 때까지 계속 여러 지방의 지방관을 역임했다. 젊을 때 접한 이국 혹은 변경 땅을 시의 무대로 삼아 고적高適과 더불어 변새 시인의 대표자로 병칭되었다.

당 태종 정관 14년(640)에 서쪽 돌궐의 위협에 대응하기 위해 안서도호부安西都護府를 설치하였다. 현종 천보 8년(749)에 잠삼은 안서절도사 고선지高仙芝의 부름을 받아 막부의 서기가 되면서 처음으로 서역 땅을 밟았는데, 이 시는 서쪽으로 가는 도중에 지었다. 잠삼은 성정이 호방하여 "공명이라면 오직 말 위에서 취해야할 뿐(功名只向馬上取)"이라고 소리쳤으나, 맡은 바 임무를 마치고 도성으로 돌아가는 관리와 서로 말을 타고 가다 우연히 마주치자 갈수록 멀어져 가는 도성을 뒤돌아보며 자신도 모르게 고향에 대한 그리움에 눈물을 줄줄 흘렸다.

* 감상 포인트

잠삼은 당나라 현종 때 지금의 감숙성甘肅省과 그 너머 서역 지역에서 꽤 오랜 세월을 보낸 시인이다. 호북湖北 출신 문인으로서 기후도 그렇고 직책도 그렇고 감당하기 어려운 시간이었을 것이다. 그래서일까? 잠삼은 벗들을 그리워하는 시를 많이 남겼는데, 그중 가장 유명한 작품이라면 아마도 〈옥문관에서 장안에 있는 이 주부에게 부치다玉關寄長安李主簿〉일 것이다.

동쪽으로 장안과 만 리도 넘게 떨어져 있는데	東去長安萬里餘
나의 벗은 어찌하여 편지 한 줄을 아끼는가	故人何惜一行書
옥문관 서쪽 바라보면 애간장 끊어지려 할 텐데	玉關西望堪斷腸
더구나 내일은 섣달그믐이 아니던가	況復明朝是歲除

섣달그믐을 하루 앞두고, 편지 한 통 보내지 않는 벗을 원망하는 잠삼. 이렇듯 고국에 대한 그리움이 절실한 그이다 보니 장안으로 돌아가는 사신을 보고 서글픔이 솟아나지 않을 수 있으랴?

말을 탄 두 남자가 길에서 마주쳤다. 하나는 황제의 심부름을 마치고 장안으로 돌아가는 사신이요, 하나는 막부의 부름을 받고 저 멀리 서쪽 돌궐 땅으로 들어가는 시인이다. 중원과 달리 척박하고 혹독한 환경, 언제 들려올지 모르는 전쟁의 포성. 따스한 고향을 뒤로하고 위험하기 짝이 없는 서역 땅으로 떠나는 시인은 "말 위에서 공명을 얻겠노라"던 호언이 무색하게 양 소매를 가득 적시고도 남을 만큼 눈물을 흘린다. 시인이 만난 사람은 하필 장안으로 돌아가는 사신이니, 동과 서로 나뉜 갈림길에서 그 심정이 오죽 쓰라렸을까?

그럼에도 시인은 가족 걱정이 앞선다. 가족들이 내 걱정을 하겠지? 그러나 말 위에는 편지 한 장 적어 보낼 종이도 붓도 없다. 바쁜 걸음을 재촉하는 사신이기에 시인은 하는 수 없이 말 한마디로 긴 편지를 대신한다. "나는 잘 있소."라고. 하고픈 모든 말과 가슴 가득한 그리움을 한마디 말에 실었다.

"난 잘 있소."

성시[1]—상강의 혼령[2]이 슬을 타다

(당) 전기

운화[3]의 슬을 잘 탔다던	善鼓雲和瑟
황제 딸의 혼령이 자주 들리네	常聞帝子靈
풍이[4]는 하릴없이 혼자 춤추건만	馮夷空自舞
초나라 객은 차마 그 소리 듣지 못하니	楚客不堪聽
애달픈 곡조는 종경[5]처럼 처량하고	苦調凄金石
청아한 음은 아득한 곳으로 들어가누나	淸音入杳冥
창오를 보며 원망하고 그리워하니	蒼梧來怨慕
백지[6]가 향기를 풍겨 주네	白芷動芳馨
흐르는 물은 상강가로 전해지고	流水傳湘浦
슬픈 바람은 동정호를 스쳐 가는데	悲風過洞庭
곡이 끝났어도 사람은 보이지 않고	曲終人不見
강가 산봉우리만 푸르구나	江上數峰青

* 주석

❶ 당나라 때 각각의 주현에서 뽑힌 공사貢士들이 상서성尙書省에서 주관하는 시험에 응시하는 것을 통틀어 '성시省試'라고 부른다.

❷ 상강의 혼령은 시에 '제자帝子'로 표현된 요임금의 딸이자 순임금의 처, 아황娥皇과 여영女英이다. 순임금이 남쪽 지방을 순시하다 죽어 창오蒼梧의 들에 묻히자 아황과 여영이 흘린 눈물이 대나무에 떨어져 반점이 생겼다. 후에 둘

〔성시—상강의 혼령이 슬을 타다省試—湘靈鼓瑟〕

곡이 끝났어도 사람은 보이지 않고, 강가 산봉우리만 푸르구나

이 나란히 상강에 빠져 죽어 신이 되었다.

❸ '운화雲和'는 금과 슬의 재목이 난다는 산의 이름이다.

❹ '풍이馮夷'는 고대 전설에 나오는 물의 신이다.

❺ '금석金石'은 각각 쇠로 만든 악기인 종鍾과 돌로 만든 악기인 경磬을 받는다.

❻ '백지白芷'는 향초 이름이다.

* 간평

전기錢起(722?~780)는 자가 중문仲文이고 오흥吳興(지금의 절강성 호주湖州) 사람이다. 당시 시재가 능했다던, 이른바 대력십재자大曆十才子 중 하나였다.

당나라 진사시험은 난이도가 매우 높았으며, 매번 합격자 수는 30명 안팎에 지나지 않았다. 이 어려운 진사시험에 단 한 수의 시로 장원급제한 이가 있으니, 하나는 〈종남산에서 채 녹지 않은 눈을 바라보다終南望餘雪〉를 지은 조영祖詠이고, 다른 하나는 바로 이 시를 지은 전기이다. 이 시가 마치 혼연히 천연으로 이루어진 듯하여 후인들은 이 시를 가지고 재미난 이야기를 만들어 내기도 했는데, 이야기인즉 전기가 꿈에 신선의 도움을 얻어 "진짜 신이 나타나 시어를 알려 주었으니, 상강의 혼령은 진짜 영험하다."는 것이었다.

* 감상 포인트

중국에서 과거가 본격적으로 시행되어 뿌리를 내린 것은 당나라 때부터였다. 과거에 급제만 하면 일단 출셋길이 열린다고 생각했기에, 수많은 사나이들이 "용문龍門"에 오르기(登) 위해 젊음을 바쳤다. 전기는 이 과거시험에 있어 신화적인 존재이다. 그가 참여한 성시의 시험 제목은 〈상수의 혼령이 슬을 타다(湘靈鼓瑟)〉"였다. 이 제목은 굴원이 지은 《초사 · 원유遠游》에 나오는 "상수의 혼령에게 슬을 타게 하고, 해약과 풍이에게 춤을 추게 하네.(使湘靈鼓瑟兮, 令海若舞馮夷)"라는 구절에서 따온 것이다. 간평에서 후세 사람들이 이 시와 관련하여 재미난 이야기를 엮어냈다고 했는데, 그 이야기는 대략 이러하다.

전기가 성시에 참가하기 위해 성 안으로 들어와 여인숙에 묵었다. 한밤중이 되어 잠을 청하려는데 문득 이상한 노랫소리가 들려왔다. "곡이 끝났어도 사람은 보이지 않고, 강가의 봉우리들만 푸르구나.(曲終人不見, 江上數峰靑)" 깜짝 놀라 창을 열어 보았지만 사람은 보이지 않았다. 이튿날 과장에 나가 보니, 시제가 '상강의 혼령이 슬을 타다'였다. 전기는 어젯밤 들었던 노랫소리를 떠올리며, 시상을 가다듬고 시를 지었다. 이 시를 읽은 주고관들은 "과연 이것이 사람이 지은 것인가, 귀신이 지은 것인가?" 하며 만장일치로 장원으로 뽑았다.

성당盛唐의 기상에 가장 어울리는 낭만과 환상! 물에 빠져 죽은 상강의 여신이 타는 슬의 곡조라니! 사람의 슬픔을 알 리 없는 수신水神 풍이는 부질없이 춤을 추겠으나 인간사 슬픔에 지쳐 죽은 초나라 객은 차마 그 소리를 듣지 못한다. 나의 머릿속에 많은 이름이 스쳐 지나간다. 굴원, 가의賈誼, 혹은 저 멀리 남쪽 끝으로 폄적되어 상강을 지나던 유배객들.

금속악기의 차디찬 소리, 청아한 음이 땅속 끝, 하늘 끝으로 퍼지자 아황과 여영은 남편 순임금이 묻힌 창오를 보며 원망과 슬픔 어린 탄식을 뱉어 낸다. 어디선가 향기로운 백지의 향기가 진동하고 스산한 바람이 상강과 동정호에 휘몰아치면서 노래가 끝난다. 노래는 끝났다. 슬을 뜯으며 노래하던 상강의 두 여신은 보이지 않고, 푸른 산만 강가를 에워싸고 있다. 붓 한 번 놓지 않고 단숨에 그려낸 듯한 정경들이 마치 한 편의 신화처럼 펼쳐져 있다.

〔여름밤, 외사촌 형 집에 묵으며 옛 이야기를 하다가 夏夜宿表兄話舊〕

떠날 적엔 아이였거늘 이젠 모두 어른 되었네

여름밤, 외사촌 형 집에 묵으며 옛이야기를 하다가

(당) 두숙향

자귀나무[1] 꽃피어 뜨락에 향기 가득한데	夜合花開香滿庭
깊은 밤 내린 가랑비에 술에서 막 깨어났소	夜深微雨醉初醒
멀리서 보내온 소중한 편지에 언제 한번 답했던가	遠書珍重何曾達
옛날 일은 처량해서 차마 들을 수가 없구나	舊事凄涼不可聽
떠날 적엔 아이였거늘 이젠 모두 어른 되었고	去日兒童皆長大
그 옛날의 벗들은 반쯤 세상을 떴구려	昔年親友半凋零
내일 아침이면 다시 배 타고 홀로 떠나야 하니	明朝又是孤舟別
시름겨워 바라본 강가 다리엔 주점 천막[2]만 푸르오	愁見河橋酒幔青

* 주석

❶ 자귀나무는 새벽에 피어 밤에 오므라든다 하여 '야합화夜合花'라는 이름을 얻었다. 밤이 되면 향이 더욱 그윽해진다.

❷ '주만酒幔'은 손님을 부르기 위해 주점 앞에 펼쳐 놓은 현수막이다.

* 간평

두숙향竇叔向은 자가 유직遺直이고 경조京兆 금성金城 사람으로 중당 시대의 시인이다. 그는 다섯 아들과 함께 명성을 누렸는데, 부자가 함께 편찬한 《두씨연주집竇氏聯珠集》이 당시 크게 이름을 떨쳤다. 두숙향과 상곤常袞은 매우 친한 사이로, 상곤이 재상으로 있을 적에 두숙향을 여러 차례 발탁했기에 상곤이 권력을 잃자 두숙향도 따라 폄적되었다. 세상사 쓴맛 단맛을 다 보았기 때문일까? 두숙향의 이 시는 특히나 감개가 깊다. "떠날 적엔 아이였거늘 이젠 모두 어른 되었고, 그 옛날의 벗들은 반쯤 세상을 떴구려." 이 구절은 누구나 느낄 수 있는 세월의 흐름, 삶의 변화를 느끼게 한다.

* 감상 포인트

이별은 천고에 영원할 시의 주제이다. 어려서 이별한 뒤 다 늙어서야 다시 만난 친척이니, 지나간 세월을 돌이킴에 창상지변滄桑之變에 대한 감회가 일지 않을 수 없을 터. 이 시는 초지일관 쓸쓸한 분위기를 견지하고 있다. 밤 되어 향기 풍기는 자귀나무 꽃과 부슬부슬 내리는 가랑비에 이 밤의 풍경은 아름다워서 외려 처량하다. 혼란한 세월 속에 제대로 주고받지도 못한 편지들, 말하자니 목메도록 서글펐던 지나온 세월들. 이들 앞에 놓인 건 내일 아침 이별뿐이다. 그러니 무심히 펄럭이는 주막의 천막이 얼마나 야속하게 느껴졌겠는가.

〔윤주 행영으로 가는 이 판관을 보내며送李判官之潤州行營〕

강가의 봄빛이 가는 나그네 붙잡지 않으니, 푸르고 푸른 풀빛이 말발굽을 전송하네

윤주[1] 행영으로 가는 이 판관을 보내며

(당) 유장경

집 떠나 만 리 밖 군대[2]에 몸 담으려 하는데	萬里辭家事鼓鼙
금릉[3] 역참길의 구름은 초 땅 서쪽으로 흘러가네[4]	金陵驛路楚雲西
강가의 봄빛이 가는 나그네 붙잡지 않으니	江春不肯留行客
푸르고 푸른 풀빛이 말발굽을 전송하네	草色靑靑送馬蹄

* 주석

❶ '윤주潤州'는 지금 강소성 진강시鎭江市이다.

❷ '고비鼓鼙'는 군악기인 북인데, 여기서는 군대에 들어간 것을 비유하는 말로 사용되었다.

❸ '금릉金陵'은 일반적으로 남경을 지칭하지만 당나라 때는 윤주도 금릉이라고 칭했다.

❹ 초 땅은 중국의 서쪽에 있기 때문에 이렇게 표현한 것이다.

* 간평

유장경劉長卿(709?~789?)은 자가 문방文房이고 안휘성 선성宣城 사람이다. 현종 천보 연간에 진사가 되었으나 대종 대력 연간에 무고를 당해 목주사마睦州司馬로 좌천되었다. 덕종 건중建中 연간에 수주자사隨州刺史로 있다 사망했다. 오언시에 능해 '오언장성五言長城'이라는 칭호를 얻었다.

고대 송별시 혹은 송별사 중에서 '풀빛'은 '밝은 달', '늘어진 수양버들'과 함께 상징적인 이미지로 사용되었다. 예컨대 회남소산淮南小山이 지은 초사 〈초은사招隱士〉에 "왕손은 떠나 돌아오지 않는데, 봄풀만 무성히 자라났구나.(王孫遊兮不歸, 春草生兮萋萋)"라는 표현이 보이며, 한나라 악부시 〈장성굴에서 말한테 물을 먹이며飮馬長城窟行〉에도 "푸르고 푸른 강가의 풀, 끝도 없이 이어지는 먼 길 떠난 임 생각.(靑靑河畔草, 綿綿思遠道)"이라는 표현이 보인다. 시인이 푸른 풀과 송별을 연결지은 이유는 푸른 풀밭이야말로 아득히 멀리까지 무성히 뻗어 있기 때문이다.

"강가의 봄빛은 가는 나그네 붙잡지 않고, 푸르고 푸른 풀빛이 말발굽을 전송하네." 푸르고 푸른 풀빛이 떠나는 이의 발걸음을 재촉한다고 썼지만, 사실은 차마 보내기 싫은 아쉬움을 표현한 것이다. 미련이 없다면 재촉하는 듯 느껴지는 게 가능하겠는가?

* 감상 포인트

'오언시의 만리장성'이라 일컬어지는 유장경이 지은 칠언절구이다. 오언시의 대가가 지은 칠언시이지만, 그의 대표작 중 하나로 손꼽힌다.

시인은 군대에 몸 담기 위해 만 리 멀리 윤주로 떠나는 벗, 이 판관을 떠나보내며 이 시를 지었다. 시인은 눈 감고 윤주 땅을 상상해 본다. 윤주라면 금릉 근처. 구름조차 곧장 서쪽 초나라로 이어지는 곳. 그 먼 곳으로 벗을 보내려는데, 야속한 봄날은 떠나는 이 붙잡아두려 하지 않고, 도리어 파릇파릇한 풀빛이 말발굽을 전송한다. "푸르고 푸른 풀빛이 말발굽을 전송하네." 이 구절은 "푸르고 푸른 강가의 풀, 길게 이어져 먼 길 생각하네 하네.(靑靑河畔草, 綿綿思遠道)"의 의경을 재현함과 동시에 헤어지기 싫어서 푸른 풀밭길 저 멀리까지 나란히 말을 타고 가는 두 사람의 마음을 진실되게 그려내고 있다. 유유히 흐르는 장강, 무심히 펼쳐진 풀밭, 그 위를 뚜벅뚜벅 걷고 있는 말발굽. 이 세 가지 이미지만 가지고 시인은 이별의 아쉬움을 간결히 표현해 내었다. 자신의 심경은 단 한마디도 언급하지 않고, 대신 주변 풍경들만 가지고 시를 완성하였음에도 읽는 이에게는 아쉬움과 미련에 차마 벗의 손을 놓지 못하는 시인의 모습을 충분히 전달하고 있다.

〔저주 서쪽 시냇물滁州西澗〕

사람 없는 황야 나루터엔 빈 배만 비스듬히 놓여 있네

저주[1] 서쪽 시냇물

(당) 위응물

어여뻐라! 한 포기 풀 시냇가에 피었는데	獨憐幽草澗邊生
위에선 노란 꾀꼬리가 깊은 나뭇가지에서 지저귀네	上有黃鸝深樹鳴
봄날 조수가 비를 머금고 저녁 되어 더욱 급해지니	春潮帶雨晩來急
사람 없는 황야 나루터엔 빈 배만 비스듬히 놓여 있네	野渡無人舟自橫

* 주석

❶ '저주滁州'는 지금 안휘성 저주 서쪽에 해당한다.

* 간평

위응물韋應物(737~792)은 장안 사람이다. 일찍이 소주자사蘇州刺史를 역임했다 하여 세상에서는 그를 '위소주韋蘇州'라고 불렀다. 담박하고 고원한 시풍을 지녔으며, 풍경 묘사나 은일생활에 관한 묘사에 뛰어났다.

이 시는 당나라 덕종 건중 2년(781)에 지어졌는데, 당시 위응물은 저주자사로 임직 중이었다. 위응물은 현종 때 궁정시위宮廷侍衛를 지냈고, 젊어서 사납고 용맹했으나 중년 이후부터 기질을 누르고 글을 읽기 시작했다. 일찍이 위험을 무릅쓰고 백성을 위해 간언을 올렸다가 벼슬길에서 크게 좌절을 겪었는데, 이를 계기로 성정이 크게 바뀌어 세상과 부딪히지 않고 조용히 지냈다. 이 시에도 그윽하고 담담한 심경이 잘 드러나 있다.

* 감상 포인트

앞의 두 구절은 봄날 경치를 묘사하였다. 졸졸졸 시냇가에 홀로 피어난 한 포기의 풀이며 수풀 속에서 지저귀는 노란 꾀꼬리며, 모두가 고요한 가운데 명랑함과 청신함이 느껴지는 풍경이다. 뒤의 두 구절에서는 갑자기 분위기가 바뀌어, 가득 불어난 봄날 조수가 비까지 흩뿌리며 급하게 흐르고, 사람은 떠나가고 배만 비껴 매인 춥고 쓸쓸한 풍경이 펼쳐진다.

이러한 분위기의 반전, 심경의 변화는 어디서 왔을까? 역대로 이 시를 해석한 자들 역시 몹시 당황했었던지 이에 관한 해설이 매우 분분하였다. 위응물이 회재불우懷才不遇(재주를 품고도 뜻을 이루지 못한 것)의 울분을 기탁했다고 하는 이도 있고, 정치적 풍자라고 말하는 이도 있고, 단순히 저주의 서쪽 계곡에서 바라본 경물을 읊었을 뿐이라고 말하는 이도 있다. 봄날 날씨라는 게 조석으로 변하게 마련이니, 아침저녁의 상반된 풍광을 읊었다 해도 또한 타당할 듯싶다.

사실 위응물의 시는 깊은 해석을 구하기보다 그 안에 담긴 담담한 정취를 감상하는 편이 더 낫다. 왕유王維, 맹호연孟浩然, 유종원柳宗元과 병칭하며 '산수전원시파山水田園詩派'로 분류되기도 할뿐더러, 그의 시에는 도연명의 관조와 탈속이 한데 어우러져 있기 때문이다. 이러한 정취를 가장 잘 보여 주는 시 한 편을 골라 아래에 덧붙여 본다.

네모난 구멍엔 둥근 것을 끼워 넣을 수 없고	方鑿不受圓
곧은 나무는 바퀴를 만들 수 없네	直木不爲輪
재주를 헤아려 보면 각기 쓸모가 있는 법	揆才各有用
본성을 거꾸로 하면 삶이 고생스러워진다네	反性生苦辛
허리 꺾는 것은 내가 일삼는 바 아니요	折腰非吾事

물 마시고 사는 것은 내게 가난함 아닐세 飮水非吾貧
휴가를 고하고 텅 빈 집에 누워서 休告臥空館
병든 몸 요양하며 속세와 인연 끊었네 養病絶囂塵
헤엄치는 물고기 절로 무리를 이루고 游魚自成族
들녘의 새에게도 무리가 있다네 野鳥亦有群
……
책은 써서 또 무엇하리 著書復何爲
동쪽 언덕으로 가 김이나 매야지 當去東皐耘

—〈낙양승으로 있다가 휴가를 청하고任洛陽丞請告〉

〈저주 서쪽 시냇물〉은 40대 중반에 지은 시인데, 이 시는 그보다 앞서 지어졌다. 그러나 이미 삶의 신산辛酸을 다 겪은 초연한 은자의 기상이 행간에 넘치며, 구절구절마다 도연명의 그림자가 어른거린다.

〔이웃 노인을 대신해 짓다代隣叟〕

눈앞 가득한 자손들은 그저 이 몸 밖의 일일 뿐,
백발을 한가로이 빗으며 비끼는 해를 바라보네

이웃 노인을 대신해 짓다

(당) 두공

내 나이 일흔 줄에 농사일을 접고	年來七十罷耕桑
볕 쬐러 야윈 몸으로 억지로 침상을 내려왔네	就暖支羸强下床
눈앞 가득한 자손들은 그저 이 몸 밖의 일일 뿐	滿眼兒孫身外事
백발을 한가로이 빗으며 지는 해를 바라보네	閑梳白髮對殘陽

* 간평

두공竇鞏(762?~821?)은 자가 우봉友封이며 경조京兆 금성金城 사람이다. 앞에 소개된 〈여름밤, 외사촌 형 집에 묵으며 옛이야기를 하다가〉를 지은 두숙향의 아들이기도 하다. 형제 다섯 모두 시로 이름을 날렸다. 펑쯔카이 선생의 시화詩畫는 오랜 농촌 마을에서 보내는 한 늙은 노인의 일상을 포착하고 있다.

* 감상 포인트

노년의 일상을 담담하게 그려 낸 시이다. 칠십 평생 지어 오던 농사일을 비로소 손에서 놓고, 힘없이 침상에 누워 있던 노인이 볕이라도 쬘 겸 오후 느지막이 방문을 열고 나왔다. 대가족이 어울려 사는 이 집 마당에는 아들, 손자, 며느리가 왔다 갔다 분주하지만, 노인의 눈에는 모두 '이 몸 바깥의 일'이다. 노년이 되어서야 얻을 수 있는 여유. 계산도, 준비도, 초조함도 필요치 않은 온전한 자유. 이 시의 시안詩眼은 바로 이 '몸 밖의 일身外事' 세 글자이다.

〔백낙천의 춘사에 화답하다和樂天春詞〕

잠자리 날아와 옥비녀에 앉았네

백낙천의 춘사[1]에 화답하다

(당) 유우석

새로 화장한 고운 얼굴[2]로 주루[3]를 내려왔건만	新妝宜面下朱樓
봄빛은 깊이 갇혀 온 뜰엔 수심만 가득해라	深鎖春光一院愁
걷다 뜰 가운데 이르러 꽃송이 세어 보는데	行到中庭數花朵
잠자리 날아와 옥비녀[4]에 앉았네	蜻蜓飛上玉搔頭

* 주석

❶ '춘사春詞'는 춘원春怨, 즉 봄날의 원망이라는 뜻으로 백거이가 지은 시의 제목이다.

❷ '의면宜面'은 지분을 곱게 바른 모습이 잘 어울린다는 뜻이다.

❸ '주루朱樓'는 붉은 칠을 한 방이라는 뜻으로 부귀한 여인들의 거처를 가리킨다.

❹ 비녀는 머리에 꽂을 수도 있지만 머리를 긁을 수도 있기에 '옥소두玉搔頭'라고도 불렀다.

* 간평

유우석劉禹錫(772~842)은 자가 몽득夢得이고 낙양 사람이다. 정원貞元 연간에 진사 급제하고 박학굉사과博學宏辭科에도 합격하여 감찰어사가 되었으나 왕숙문王叔文 집단에 가담하여 환관 및 번진의 할거 세력에 반대하였다가 낭주사마朗州司馬로 폄적되고, 다시 연주자사連州刺史로 옮겨갔다. 후에 재상인 배도裴度의 추천으로 태자빈객太子賓客이 되었다. 유종원柳宗元과의 우의가 각별하여 '유류劉柳'로 병칭되며, 백거이와 창화唱和한 시가 많아 '유백劉白'으로도 병칭된다. 특히 정통시가 이외에 《죽지사竹枝詞》와 《삽전가插田歌》 등 민가의 특색이 농후한 통속 시가를 즐겨 지어서 당시의 새로운 지평을 열었다.

이 시는 백거이의 〈춘사〉에 대한 답시이다. 백거이 시는 이러하다.

키 작은 꽃 피고 나무 그늘 비치는 작은 누대에	低花樹映小妝樓
봄 오자 양 미간엔 두 점 수심이 찍혔네	春入眉心兩點愁
난간에 기대어 앵무새를 등지나니	斜倚欄干背鸚鵡
무얼 생각하느라 고개도 돌리지 않는지	思量何事不回頭

봄날의 원망, 봄날의 수심은 옛시에 자주 보이는 주제이지만, 백거이와 유우석의 시는 새로운 경지를 개척하였으니 '앵무새'이건 '잠자리'이건, 마치 넋이 나간 듯 무언가를 골똘히 생각하는 듯한 여주인공의 아름다운 모습을 측면에서 부각시키고 있다. 비교해 보자면 "잠자리가 옥비녀에 날아와 앉았네."가 더욱 자연스럽게 느껴진다. 만약 여주인공이 오래도록 우두커니 서있지 않았다면 잠자리가 어떻게 옥비녀에 올라앉을 수 있었겠는가?

* 감상 포인트

한 여자와 동시대를 살았던 두 시인, 백거이와 유우석이 시차를 두고 묘사했다. 먼저 백거이 눈에 포착된 것은 양 미간 사이에 수심이 두 점 찍힌 채 작은 누대 난간에 기대선 여자이다. 재잘거리는 앵무새도 쳐다보지 않고서 무슨 생각에 빠졌는지 고개 한 번 돌리지 않는다. 같은 여인을 유우석도 보았다. 유우석 눈에 포착된 것은 역시 가슴 가득 원망을 안은 채 곱게 단장하고 뜰로 나와

거니는 여자이다. 몇 송이나 피었을까? 무심히 꽃을 세는 여자의 옥비녀 위로 잠자리 한 마리가 날아와 앉는다.

진부하다면 진부한 주제인 춘원春怨을 이토록 세심하게 그려 냄으로써 독자마저 무료하고도 시름겨운 긴 봄날로 빠져들게 한다. 집중하는 듯하나 실은 허공에 초점 없이 떠 있을 여인의 시선을 따라 읽는 이도 함께 기나긴 상상에 빠져들게 한다.

저 꽃은 누굴 위해 피고 누굴 위해 지는가?

〔금릉오제 중 오의항金陵五題之烏衣巷〕

옛날 왕도와 사안의 집 앞에 놀던 제비

금릉오제 중 오의항

(당) 유우석

주작교❶ 가에는 들풀 들꽃이 피고	朱雀橋邊野草花
오의항❷ 입구엔 석양이 비끼네	烏衣巷口夕陽斜
옛날 왕도와 사안❸의 집 앞에 놀던 제비	舊時王謝堂前燕
이제는 여염집으로 날아 들어가네	飛入尋常百姓家

* 주석

❶ '주작교朱雀橋'는 남경 진회하秦淮河에 놓인 다리로, 오의항에 가려면 반드시 지나야 하는 곳이다.

❷ '오의항烏衣巷'은 지금의 남경시 동남쪽 진회하 남쪽에 있으며 주작교朱雀橋와 가깝다. 동진의 왕도와 사안 등 여러 귀족들이 모두 이곳에서 살았는데, 그 자제들이 검은 옷(烏衣)을 즐겨 입어 이런 이름이 생겼다고 한다.

❸ '왕도王導'와 '사안謝安'은 진나라 재상으로, 대대로 인재를 배출한 명문거족으로 이름을 날렸다.

* 간평

〈금릉오제〉는 유우석의 대표작이다. 그중 한 편인 〈석두성石頭城〉에 나오는 "조수가 텅 빈 성을 치고 적막히 돌아오네.(潮打空城寂寞回)"라는 한 구절은 백거이에 의해 "후세 시인이 다시 쓸 수 없는 시어"라고 평가받았다.

금릉은 육조 때의 옛 수도였다. 호랑이가 차지하고 용이 도사렸으나 오래도록 정권을 유지한 왕조는 거의 없어서일까? 문밖의 누대엔 슬픔과 탄식만 가득하다. 그 옛날 귀족들 집에 날아들던 제비만이 이곳을 떠나지 않고, 지금은 일반 백성들이 사는 집으로 날아든다고 표현한 유우석의 〈금릉오제〉 역시 '슬픔과 탄식'이라는 주제에서 벗어나지 않는다.

* 감상 포인트

옛날 화려했던 도성에는 수많은 전설이 남아 있다. 금릉, 지금의 남경은 남조南朝를 대표하는 도시로서, 진회하를 중심으로 강남 땅 특유의 낭만이 진하게 배어 있다. 진회하를 가로지르는 주작교를 건너면 진나라 권문세족들만 살았다던 오의항 입구가 보인다. 지금도 남경을 여행하는 사람들이 반드시 찾아가는 곳이 오의항인데, 부자묘夫子廟와 가까이 있어 관광객이 유난히도 많지만 직접 가 보면 그 명성에 비해 다소 좁은 골목이 의아함을 자아낸다. 다만 왕도와 사안 기념관이 자리 잡고 있어 한 시대를 풍미한 화려한 장소였음을 확인케 해 준다.

검은 옷 입은 귀족들이 거리를 누비던 곳. 그러나 지금은 들풀이 우거지고, 우뚝 솟았던 고대광실은 역사 속에 사라져 일반 백성들의 집들이 들어섰다. 옛날의 영화를 뒤로하고 쇠락해 버린 이 골목에 아침 해도 아니고, 정오의 뜨거운 해도 아닌 저물녘 석양이 비낀다. 시인은 무심한 세월을 탄식하면서 왕도와 사안을 떠올린다. 당시 혁혁했던 왕사王謝 두 가문의 기둥과 같았던 존재 왕도와 사안. 왕도는 동진 왕조를 보좌한 재상이요, 사안은 비수淝水 전쟁에서 부견苻堅이 이끈 진秦의 백만대군을 상대로 승리를 이끌어 낸 장군이었다. 그러나 상전벽해桑田碧海라! 모든 것이 다 변했지만 한 가지 변하지 않은 것이 있으니, 주인이 바뀌었건 말건 제 집을 찾아오는 제비. 산천도 사람도 왕조도 변하는데 오로지 변치 않는 것이 제비라니. 이 기막힌 대조가 삶의 아이러니를 한껏 돋운다.

쉰 살을 한참 넘긴 유우석이야말로 인간세상의 창상滄桑을 다 맛본 시인이었다. 옛날의 화려함을 떠올리고 지금의 초라함을 바라보는 시인의 눈엔 백 년의 세상을 초월한 관조의 여유가 넘친다. 그래서일까, 이 시를 읽은 유우석의 벗 백거이는 머리를 긁적이며 오랫동안 찬탄해 마지않았다고 한다.

〔장한가長恨歌〕

촉 땅 강물은 벽옥 같고 촉 땅 산은 푸르러

장한가

(당) 백거이

한나라 황제[1] 여색을 중히 여겨 경국지색을 찾았으나　漢皇重色思傾國
재위한 지 몇 년이 지나도록 구할 수 없었네　御宇多年求不得
양씨 집안에 딸 있는데, 이제 막 성년이 되어　楊家有女初長成
깊은 규방에서 지내기에 사람들은 알지 못했으나　養在深閨人未識
타고난 아름다움 숨길 길이 없어서　天生麗質難自棄
하루아침에 뽑히어 군왕 옆에 있게 되었네　一朝選在君王側
눈동자 굴리며 한 번 웃음에 온갖 교태가 생겨나　回眸一笑百媚生
육궁의 후궁들은[2] 빛을 잃었네　六宮粉黛無顔色
봄추위에 화청지[3] 목욕물을 하사하니　春寒賜浴華淸池
매끄러운 온천수에 고운 살결을 씻는데　溫泉水滑洗凝脂
시녀들 부축받으며 일어나는 힘없는 듯 교태로운 모습　侍兒扶起嬌無力
처음으로 성은을 입기 시작할 때였네　始是新承恩澤時
구름머리,[4] 꽃다운 얼굴, 흔들리는 금장식[5]　雲鬢花顔金步搖
따뜻한 부용 휘장에서 봄날 밤을 보내는데　芙蓉帳暖度春宵
봄날 밤은 왜 이리 짧은지 해 높이 떠오르니　春宵苦短日高起
이때부터 군왕은 조회를 열지 않았다네　從此君王不早朝
모시고 연회를 즐기느라 한가한 날 없었고　承歡侍宴無閑暇
봄이면 봄놀이, 밤이면 밤잔치　春從春游夜專夜
아름다운 후궁이 삼천 명이건만　後宮佳麗三千人
삼천 명의 총애가 한 몸에 몰렸네　三千寵愛在一身

금옥에서 화장 마치면 교태로 밤 시중 들고	金屋妝成嬌侍夜
옥루에서 연회 파하면 봄기운과 함께 취했네	玉樓宴罷醉和春
형제자매는 모두 땅을 받고[6]	姊妹弟兄皆列土
아름다운 광채가 문호에서 피어나니	可憐光彩生門戶
마침내 이 세상 부모들은	遂令天下父母心
아들보다 딸 낳는 것을 중히 여겼네	不重生男重生女
여궁[7] 높은 곳은 구름 속으로 들어가고	驪宮高處入青雲
신선의 노래는 바람결에 곳곳에서 울리는데	仙樂風飄處處聞
느린 노래, 완만한 춤, 그윽한 악기 소리	緩歌慢舞凝絲竹
군왕께서는 종일 보고도 부족해하셨네	盡日君王看不足
이때 어양에서 북소리가 요란히 전해 오니[8]	漁陽鼙鼓動地來
그 소리에 놀라 예상우의곡[9]도 파하고 말았네	驚破霓裳羽衣曲
구중궁궐에 먼지가 피어오르고	九重城闕煙塵生
천 대의 수레 만 필의 말이 서남쪽[10]을 향했네	千乘萬騎西南行
화려한 깃발 흔들며 가다가 다시 멈추면서	翠華搖搖行復止
도성 문 서쪽 백여 리에 이르렀으나	西出都門百餘里
육군[11]이 출발하지 않아 어찌할 수 없었기에	六軍不發無奈何
고운 눈썹 미인이 말 앞에서 죽고 말았네	宛轉蛾眉馬前死
꽃비녀 땅에 떨어져도 줍는 사람 없고	花鈿委地無人收
취교도 금작도 옥소두도 마찬가지[12]	翠翹金雀玉搔頭
군왕은 얼굴 가린 채 구해 주지도 못하고	君王掩面救不得
뒤돌아보며 피눈물을 줄줄 흘렸네	回看血淚相和流
누런 먼지 흩어지고 바람 쓸쓸한데	黃埃散漫風蕭索
구름에 걸린 잔도로 굽이굽이 검각[13]에 올랐네	雲棧縈紆登劍閣

아미산 아래엔 행인도 드물어　　峨嵋山下少人行
깃발은 빛을 잃고 햇볕마저 엷은데　　旌旗無光日色薄
촉 땅 강물은 벽옥 같고 촉 땅 산은 푸르러　　蜀江水碧蜀山青
성주께서는 아침저녁으로 그리움에 사무쳤네　　聖主朝朝暮暮情
행궁[14]에서 달을 보면 달빛에 마음 아프고　　行宮見月傷心色
밤비에 방울소리 들리면 그 소리에 애간장 끊어졌네　　夜雨聞鈴腸斷聲
천지가 다시 돌아 황위에 복귀하였으나　　天旋地轉回龍馭
이곳에 이르자 주저하며 떠나지 못했네　　到此躊躇不能去
마외파[15] 아래 진흙 속엔　　馬嵬坡下泥土中
옥 같은 얼굴 보이지 않고 죽은 자리만 남아 있어　　不見玉顏空死處
군신이 바라보며 눈물로 옷깃을 적시다　　君臣相顧盡沾衣
동쪽 도성 문 바라보며 말에 몸 맡긴 채 돌아왔네　　東望都門信馬歸
돌아와 보니 못도 동산도 여전하고　　歸來池苑皆依舊
태액지의 연꽃도 미앙궁의 버들잎도 여전하니[16]　　太液芙蓉未央柳
연꽃 같은 얼굴 버들 같은 눈썹　　芙蓉如面柳如眉
이런 것들 마주하고서 어찌 눈물 흘리지 않으리　　對此如何不淚垂
봄바람에 복사꽃 살구꽃 피던 날　　春風桃李花開日
가을비에 오동나무 잎이 지던 시절　　秋雨梧桐葉落時
서궁과 남원엔 가을 풀 우거지고　　西宮南內多秋草
낙엽이 계단 가득해도 쓸어 내지 않네　　落葉滿階紅不掃
이원의 제자[17]들은 흰머리 나기 시작하고　　梨園弟子白髮新
초방의 궁녀[18]들도 아가씨가 할머니 되었구나　　椒房阿監青娥老
저녁 대전에 반딧불이 나니 근심만 더해 가고　　夕殿螢飛思悄然
외로운 등불 다 타들어가도록 잠 이루지 못하네　　孤燈挑盡未成眠

더디 울리는 종고 소리에 밤이 길게만 느껴지고	遲遲鍾鼓初長夜
밝디밝은 은하수에 날이 새려 하네	耿耿星河欲曙天
원앙 기와[19] 차가워져 서리가 겹겹이 쌓이는데	鴛鴦瓦冷霜華重
싸늘한 비취 이불 누구와 함께 덮을까	翡翠衾寒誰與共
아득한 생사의 길, 갈린 지 몇 해이건만	悠悠生死別經年
혼백은 꿈에조차 찾아오질 않는구나	魂魄不曾來入夢
임공에서 온 도사가 도성에 머무는데	臨邛道士鴻都客
정성으로 혼백을 불러올 수 있다 하기에	能以精誠致魂魄
그리워 잠 못 드는 군왕을 위해	爲感君王輾轉思
방사에게 시켜 은근히 찾아보게 하니	遂教方士殷勤覓
하늘을 가르고 바람을 몰며 번개처럼 내달려	排空馭氣奔如電
하늘에 오르고 땅에 들어가 두루 찾아다녔네	升天入地求之遍
위로는 벽락을, 아래로는 황천을 다 뒤졌으나	上窮碧落下黃泉
두 곳 모두 망망하니 보이는 것 없었네	兩處茫茫皆不見
그때 홀연 들으니, 바다 위에 선산이 있는데	忽聞海上有仙山
그 산은 텅 비어 아득한 곳에 있다 하네	山在虛無縹緲間
누각에 영롱한 오색구름 피어오르는 곳에	樓閣玲瓏五雲起
나긋나긋 아리따운 선녀들이 많지만	其中綽約多仙子
그중 태진이라는 이름 가진 선녀가 있으니	中有一人字太眞
눈처럼 흰 피부에 꽃 같은 모습이 닮았다고 하네	雪膚花貌參差是
금궐 서상의 옥문을 두드리고	金闕西廂叩玉扃
소옥에게 일러 쌍성에게 말 전하니[20]	轉教小玉報雙成
한나라 황실 천자의 사신이 왔다는 말을 듣고	聞道漢家天子使
화려한 휘장 안에서 잠자던 혼백이 깨어났네	九華帳裏夢魂驚

옷 추스르고 베개 밀치고서 일어나 서성이더니 攬衣推枕起徘徊
주렴과 은병풍을 천천히 여는데 珠箔銀屏迤邐開
한쪽으로 치우친 구름머리는 잠에서 막 깬 듯하고 雲鬢半偏新睡覺,
화관도 제대로 쓰지 못한 채 당을 내려오네 花冠不整下堂來
바람 불어 선녀의 소맷자락 가볍게 흩날리는 모습이 風吹仙袂飄颻舉
예상우의곡을 다시 보는 듯하네 猶似霓裳羽衣舞
쓸쓸해 보이는 고운 모습으로 난간에 눈물 떨구는데 玉容寂寞淚欄杆
배꽃 가지 하나가 봄비에 젖은 듯 梨花一枝春帶雨
슬픔 어린 그윽한 눈빛으로 군왕께 감사를 전하네 含情凝睇謝君王
"한번 이별한 후 모습도 목소리도 아득해졌지요 一別音容兩渺茫
소양전[21] 안에서의 사랑이 끊긴 후로 昭陽殿裏恩愛絕
봉래궁[22] 안에서 긴 세월을 보냅니다 蓬萊宮中日月長
고개 돌려 저 아래 인간세상을 바라보지만 回頭下望人寰處
장안은 보이지 않고 먼지와 안개만 보이네요 不見長安見塵霧
옛날 물건으로 깊은 사랑을 표하고자 惟將舊物表深情
자개함과 금비녀를 함께 보냅니다 鈿合金釵寄將去
비녀 한 짝, 함 한 쪽을 남기려 釵留一股合一扇
금비녀도 쪼개고 자개함도 반으로 나누었으니 釵擘黃金合分鈿
마음이 금과 자개처럼 견고하여 但教心似金鈿堅
천상과 인간세상이 서로 만나게 하려 함입니다." 天上人間會相見
헤어질 때 간곡히 다시 말을 전하는데 臨別殷勤重寄詞
그 말 중에 두 마음만 알 수 있는 맹세가 있었으니 詞中有誓兩心知
"칠석날 장생전[23]에서 七月七日長生殿
깊은 밤 아무도 없을 때 둘만이 속삭였지요 夜半無人私語時

하늘에서라면 비익조[24]가 되고 在天願作比翼鳥
땅에서라면 연리지[25]가 되자고 在地願爲連理枝
하늘과 땅이 영원해도 끝날 날이 있겠지만 天長地久有時盡
이 한은 끝도 없어 끊길 날이 없을 거예요." 此恨綿綿無絶期

* 주석

❶ 한나라 황제라고 한 것은 피휘避諱를 위해 지어 낸 말이고 사실은 당 현종을 가리킨다.

❷ 옛날 황제들은 '육궁六宮'을 두었는데, 정침正寢 하나와 연침燕寢 다섯을 합쳐 육궁이라고 했다. 원시의 '분대粉黛'는 '분'과 '눈썹먹'이라는 뜻으로, 분을 바른 얼굴과 먹으로 그린 눈썹을 이르는 말이다. 아름다운 여자를 비유하므로 후궁이라고 번역했다.

❸ 화청지는 지금 서안시西安市 여산驪山 아래에 있다. 현종은 매해 겨울과 봄에 이곳으로 옮겨와 머물렀다.

❹ 〈목란시木蘭詩〉에 "창을 보며 구름머리 정리하고, 거울 마주하고 노란 꽃잎을 붙이네.(當窗理雲鬢, 對鏡貼花黃)"라는 말이 나오는데, 구름머리라는 것을 구름 형상으로 높게 틀어 올린 머리 모양을 말한다.

❺ '금보요金步搖'는 가는 금실로 꽃을 만들고 그 위에 진주를 붙인 머리장식으로 걸을 때마다 흔들거리며 아름다운 자태를 자아낸다.

❻ 《구당서 · 후비전后妃傳》에 보면, 양귀비의 자매 세 명 모두에게 현종은 국부인國夫人으로 봉하고 부모와 숙부, 더 나아가 친척 형제들에게까지 벼슬을 내려 주었다고 한다. 특히 양국충楊國忠은 우승상까지 올랐다.

❼ '여궁驪宮'은 여산 아래 화청궁을 말한다.

❽ '어양漁陽'은 지금의 북경 평곡현平谷縣과 천진天津 계현薊縣 일대인데, 천보 14년(755)에 안녹산이 이곳 범양范陽에서 반란을 일으킨 사건을 말한다. 북소리가 요란히 울렸다는 것은 전쟁이 일어났음을 알려 왔다는 뜻이다.

❾ '예상우의곡霓裳羽衣曲'은 무곡舞曲의 이름이다. 개원 연간에 서량절도사西涼節度使 양경술楊敬述이 바쳤다고 하는데, 현종이 직접 개작하고 가사를 붙여 이런 이름을 붙였다. 아득히 황홀한 선경과 선녀의 형상을 춤과 노래로 표현한 곡이다.

❿ 천보 15년(756) 6월에 안녹산이 동관潼關을 뚫고 장안으로 들어오려 하자 현종은 양귀비 및 궁궐 시중들을 이끌고 서남쪽 촉蜀 땅으로 몽진했다.

⓫ '육군六軍'은 천자의 군대이다.

⓬ '취교翠翹'는 수식首飾으로, 비취새의 꼬리처럼 생겼다 하여 이렇게 이름 붙여졌다. 금작金雀은 봉황 모양의 금작채金雀釵를 말하고, 옥소두玉搔頭는 옥비녀를 말한다.

⓭ '검각劍閣'은 검문관劍門關이라고도 하며 지금 사천성 검각현劍閣縣 북쪽에 있다. 진秦에서 촉蜀으로 들어가는 중요한 길목인데, 검처럼 생겨 가파르고 잘려 있다 하여 검각이라는 이름이 붙었다. 절벽으로 길이 끊겨 양쪽 벼랑이 마주하고 있는 곳에 제갈량이 하늘에 닿을 듯 높은 잔도를 놓아 통행할 수 있게 하였다.

⓮ '행궁行宮'이란 황제가 도성을 떠나 있을 때 머무는 거처를 가리킨다.

⓯ '마외파馬嵬坡'는 양귀비가 죽어 묻힌 곳이다.

⓰ '태액지太液池'는 한나라 궁중에 있던 못이고, '미앙궁未央宮' 역시 한나라 때 있던 궁궐 이름이다. 연꽃은 양귀비의 얼굴을, 버들잎은 양귀비의 눈썹을 상징한다.

⓱ '이원梨園의 제자들'이란 현종이 직접 훈련시킨 악공과 무녀들을 말한다.

현종은 궁궐에 이원이라는 기구를 설치해 300명의 '좌부기坐部伎'를 훈련시켜 공연하게 했는데, 이들을 황제의 이원 제자라고 불렀다.

⑱ '초방椒房'은 후비들이 머물던 곳이다. '아감阿監'은 궁녀를 말한다.

⑲ 원앙 기와는 하나는 위를 향해, 하나는 아래를 향해 짝을 지어 놓은 기와를 말한다.

⑳ '소옥小玉'은 오왕吳王 부차夫差의 딸이고, '쌍성雙成'은 전설 속 서왕모西王母의 시녀이다.

㉑ '소양전昭陽殿'은 한나라 성제成帝가 총애하던 조비연趙飛燕의 침궁이었다. 여기서는 양귀비의 처소를 상징하는 말로 사용되었다.

㉒ '봉래궁蓬萊宮'은 전설에 나오는 바닷가 선산仙山으로, 지금 선녀가 된 양귀비가 살고 있는 곳을 가리킨다.

㉓ '장생전長生殿'은 여산 화청궁 안에 있다.

㉔ '비익조比翼鳥'는 전설에 나오는 새로 암수 각각 한 쪽 날개밖에 없어서 반드시 함께 있어야만 날 수 있다고 한다.

㉕ '연리지連理枝'는 두 개의 나무 기둥이지만 자라면서 가지끼리 서로 끌어안는 모양의 나무를 말한다.

* 간평

백거이白居易(772~846)는 자가 낙천樂天, 호가 향산거사香山居士이다. 하남성 신정新鄭 사람. 정원 연간에 진사 급제하여 원화 연간에 좌습유左拾遺 및 좌찬선대부左贊善大夫를 역임하였다. 후에 권귀들의 미움을 사 강주사마江州司馬로 폄적되었고, 항주자사杭州刺史, 소주자사蘇州刺史로 있다가 다시 조정에 들어와 형부상서刑部尙書가 되었다. 신악부운동新樂府運動을 이끌면서, 친근한 내용과 통속적인 언어로 시를 지었다. 당시 원진元稹과 창화한 시가 많아 '원백元白'으로 병칭되고 유우석과도 '유백'으로 병칭되었다.

당 헌종憲宗 원화元和 원년(806)에 백거이는 벗들과 함께 마외역馬嵬驛 부근 선유사仙遊寺를 노닐다가 현종과 양귀비의 옛일에 대해 이야기하게 되었는데, 모두가 이 일은 기념으로 남길 만하다고 하기에 불후의 장편시 〈장한가〉를 짓게 되었다. 시는 마지막 구절 "하늘과 땅이 영원해도 끝날 날이 있겠지만, 이 한은 끝도 없어 끊길 날이 없을 거예요."에서 '장한長恨'이라는 제목을 얻게 되었다. 이 시로 백거이는 단번에 유명인사가 되었다.

〈장한가〉는 현종과 양귀비 사이의 사랑을 긍정하기도 하지만, 다른 한편으로 안사의 난을 초래한 원인에 대해 함축적으로 비판을 가하기도 한다. 백거이와 마찬가지로 펑쯔카이 선생은 독실한 불교 신자로서 백성들의 질고에 늘 관심을 기울였다. 펑쯔카이 선생의 만화 중 백거이의 작품을 표현한 것이 10수에 이르는 것만 보아도 그가 얼마나 백거이를 사랑했는지 알 수 있다.

* 감상 포인트

간평에서 언급했듯이, 우연찮게 양귀비가 생사를 달리한 마외파를 유람하게 된 백거이는 동행한 벗들과 함께 이와 관련된 시문을 지었다. 당시 자리에 함께했던 벗이 "낙천은 시를 잘 지을뿐더러 감정이 풍부하니, 한번 시를 지어보면 어떻겠는가?" 하고 건의했고, 이에 백거이는 장편의 서사시 〈장한가〉를 완성했다. 이 시를 읽은 진홍陳鴻은 이를 소설로 각색하여 〈장한가전長恨歌傳〉이라는 전기소설傳奇小說을 지었다. 하룻밤 사이에 두 편의 명작이 탄생한 것이다.

양귀비와 당 현종 두 사람의 사랑은 결과적으로 국가적으로 볼 때 숱한 비극을 초래했다. 개원지치開元之治를 이끌어 대당제국의 전성기를 구가했던 현종은 이때부터 향락에 젖어들어 한창때의 총기를 잃었고, 양씨 일가는 귀비의 총애를 등에 업고 전무후무한 권력을 휘둘렀다. 백관의 간언은 잦아지고 백성의 원망은 치솟았다. 이 혼란을 틈타 당나라 정권에 치명타를 입힌 정변이 발생했으니, 안사安史의 난이 바로 그것이다.

백거이는 시의 전반부에서 현종과 양귀비의 만남에서부터 사랑하고 여색과 음악에 빠져 정사를 게을리하기에 이르는 과정을 서술하였다. 이 황홀했던 시절을 대표하는 시어는 단연 '예상우의곡'이다. 무지갯빛 찬란한 천에 깃털 장식까지 더한 옷을 입고 춤추며 노래하던 이원梨園의 제자들. 그러나 '어양의 북소리'로 예상우의곡은 산산조각이 나고 현종과 양귀비는 허겁지겁 저 멀리 촉 땅으로 몽진한다. 도중 현종은 반군의 협박에 못 이겨 마외파에서 양귀비의 목숨을 내놓고, 그 장면을 차마 보지 못해 뒤돌아 피눈물을 흘린다. 그러고도 목숨을 부지하기 위해 명색이 천자의 몸으로 험난한 검각을 기어오른다. 백거이는 이 비극적인 장면을 철저히 사실적으로 그려 낸다. 이제 현종은 그 옛날의 황제가 아닌, 무능력한 늙은이에 지나지 않는다. 시의 중반부를 가득 메우고 있는 내용이 바로 안사의 난과 양귀비의 죽음, 촉 땅에서의 한 많은 피난생활이다.

시의 후반부는 우여곡절 끝에 장안으로 복귀한 뒤 방사를 불러 양귀비의 영혼을 찾아내는 내용이다. 이 부분은 역사적 사실이 아닌 백거이의 상상 혹은 떠도는 소문에서 나왔을 것이다. 이제 양귀비는 바닷가 저 멀리 신선의 땅에서 영원히 살며 현종을 그리워하는 선녀 양태진으로 거듭난다. 인간세계에서 다 늙어 초라해진 현종이 밤마다 양귀비를 그리워한다면 저 선계에서는 여전히 아름다운 선녀 양태진이 옛날 그 시절을 회상하며 현종을 그리워한다. 그리고 다시 만나 영원한 사랑을 이어가자고 약속한다. "하늘에서는 비익조가 되고, 땅에서는 연리지가 되자."는 말은 지금도 많은 사람들이 사랑을 약속할 때 애용하는 용어이다.

죽음으로도 끊어 낼 수 없는 절절한 사랑 이야기는 이렇게 완성된다. 이 시를 읽는 사람들은 현종의 무능함도 양귀비의 교만도, 그로 인해 초래한 망국의 대가도 다 용서하고 천하에 제일가는 사랑꾼으로 둘을 기억한다. 백거이의 필력이 두 사람을 살려 낸 것이다. 시를 읽는 것만으로 성에 차지 않았던 후세 사람들은 시에 나오는 단어들을 가지고 《오동우梧桐雨》, 《장생전長生殿》 등 무대극으로 각색하기도 하였다. 시 한 편의 위력은 이처럼 대단한 것이다.

〔보리 베기를 보고觀割麥〕

연말이 되어도 식량이 남는단 말인가

보리 베기를 보고

(당) 백거이

농가에 한가한 달 드물지만	田家少閑月
오월이면 사람들은 배로 바빠진다오	五月人倍忙
밤새 남풍 불어	夜來南風起
보리 밭두렁을 누렇게 덮으니	小麥覆隴黃
며느리 시어미는 새참을 머리에 이고	婦姑荷簞食
어린아이들은 술병을 들고 와	童稚携壺漿
앞서거니 뒤서거니 밭으로 가져간다오	相隨餉田去
장정들이 일하는 남쪽 언덕으로	丁壯在南岡
발은 여름 땅의 열기로 찌는 듯하고	足蒸暑土氣
등은 뜨거운 햇볕으로 타는 듯하지만	背灼炎天光
힘이 다 빠져도 더운 줄조차 모르고	力盡不知熱
긴긴 여름 해조차 아까워하는구나	但惜夏日長
가난한 아낙네	復有貧婦人
아이 안고 그 옆에 서 있는데	抱子在其旁
오른손으론 떨어진 이삭을 쥐고	右手秉遺穗
왼쪽 팔에는 해진 바구니 걸쳤다오	左臂懸敝筐
아낙네가 사람들과 나누는 이야기 들어 봄에	聽其相顧言
그 이야기 듣는 사람들 모두 가슴 아파하였나니	聞者爲悲傷
"세금 내느라 밭을 다 팔아 버려서	家田輸稅盡
이걸 주워다 주린 배를 채워요."	拾此充飢腸

지금 내게 무슨 공덕이 있다고 今我何功德
농사도 누에치기도 해 본 적도 없고 曾不事農桑
녹봉으로 삼백 섬이나 받으며 吏祿三百石
연말[1]이 되어도 식량이 남는단 말인가 歲晏有餘糧
이런 생각에 스스로 부끄러워져 念此私自愧
종일토록 잊을 수가 없구나 盡日不能忘

* 주석

❶ '세안歲晏'은 한 해의 끝 무렵을 말한다. '안晏'은 '만晩'과 뜻이 같다.

* 간평

당 덕종 정원 16년(800)에 백거이는 29세의 나이로 장원급제하였다. 이 시는 그가 섬서陝西 주지현위周至縣尉로 있을 때 지은 것이다. 시인은 논밭에서 일하는 농민들의 수고와 땀방울에 깊은 동정을 표하는 동시에, 농사라곤 짓지 않으면서 과분한 녹봉을 받는 자신의 처지를 부끄럽게 여기고 있다. "힘이 다 빠져도 더운 줄조차 모르고, 긴긴 여름 해조차 아까워하는구나."는 대대로 많은 찬탄을 받아 온 시구이다.

* 감상 포인트

우리네 시골에서도 익숙한 장면이 시의 전반부에 그려진다. 황금빛으로 물결치는 보리밭, 작열하는 태양 아래 허리 숙여 보리 베는 농부들. 행여 배고플세라, 목마를세라, 밥이며 술이며 맛난 새참을 이고 지고 가는 여자들과 아이들. 이 평화로운 풍경 속에 숨겨진 고통은 농부와 한 아낙을 통해 비춰진다. 발이 찌는 듯해도, 등이 타는 듯해도, 이들에겐 흘러가는 시간조차 아깝다. 내 고통이 대수랴. 내 고통을 대가로 온 가족이 배불리 먹을 수 있다면야 고통이 대수랴. 그 옆에는 아이를 안은 채 이삭을 주워 담는 또 한 명의 아낙이 있다. 가지고 있던 전답은 세금 내느라 다 팔아 버리고, 남들이 흘린 이삭을 주워다가 주린 배를 채운다. 그들의 대화에 귀를 기울이던 백거이는 비로소 자신을 돌아본다. 현위라면 높은 벼슬은 아닐진대, 그래도 한 해가 다 가도록 먹을 걱정하지 않는 자신의 상황을 떠올리며 '자괴自愧'라는 표현을 쓴다. 가진 자가 이만큼의 자성自省이 있다는 것도 실은 매우 고마운 일이다.

〔진중음秦中吟〕

그 안에 앉아 계신 주인은, 십 년 동안 대관을 지내신 몸이라

진중음

(당) 백거이

상택
傷宅

누가 저 으리으리한 저택과 誰家起甲第
붉은 대문을 큰길가에 지었는가 朱門大道邊
안에 즐비한 거대한 집채들 豊屋中櫛比
밖을 둘러싼 높다란 담장들 高墻外回環
겹겹으로 솟은 예닐곱 채의 당에 累累六七堂
마룻대와 처마들이 줄줄이 이어졌구나 棟宇相連延
당 하나에 백만 전은 들었을 터이거늘 一堂費百萬
뭉게뭉게 푸른 연기가 솟아오르고 鬱鬱起青煙
동방[1]은 따뜻하고도 시원하여 洞房溫且清
추위와 더위가 침범하지 못하네 寒暑不能干
높은 당은 사방이 탁 트여 高堂虛且迥
앉거나 누워도 남산이 다 보이고 坐臥見南山
행랑을 빙 두른 자주색 등나무 시렁 繞廊紫藤架
돌계단 양옆엔 붉은 작약 난간 夾砌紅藥欄
가지 휘어잡고 딸 수 있는 앵두 攀枝摘櫻桃
꽃째 옮겨 심은 모란 帶花移牡丹
그 안에 앉아 계신 주인은 主人此中坐

십 년 동안 대관을 지내신 몸이라　十載爲大官
주방엔 고기가 썩어 나고　廚有臭敗肉
창고엔 돈 꿰미가 해졌네[2]　庫有貫朽錢
누구 내 말대로 물어 줄 사람 있소　誰能將我語
당신들 골육들 중에도　問爾骨肉間
가난하고 천한 자가 없을 리 없으니　豈無窮賤者
그들의 추위와 허기를 차마 구해 주지 않을 수 있소?　忍不救飢寒
어떻게 당신들 몸뚱이 하나만 떠받들며　如何奉一身
천년 동안 지키고자 하시오　直欲保千年
옛날 마씨 저택이　不見馬家宅
지금 봉성원이 된 것도 보지 못했소?[3]　今作奉誠園

* 주석

❶ '동방洞房'은 제일 깊숙한 곳에 있는 내실을 말한다.

❷ 옛날은 돈에 구멍이 뚫려 있어서 그것을 줄로 꿰었는데, 너무 오래 쌓아두어 그 줄이 다 해졌다는 표현이다.

❸ 당나라 때 명장이자 사도司徒를 지낸 마수馬燧는 호화롭기로 유명했다. 봉성원奉誠園은 마수 소유의 저택이었다. 그가 죽은 후에 그의 아들 마창馬暢이 집에서 딴 살구를 두문장竇文場에게 선물한 적이 있는데, 두문장은 이것을 다시 덕종에게 바쳤다. 덕종은 마창이 살구를 황제에게 직접 진상하지 않고 두문장에게 먼저 주었으니, 이는 황제를 업신여긴 것이라 여겨 환관을 보내 나무를 베려 하였다. 두려워진 마창은 하는 수 없이 저택을 덕종에게 바쳤고, 덕종은 이를 봉성원이라 이름을 고친 뒤 폐쇄하고 사용하지 않았다.

가무

歌舞

진중 땅도 세모에 들어
큰 눈이 장안성을 뒤덮으니
눈 속에 퇴조하는 자
모두 붉은색 자주색 관복 입은 공후들이라네
고귀한 자들은 눈보라에 흥취가 일고
돈 많은 자들은 추위와 배고픔을 걱정하지 않는다네
도모하는 바는 오직 저택이고
힘쓰는 바는 오직 유흥뿐
붉은 바퀴 단 수레 타고 찾아온 객들
붉은 촛불 밝혀 놓고 가무 즐기는 누대
주흥에 겨워 빼곡히 끼어 앉아서
술기운 달아오르자 무거운 가죽옷을 벗네
추관[1]이 주인이요
정위[2]는 상석일세
대낮부터 술 마시고 즐기며
밤중이 되어도 그칠 줄을 모르나니
문향의 옥에
얼어 죽은 죄수 있을 줄 어찌 알리요[3]

秦中歲云暮
大雪滿皇州
雪中退朝者
朱紫盡公侯
貴有風雪興
富無飢寒憂
所營唯第宅
所務在追游
朱輪車馬客
紅燭歌舞樓
歡酣促密坐
醉暖脫重裘
秋官爲主人
廷尉居上頭
日中爲一樂
夜半不能休
豈知閿鄉獄
中有凍死囚

주흥에 겨워 빼곡히 끼어 앉아서, 술기운 달아오르자 무거운 가죽옷을 벗네

* 주석

❶ ‘추관秋官’은 형옥을 관장하는 관원으로, 당나라 때는 형부상서를 가리키는 말이었다.

❷ ‘정위廷尉’는 한나라 때 형옥을 심판하던 장관인데, 당나라 대리시경大理寺卿에 해당한다.

❸ ‘문향閿鄉’은 지금 하남성 영보靈寶 서북쪽에 있던 옛 현의 이름이다. 백거이는 〈진문향현금전상秦閿鄉縣禁田狀〉이라는 글에서 “관물官物을 빌렸다가 갚을 길이 없으면 그 자를 잡아 가두는데, 죽더라도 그를 내보내지 않으며”, “애비가 죽으면 자식을 잡아 가둔다.”고 적었다. 그가 목도한 관리들의 잔악상을 알 수 있다.

* 간평

〈진중음〉은 백거이의 유명한 신악부시新樂府詩로 모두 10수로 구성되어 있다. 백거이는 본디 “문장이라면 시대를 위해 지어야 하고, 시가라면 반드시 시사를 위해 지어야 한다.”고 주장해 왔는데, 〈진중음〉은 그의 문학 주장이 실천으로 옮겨진 대표작이라 할 수 있다. 10수의 시에서 보여준 당시 폐단에 대한 비판이 몹시도 날카로웠기에 당시 권귀들이 이 시를 매우 싫어하여 “〈진중음〉을 듣기만 해도 서로 바라보며 얼굴빛이 변했다.” 한다.

10수의 제목은 각각 〈의혼議婚〉, 〈중부重賦〉, 〈상택〉, 〈상우傷友〉, 〈불치사不致仕〉, 〈입비立碑〉, 〈경비輕肥〉, 〈오현五絃〉, 〈가무〉, 그리고 〈매화買花〉이다. 〈상택〉은 대관고작들이 대규모 공사를 일으켜 원림을 조성하는 것을 비판하였고, 〈가무〉가 드러내고자 하는 뜻은 두보의 시 “주문엔 술과 고기 썩는 냄새 진동하는데, 거리엔 얼어 죽은 시체가 나뒹군다.(朱門酒肉臭, 路有凍死骨)”와 가깝다.

* 감상 포인트

여기 인용된 〈상택〉과 〈가무〉 이외에 가장 눈길을 끄는 시는 모란을 읊은 시 〈꽃을 사다買花〉이다.

장안에 봄 저물려 하는데	帝城春欲暮
지나가는 수레 소리 시끄럽나니	喧喧車馬度
모두들 모란이 제철이라 말하며	共道牡丹時
너도나도 꽃 사러 가는구나	相隨買花去
귀한 것은 일정한 가격이 없어	貴賤無常價
꽃송이 수 헤아려 값을 매기는데	酬直看花數
타오르는 듯한 붉은 꽃 백 송이면	灼灼百朵紅
비단 다섯 묶음도 부족하네	五束素戔戔
위에는 휘장을 쳐 덮어 주고	上張帳幄庇
주위는 울타리로 보호하며	傍織笆籬護
물 뿌리고 또 뿌리에 흙을 덮으니	水灑復泥封
옮겨 심어도 색깔이 그대로라	遷來色如故
집집마다 습속이 되었고	家家習爲俗
사람마다 미혹되어 깨어날 줄 모르네	人人迷不悟
한 늙은 농부가	有一田舍翁
우연히 꽃 사는 곳에 와 보고서	偶來買花處
고개 숙이고 홀로 한숨 쉬지만	低頭獨長歎
그 탄식을 알아듣는 이 없었네	此歎無人諭
짙은 빛깔 꽃 한 묶음이	一叢深色花
중류층 열 가호의 세금이라니	十戶中人賦

모란을 사기 위해 천금을 아끼지 않는 사람들 앞에 무기력하게 고개 숙인

한 노인의 모습이 그려진다. 격심한 빈부의 차가 사람들 맥 빠지게 하는 것은 고금 불문의 현상이었나 보다.

"정원貞元 연간(785~805)과 원화元和 연간(806~820) 사이 장안에 머물던 때 들은 이야기 중 마음을 아프게 하는 것이 있어 그 일을 노래로 짓고 제목을 〈진중음〉이라 하였다."

백거이가 〈진중음〉 서문에서 밝힌 내용이다. 그래서 여기서 노래한 것들이 모두 그를 아프게 했던 일임을 알 수 있으며, 구체적으로 붙여진 제목들을 통해 그를 아프게 했던 것이 바로 민초들의 질고였음을 알 수 있다. 백거이의 신악부시新樂府詩는 쉬운 말로 표현되어 있고, 다루고 있는 내용도 일상과 매우 가까운 것들이라 이해하기 쉽기 때문의 중언부언 설명이 전혀 필요치 않다. 더구나 으리으리한 집을 보고, 무위도식하며 즐기는 이들을 보고 한숨을 내쉬던 게 어디 어제오늘의 일이었던가. 많은 것이 변했어도 변치 않는 이 법칙 앞에 눈을 감을 수밖에. 맹자의 말로 하고 싶은 말을 대신한다.

"푸줏간에 살진 고기 있고 마구간에 살진 말이 있는데, 백성은 주린 기색이 있고 들판에 굶어 죽은 송장이 있다면, 이는 곧 짐승을 몰고 와 잡아먹게 한 것과 다름 아니다."(《맹자 · 양혜왕 장구 상梁惠王章句上》)

〔새로 지은 겨울옷新制布裘〕

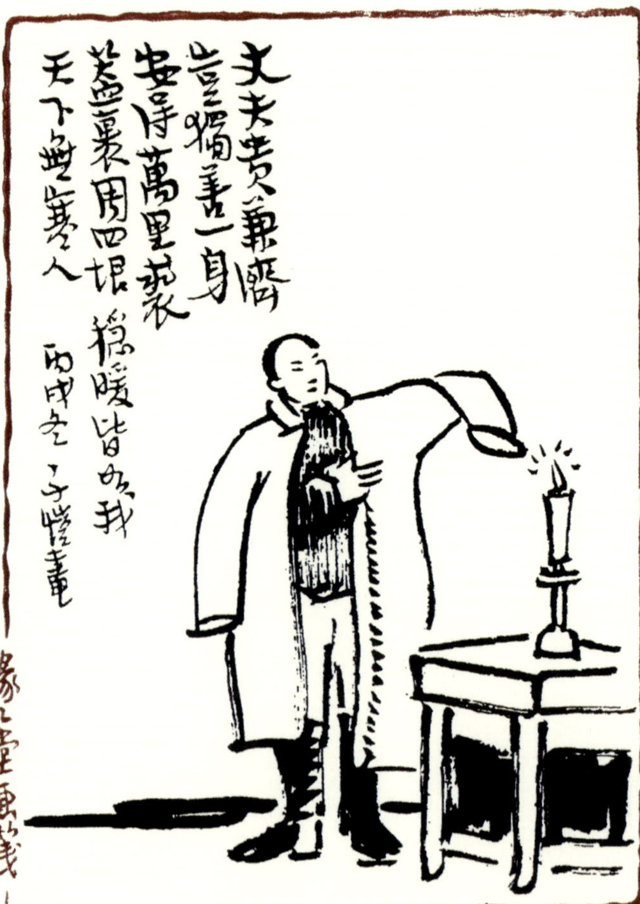

어떡하면 만 리에 달하는 천을 얻어, 온 세상을 덮어 주고 싸매 줄 수 있을까

새로 지은 겨울옷[1]

(당) 백거이

계포[2]는 희기가 눈과도 같고	桂布白似雪
오면[3]은 부드럽기가 구름과도 같네	吳綿軟于雲
포는 이중이고 면은 두터우니	布重綿且厚
옷으로 지음에 따스하고도 남겠네	爲裘有餘溫
아침에 입고 앉으면 이내 저녁이 되고	朝擁坐至暮
밤에 덮고 자다 보면 어느새 새벽이 찾아오네	夜覆眠達晨
누가 알았으리? 엄동설한에	誰知嚴冬月
팔다리 몸뚱이가 봄처럼 따스할 줄을	支體暖如春
밤중에 홀연 생각나는 바가 있어	中夕忽有念
옷을 어루만지며 일어나 배회했네	撫裘起逡巡
대장부는 남들까지 구제하는 것을 중히 여기나니	丈夫貴兼濟
어찌 이 한 몸만 고이 간직할 수 있으리오[4]	豈獨善一身
어떡하면 만 리에 달하는 천을 얻어	安得萬里裘
온 세상을 덮어 주고 싸매 줄 수 있을까	蓋裹周四垠
그러면 모두 나처럼 따스해져	稳暖皆如我
세상에 추위에 떠는 사람 하나도 없을 것을	天下無寒人

* 주석

❶ '포구布裘'는 두터운 포(면)로 지은 겨울옷을 말한다.

❷ '계포桂布'는 당나라 때 계관桂管 지역(지금의 광서성 일대)에서 생산된 목면으로 짜 만든 옷인데, 아직 보편화되지 않아 값이 상당히 나갔다.

❸ '오면吳綿'은 당시 오군吳郡, 즉 지금의 소주蘇州에서 생산된 사면絲綿이다.

❹ 이 두 구절은 《맹자 · 진심상盡心上》에서 인용했다. "길이 막히거든 내 몸 하나를 선하게 닦고, 길이 열리거든 더불어 온 세상을 선하게 한다.(窮則獨善其身, 達則兼善天下)"

* 간평

이 시의 창작연도에 관해서는 두 가지 설이 있다. 하나는 당 헌종 원화 원년(806)에 지었다는 주장이다. 이해 겨울에 백거이는 새로 겨울옷을 지어 입고 그 따스함으로 인해 추위와 굶주림에 떨고 있는 백성들을 떠올렸다. 또 하나는 원화 6년(811)에서 8년(813) 사이에 지었다는 주장이다. 당시 작가는 모친상을 당하여 위하渭河 북쪽 위촌渭村에 살고 있었다.

백거이는 백성들의 질고에 특히 관심을 기울여, 아무 힘도 보태 주지 못하는 자신의 처지를 늘 반성하곤 했다. 역대 학자들은 이 시를 두보의 〈초가집이 가을바람에 망가졌네茅屋爲秋風所破歌〉와 나란히 놓고 논하는데, 심지어 이 시의 마지막 구절이 "어떻게 하면 넓은 집 천만 칸을 얻어, 추위에 떠는 가난한 이들 크게 덮어 주어 활짝 얼굴 펴게 할까?(安得廣廈千萬間 大庇天下寒士俱歡顔)"에서 나왔다고 주장하는 학자도 있다.

* 감상 포인트

백거이는 "임금을 위해, 신하를 위해, 백성을 위해, 만물을 위해, 시사를 위해 시를 지어야지 글을 위해 지어서는 안 된다.(爲君, 爲臣, 爲民, 爲物, 爲事而作, 不爲文而作)"(〈신악부서新樂府序〉)고 하였다. 이처럼 사회참여적 시가론詩歌論을 주장해 왔던 시인인지라 이를 창작에 옮긴 작품이 다수 존재하는데, 이 시 역시 그중 대표작이라 할 수 있다. 따뜻한 옷 한 벌에 "겸제천하兼濟天下"의 뜻을 떠올리는 시인의 포부가 누가 뭐래도 고맙다. 이러한 마음을 가진 위정자라면 최소한 자기 몸 하나만 따뜻하게 하느라 급급하지는 않았을 터이므로.

〔채련곡採蓮曲〕

임과 마주치자 말을 건네 보려 고개 숙여 웃다가, 벽옥 비녀를 그만 물속에 빠뜨리고 말았네

채련곡

(당) 백거이

마름은 물 위에 맴돌고 연꽃은 바람에 살랑이는데　菱葉縈波荷颭風
연꽃 핀 그윽한 곳으로 작은 배가 지나가네　荷花深處小船通
임과 마주치자 말을 건네 보려 고개 숙여 웃다가　逢郎欲語低頭笑
벽옥 비녀를 그만 물속에 빠뜨리고 말았네　碧玉搔頭落水中

* 간평

〈채련곡〉은 악부 옛 제목으로, 한나라 악부 〈강남은 연꽃 따기에 좋지江南可採蓮〉나 남조 민가 〈서주곡西州曲〉은 모두 채련곡 중의 명작들이다. 이 시는 백거이가 항주자사로 있던 기간에 지은 듯하다.

강남의 소녀가 연꽃 핀 못에서 사랑하는 이와 마주쳤다. 말이라도 걸어보려 하나 무슨 말을 해야 할지 몰라 그저 수줍게 고개 숙인 채 웃기만 한다. 그 바람에 소중한 옥비녀가 물에 빠진 줄도 모르고서. 유영제劉永濟는《당인절구정화唐人絶句精華》라는 책에서 이 시를 이렇게 평했다. "감정 표현에 뛰어나서 이 시를 읽으면 마치 시 속의 사람을 보는 듯, 목소리가 들리는 듯하다."

* 감상 포인트

〈채련곡〉은 늘 이렇다. 수줍은 마음만 간직하고 있는 청춘 남녀가 배를 타고 등장하고, 높이 자라 하늘거리는 연꽃 속에서 서툰 표현을 한다. 악부시라는 것이 본디 형식이나 내용의 틀이 이미 정해져 있어 변주를 시도하기 쉽지 않다지만, 〈채련곡〉은 유독 그렇다.

그러나 달리 생각해 보면, 그 시절에 연꽃 가득 핀 못보다 연애하기 더 좋은 곳이 어디 있었을까? 우리네 뽕나무 숲이나 물레방앗간 역할을 해 준 곳이 바로 연꽃 핀 못이 아니었겠는가? 그러니 그 소소하고도 귀여운 광경을, 솜씨 좋은 시인인들 놓치고 싶었으랴.

이 시는 마지막 구절에 온갖 묘미가 담겨 있다. 상투적으로 흘러가나 싶다가, 고개 숙이다 그만 벽옥 비녀가 물속으로 풍덩! 풍덩 소리와 함께 소녀의 놀란 얼굴이 떠오른다.

〔장난삼아 소년들에게 답하다戲答諸少年〕

지금은 비록 젊은 얼굴로 나를 무시하나, 훗날 백발은 자네들도 놓아주지 않을걸세

장난삼아 소년들에게 답하다

(당) 백거이

나는 늙은이라 머리가 눈처럼 허옇지만	顧我長年頭似雪
자네들은 한창때라 기운이 구름 같구려	饒君壯歲氣如雲
지금은 비록 젊은 얼굴로 나를 무시하나	朱顏今日雖欺我
훗날 백발은 자네들도 놓아주지 않을걸세	白髮他時不放君

* 간평

이 시는 만년에 낙양에서 지었음에 분명하다. 당시 한창 젊은 부잣집 자제들이 사람들을 무시하고 다니면서 어느새 노년이 된 백거이에게도 불손하게 대한 모양이다. 그러나 자신의 지위로 상대를 제압하고 싶지 않았던 백거이는 이 시를 지어 은근히 훈계의 뜻을 드리웠는데, 흉금 탁 트인 장자長者로서의 지혜가 시 속에 넘쳐흐른다.

* 감상 포인트

늙는 것보다 견딜 수 없는 것은 없다. 늙는다는 것은 누구나 예외 없이 걸어가야 할 인생길이다. 어느 순간인들 늙은이가 없고 젊은이가 없겠는가? 이들은 그 몇십 년의 세월 차를 두고 부딪치고 싸운다. 젊은이는 늙은이를 귀찮아하고 업신여기며, 늙은이는 젊은이를 보며 노여워하고 괘씸해한다. 누가 봐도 노인은 약자다. 그러나 이미 걸어온 자의 마지막 무기가 또 하나 있으니….

"훗날 백발은 자네들도 놓아주지 않을걸세!"

〔고기를 놓아주며放魚詩〕

향긋한 미끼가 보이거든 얼른 주둥이를 닫고, 큰 강으로 돌아가 꼭꼭 숨어라

고기를 놓아주며

(당) 백거이

향긋한 미끼가 보이거든 얼른 주둥이를 닫고　香餌見來須閉口
큰 강으로 돌아가 꼭꼭 숨어라　大江歸去好藏身
소용돌이와 거센 물결엔 많은 위험 있으니　盤渦峻激多傾險
고래처럼 사람 해치는 짓일랑 배우지 말거라　莫學長鯨擬害人

* 감상 포인트

중국에서는 위진남북조 때부터 불교가 성행하여 불교 사상이 민간에 크게 파고들었는데, 이를 반영하듯 '살생' 및 '윤회'와 관련된 고사가 많이 탄생하였다.

만년의 백거이도 불교에 심취했다. 그러니 물고기를 방생하는 것도 당연한 일이겠지만, 이 시는 그런 배경을 따질 것도 없이 읽는 내내 유독 따스하다. 이제 내 손을 떠나 큰 강으로 헤엄쳐 가야 할 물고기에게 해 주는 마지막 당부. 어린 자식 타지로 내보내는 부모의 심정처럼, 그렇게 애틋하고 자상할 수가 없다. "먹을 것 준다고 함부로 받아먹지 말고, 몸단속 잘해야 해. 위험한 곳엔 가면 안 돼. 행여 거칠고 못된 사람들 하는 짓 배울라."

〔부스러기 시구殘句〕

흰머리는 뽑아도 뽑아도 끝이 없으니, 그 뿌리가 근심 걱정에 있기 때문이지

부스러기 시구

(당) 백거이

흰머리는 뽑아도 뽑아도 끝이 없으니 白髮鑷不盡
그 뿌리가 근심 걱정에 있기 때문이지 根在愁腸中

* 간평

인생사 뜻대로 되지 않는 것이 십중팔구. 흰머리가 난 것을 보고 족집게로 뽑는 사람도 있는데, 흰머리가 나는 이유는 근심과도 관련 있으니, 사람 마음속에 근심 걱정이 있는 한 흰머리는 이루 다 뽑아 낼 수 없을 것이다.

* 감상 포인트

근심 걱정 때문에 생기는 흰머리라면 안 생기는 것도 이상하고, 이것을 뽑아 내려 하는 것도 부질없다.

〔유 십구에게 묻다問劉十九〕

저녁부터 눈이 올 것 같던데, 와서 술 한잔 할 수 있겠소?

유 십구에게 묻다

(당) 백거이

새로 빚은 녹의주[1] 綠蟻新醅酒
작은 화로에 타오르는 불꽃 紅泥小火爐
저녁부터 눈이 올 것 같던데 晩來天欲雪
와서 술 한잔 할 수 있겠소? 能飮一杯無

* 주석

❶ '녹의綠蟻'는 술이 익을 때 보글보글 끓어오르는 모습이 마치 개미 같다고 하여 붙여진 이름이다.

* 감상 포인트

보글보글 막 익은 하얀 막걸리. 발갛게 달구어진 작은 화로. 손님 맞을 준비를 마쳤다. 하늘을 보니 저녁부터 눈이 올 것 같은데, '혹시 오늘 저녁 여기 와 술 한잔 할 수 있겠소?', 편지를 보낸다.

백거이의 시 중에서 '유 십구'라는 이름이 등장하는 것은 딱 두 수이다. 대략 숭양嵩陽에 살던 처사處士였다고 전해지나 이름은 알려지지 않았다. 이 시에서는 한적한 노년의 즐거움을 한껏 보여주고 있다. 특히 녹색빛이 돌도록 잘 빚어진 술, 화로에 활활 타오르는 빨간 불꽃, 막 쏟아질 것만 같은 하얀 눈, 이 세 가지의 색채 대비가 무척이나 선연하다.

백낙천의 초대를 거절하며

(당) 도광

산승의 거친 성정은 숲과 샘을 좋아해	山僧野性好林泉
언제나 산과 바위 찾아가 돌에 기대 잠이 듭니다	每向岩阿倚石眠
나는 소나무 분재도, 옥 재갈[1] 모실 줄도 모르고	不解栽松陪玉勒
오로지 물길 끌어다 금빛 연꽃[2] 심을 줄만 알지요	唯能引水種金蓮
흰 구름을 푸른 산으로 불러올 수는 있지만	白雲乍可來靑嶂
밝은 달을 푸른 하늘에서 내려가게 할 수는 없어요	明月難教下碧天
성시란 곳은 석장 들고 다닐 만하지 못하니[3]	城市不能飛錫去
취루 앞 우는 꾀꼬리 방해나 할까 두려울 뿐	恐妨鶯囀翠樓前

* 주석

❶ 속세의 일에 익숙하지도, 영합할 줄도 모른다는 뜻이다. 옥륵은 옥으로 만든 재갈을 말하는데, 즉 관리가 모는 말을 상징하는 것이다. 이 구절에서 말하고자 하는 바는 자신은 속세의 일을 알지 못하고 신분 높은 관리를 모실 줄도 모른다는 것이다.

❷ '금련金蓮'은 금색 연꽃으로, 불교의 묘법을 상징한다.

❸ '비석飛錫'은 승려의 유행遊行을 상징한다. 석장錫杖은 승려가 들고 다니는 지팡이이므로 승려들이 이곳저곳 다니며 유행하는 것을 비석이라고 한 것이다. 한 고승이 산에 은거하다가 오대산으로 떠날 때 이 석장을 날려 단숨에 도착했다는 고사가 전한다.

〔백낙천의 초대를 거절하며謝白樂天招〕

성시란 곳은 석장 들고 다닐 만하지 못하니, 화려한 누대 앞 우는 꾀꼬리 놀라게 할까 두려울 뿐

* 간평

도광韜光은 당나라 때 고승이다. 전하는 바에 따르면 당나라 태종 때 은사와 이별한 뒤 유행 길에 올랐는데 그때 은사가 당부하기를, “천시天時를 만나거든 머무르고, 둥지를 찾았거든 정착하라.”고 하였다 한다. 그는 170년 후인 당나라 목종穆宗 장경長慶 연간에 항주 영은사靈隱寺 서북쪽에 있는 소구오巢构塢에 이르렀는데, 마침 그때 백거이가 자사刺史가 되어 항주로 와 살고 있었다. 선사는 은사의 말을 기억하고 소구오에 머물렀다. 백거이는 도광의 고명을 흠모하여 그의 암자에 ‘법안法安’이라는 이름을 지어 주었다. 둘은 매우 각별히 지냈으며 지금도 항주 영은사에 법안암(현재 이름은 도광암)이 남아 있다. 백거이는 먼저 오언시를 보내 그를 초대했다.

소박한 집에서 향반을 지으니	白屋炊香飯
누린내 비린내가 들어오지 못하네	葷膻不入家
샘물 길어다 칡가루를 씻고	濾泉澄葛粉
손을 씻고서 등꽃을 따네	洗手摘藤花
푸른 갓에선 누런 잎 떼어 내고	青芥除黃葉
붉은 생강은 자아와 함께 버무려	紅姜帶紫芽
선사여, 나와 함께 식사나 한끼 합시다	命師相伴食
재반을 다 먹거든 차도 한잔 하시고요	齋罷一甌茶

—〈도광 선사를 초대하다招韜光禪師〉

이러한 백거이의 요청을 거절하기 위해 지은 것이 바로 이 시이다.

* 감상 포인트

백거이는 자사로서 항주에서 살았던 2년 동안 서호西湖에서 나는 차를 끔찍이 좋아해서, 도광 선사의 명성을 듣고 초대해 함께 밥도 먹고 차도 마시려고 했다. 이에 먼저 5언시를 보내, 모든 음식은 스님을 모시기 위해 소식素食으로 정갈히 준비하겠다면서 은근한 기다림의 마음을 실었다. 게다가 지위는 자사, 지금의 도지사 정도의 지위이니 그 부름을 마다하기가 쉽지 않았을 터이다. 그러나 선사는 자신의 타고난 성정이 자연 속에 살기에 딱 좋다고 말하면서 자연이 주는 기쁨, 세속에 영합할 줄 모르는 삶의 태도를 짐짓 자부하듯 적었다. 하늘의 뜬구름이야 얼마든지 오고 가라 부를 수 있지만, 고고하게 떠 있는 저 하늘의 달은 오란다고 오는 게 아니라면서 스스로를 은근히 달에 비유까지 하면서 말이다. 번화한 성시란 곳이 얼마나 사람을 불편하게 하는 곳인가? 지팡이 하나 들고 내키는 대로 다닐 수도 없고, 봄을 노래하는 꾀꼬리 소리도 들을 수 없으니, 그런 곳은 자기가 갈 곳이 아니라고 판단했던 것이다.

이렇듯 타고난 성정 운운하며 초대에 응하지 않았지만 백거이는 이러한 완곡한 거절을 받고 결코 화내지 않았으며, 도리어 자신이 직접 찾아가 함께 차를 끓여 마셨다. 이를 계기로 결국 영은사에 살고 있던 도광 선사와 연을 맺었고, 둘은 종종 샘물을 길어다 차를 끓여 마시곤 했다. 일종의 다우茶友였던 셈이다. 지금 항주에 있는 도광사 팽명정烹茗井은 그들이 함께 차를 끓여 마시던 곳이라고 전해진다.

〔한 조각 구름孤雲〕

한 조각 구름

한 조각 구름

(당) 오무릉

남북으로 만 리 길	南北各萬里
구름 있어 마음 더욱 한가롭네	有雲心更閑
바람 타고 바다 위를 떠났다	因風離海上
달과 짝하여 인간계에 내려왔네	伴月到人間
낙수 강가엔 높은 나무가 드물고❶	洛浦少高樹
장안엔 옛날 노닐던 동산이 없네	長安無舊山
배회하며 한곳에 머무르지 못하더니	裴回不可駐
아득히 다시 허공으로 돌아가 버렸네	漠漠又空還

* 주석

❶ 낙양의 남쪽을 흐르는 강의 이름이 낙수洛水인데, 그 강가를 '낙포洛浦'라 한다. 이곳에 높은 나무가 드물다는 것은 구름이 머물 만한 높은 나무가 없다는 뜻이다.

* 간평

이 시는 시인의 굴곡진 인생에 대한 묘사이다. 공명을 얻기 위해 오무릉吳武陵(?~835)은 젊어서부터 장안과 낙양 일대를 전전했다. 후에 다시 남북을 떠돌아다녔고 심지어 멀리 변새까지 갔다. 가도賈島나 무가無可 등 실의한 재사들과 교류하였으며, 진사에 급제한 후 얼마 되지 않아서 세상을 떴다. "바람 불

때 바다 위를 떠나가고, 달과 짝하여 인간계에 내려오네." 여기서 그리고 있는 것은 이곳저곳을 떠다니는 구름이지만, 시인의 고원한 운치와 정착할 곳 없는 신세로 이해해도 무방하다.

* 감상 포인트

오무릉은 중국 시사詩史에서 중당中唐이라고 부르던 9세기에 살았던 인물이다. 이 시대로 말할 것 같으면 안사의 난 이후 중흥을 꾀했으나, 실권을 쥔 환관과 여전히 막강한 번진 할거 세력으로 인해 대당제국이 기울어 갈 즈음이었다. 수많은 지식인들의 꿈은 난세의 진흙탕 속에서 이런저런 이유로 꺾여 갔는데, 오무릉도 그중 하나라 할 수 있다.

장안에서 남쪽으로 아득히 떨어진 영주永州로 폄적되었던 그는 진작에 그곳 사마司馬로 폄적되어 와 있던 유종원柳宗元과 만나 "서로 의기투합하여 함께 영주의 산수를 누볐다."(《신당서新唐書·오무릉전吳武陵傳》). 끝내 다시 낙양 땅을 밟지 못한 유종원과 달리 오무릉은 다시 장안으로 복귀하지만, 얼마 못 가 다시 광동廣東 땅 소주韶州로, 반주潘州로 내쳐져 불우한 생을 마쳐야만 했다. "낙양 땅엔 내가 쉴 만한 키 큰 나무가 없고, 장안 땅엔 내가 노닐던 옛 동산이 없는" 것은 구름이나 오무릉이나 마찬가지였을 터, 외로운 구름에 고단했던 오무릉의 삶이 고스란히 투영되어 있다.

오무릉과 실의의 아픔을 공유했던 유종원이 그에게 보낸 시 한 편이 있어 여기에 인용해 보고자 한다. 옛사람들이 가장 안타까워했다는 '지음知音'을 잃은 슬픔이 시에 절절히 표현되어 있어, 불우한 시절을 함께했던 오무릉과 유종원 둘 사이의 고달픈 우정을 읽을 수 있다.

태평성세 때는 본디부터 사인을 경시하여	理世固輕士
상수의 물가로 이들을 내버렸다네	棄捐湘之湄
맑은 햇볕이 온 바다에 가득한데	陽光競四溟
부싯돌 불빛을 어디에 쓰리오	敲石安所施
깃 빠진 날개로 마른 나뭇가지에 앉아	鎩羽集枯干
아래위로 나르며 서로 슬피 우는구나	低昂互鳴悲
북쪽 구름 찬바람 토해 내고	朔雲吐風寒
적막하고 쓸쓸한 늦가을 계절	寂歷窮秋時
군자들은 조용함과 여유로움 숭상하고	君子尚容與
소인들은 전전긍긍하며 제 몸 지키네	小人守兢危
처량하고 처참할 제 날마다 서로 만났건만	慘凄日相視
이별의 근심이 이에 절로 불어나는구나	離憂坐自滋
동이 술은 그런대로 마실 만하나	樽酒聊可酌
마음껏 노래 부르는 일은 부질없어라	放歌諒徒爲
안타까워라, 음률을 이해해	惜無協律者
내 노래에 맞춰 현묘하게 거문고 탈 사람 없음이여	窈眇弦吾詩

— 유종원柳宗元,

〈영릉에서 시어 이경원에게 주어 오무릉에게 편지삼아 보내다 零陵贈李卿元侍御簡吳武陵〉

〔예부시랑에게 사정을 아뢰다上禮部侍郎陳情〕

가난한 여인이 꽃 같아도 거울은 알지 못합니다

예부시랑에게 사정을 아뢰다

(당) 시견오

구중 도성엔 친한 벗 하나 없고	九重城裏無親識
팔백 명 가운데 저 혼자만 시씨입니다	八百人中獨姓施
나약한 새 나아갈 때면 모여드는 화살에 위험하고	弱羽飛時攢箭險
절름발이 나귀 가는 곳은 얼음 얇아 위태롭지요	蹇驢行處薄冰危
맑은 하늘이 비춰 주려 해도 대야 뒤집기 어렵고❶	晴天欲照盆難反
가난한 여인이 꽃 같아도 거울은 알지 못합니다	貧女如花鏡不知
그럼에도 예전에 은혜 받은 곳을 향해	却向從來受恩地
봄❷이 추운 가지 변화시켜 주기를 다시금 간청합니다	再求青律變寒枝

* 주석

❶ 맑은 태양이 나를 비춰 주고자 하나, 나는 대야로 덮어 놓은 어두운 곳에 있는 처지라 도저히 저 대야를 뒤집을 수가 없다는 뜻이다. 후에 곤경에 처해 있거나 억울함을 당했을 때 '분난반盆難反'이라는 말을 사용하였다.

❷ 옛날에 기후 관측을 위해 갈대 태운 재를 12율관 안에 집어넣었는데, 어느 계절이 오면 해당 율관에서 재가 날아왔다고 한다. 그중 '청률青律'은 봄을 대표하는 율관이었다.

* 간평

시견오施肩吾(780~861)는 항주杭州 사람으로, 자는 동재東齋, 호는 서진자棲眞子이다. 헌종 원화 15년(820)에 진사가 되었고, 대중大中 13년(859)에 난을 피해 가족들을 모두 이끌고 타이완 팽호열도로 이주해 '팽호를 개척한 첫 번째 민간인'이 되었다. 이 시는 고관에게 추천을 부탁하기 위해 지은 시이다. "맑은 하늘이 비춰 주려 해도 대야 뒤집기 어렵고, 가난한 여인이 꽃 같아도 거울은 알지 못합니다." 대야 아래에 깔린 자신은 스스로 몸을 뒤집을 수 없어 햇빛을 볼 수 없으니 반드시 누군가가 이 대야를 뒤집어 주어야 하며, 거울은 가난한 여인의 아름다움을 알지 못하니 누군가가 알아줘야 한다는 뜻이다.

* 감상 포인트

이 시는 시견오가 과거 응시할 때 지공거知貢擧였던 이건李建에게 올린 것이라고 한다. 세상에서 입 떼기 어려운 것이 바로 '부탁', 더한 것이 '청탁'이다. 더구나 시견오가 부탁해야 할 내용은 나를 뽑아 달라는 것이다. 이런 글을 쓰자면 아마 얼굴이 벌겋게 달아올랐을 터이나, 당락의 결정권을 쥐고 있던 자에게 청탁을 해야만 급제할 수 있었던 시대인지라 하는 수 없이 이 어려운 글을 쓰기로 했다.

이 드넓은 장안에 아는 사람 하나 없고, 800명이나 모였어도 시施라는 성을 가진 이는 오직 나 하나뿐. 여린 새, 절름거리는 나귀. 태양이 나를 비춰 주려고 해도 누군가가 내 위에 씌워진 대야를 들어 올려주지 않으면 불가능하고, 내가 아무리 어여뻐도 그걸 봐 주는 이 없다면 거울도 소용이 없다는 말에서, 그의 처지가 얼마나 절박했는지 느껴진다.

이렇게 어려운 청탁의 글을 아주 잘 쓴 이가 있으니, 바로 거의 같은 시대를 살았던 당나라 대문호 한유韓愈이다. 그는 재상에게 청탁의 편지를 여러 차례

보냈는데, 그중 짧고도 강렬한 글 하나를 소개하고자 한다.

큰 바닷가 큰 강 언덕에 웬만한 어류들은 견줄 바 못 되는 어마어마한 괴물이 하나 있습니다. 그 괴물은 물을 만났다 하면 변화무쌍하게 비바람을 일으키고 하늘을 올라갔다 내려갔다 하는 일도 어렵지 않으나, 물을 만나지 못하면 그저 몇 자 몇 마디 되는 곳 안에서만 움직일 뿐이지요. … 곤궁하게도 메마른 곳에 처박힌 채 스스로 물을 구해 올 재간이 없어, 저 수달들의 비웃음을 받아온 지 여덟아홉 해가 되어 갑니다. 힘 있는 자라면 그 곤궁함을 불쌍히 여겨 다른 데로 옮겨주는 것도 손 한 번 들고 다리 한 번 움직이는 수고에 지나지 않을 것입니다. … 불쌍히 여기는 것도 운명이요, 불쌍히 여기지 않는 것도 운명입니다. 이 모든 게 운명에 달려 있다는 것을 알면서도 소리 한번 질러 보는 것, 이 또한 운명입니다.

—〈과목에 응하면서 누군가에게 주는 편지應科目時與人書〉 중에서

〔청명清明〕

묻노니, 주막은 어드메요? 목동은 저 멀리 살구꽃 핀 마을을 가리키네

청명[1]

(당) 두목

청명날 어지러이 빗발이 흩뿌리니 清明時節雨紛紛
길 위의 나그네 혼이 끊어질 듯하네 路上行人欲斷魂
묻노니, 주막은 어드메요 借問酒家何處有
목동은 저 멀리 살구꽃 핀 마을[2]을 가리키네 牧童遙指杏花村

* 주석

❶ '청명淸明'은 24절기 중 하나이다. 춘추오패春秋五霸 중 하나인 진晉 문공文公은 한식寒食 다음 날을 청명절로 정했다. 이날 사람들은 답청踏靑과 성묘를 하면서 조상을 기린다. 청명의 원래 뜻은 "일기가 쾌청하고 경물이 맑아, 만물이 다 드러난다.(氣淸景明, 萬物皆顯)"이다.

❷ 살구꽃이 가득 핀 마을(杏花村)은 일설에 따르면 지금의 안휘성 귀지貴池 수산문秀山門 밖이라고도 하고, 지금의 남경시 진회구秦淮區에 있는 봉대산鳳台山 일대라고도 한다.

* 간평

두목杜牧(803~852?)은 자가 목지牧之, 호가 번천樊川이다. 경조부京兆府 만년현萬年縣에서 태어났다. 이 시를 썼을 때 두목은 안휘성 귀지 자사刺史로 있었다. 고향은 천 리 멀리 떨어져 있지만, 이 특별한 날을 맞이하여 장안에 있는 친지들을 떠올리지 않을 수 없었다. 쓸쓸한 마음에 어디론가 들어가 술을 마시며 시름을 씻고자 목동에게 주막을 물었고, 아이가 가리키는 곳을 따라 살구꽃 핀 마을로 들어갔다.

한식이건 청명절이건, 옛사람들은 조상을 기리며 봄놀이를 즐겼다. 시의 앞 두 구절에서는 고달픈 비와 나그네의 애수를 적음으로써 청명절의 분위기를 부각시켰고, 뒤의 두 구절에서는 활발한 목동 아이와 화려하게 핀 살구꽃으로 화면을 밝은 분위기로 전환하였다. 이 시는 후세에 큰 영향을 미쳐서, '행화촌'은 지금 유명한 술집의 호칭으로 사용되고 있다.

* 감상 포인트

두목은 만당晩唐 때 이상은李商隱과 이름을 나란히 하던 문장가로 일찍이 〈아방궁부阿房宮賦〉를 지어 화려한 문체를 드날린 바 있다. 《강남통지江南通志》 기록에 따르면 두목은 지주자사로 있을 때에 금릉金陵, 즉 지금의 남경 행화촌에 들러 술을 마신 적이 있다고 하는데, 이 시에 나오는 행화촌이 바로 그곳인 듯싶다. 지주라면 지금의 안휘성에 있으니 먼 길을 떠났다가 금릉까지 갔음에 틀림없다. 그래서 두목은 스스로를 행인行人이라고 칭한 것이다.

봄날, 길을 걷고 있던 두목은 비를 만났다. 청명가절이라고는 하지만 날씨가 변덕스럽기 그지없는 4월이다. 두목은 비를 묘사하면서 '분분紛紛'이라는 용어를 사용했는데, 이 두 글자로 인해 빚어진 효과는 매우 확실하다. 즉 음산한 날씨에 부슬부슬 흩뿌리며 내리는 가랑비와 그 비를 맞으며 혼이 달아날 듯 마음이 뒤숭숭해진 나그네의 심정과 매우 자연스럽게 이어진다. 비 때문만은 아닐 것이다. 청명절에는 원래 가족이 다 모여 성묘를 하고, 벗들과 어울려 봄 구경에 술 한잔 하는 것이 상례이나 두목은 타지에서 홀로 이 청명절을 맞이하게 되었고 심란하게 봄비마저 내렸다. 외로움을 달래기 위해 술 한잔 기울일 곳을 찾던 두목은 길 가던 목동을 불러들인다. 소 치는 아이, 그 아이의 손끝이 가리키는 곳은 살구꽃이 활짝 피어 있는 한 마을이었다. 아이의 손끝 저 너머에 부슬부슬 빗속에 차분히 가라앉아 있을 작은 주막이 보이는 듯하다. 살구꽃 핀 술집은 아마도 나그네의 애수를 달래 주었으리라.

두목이 이 시를 지은 후 '행화촌'은 술집의 대명사처럼 사용되곤 하였고, 지금도 중국에 가면 '행화촌'이란 이름의 술집을 간혹 만날 수 있다.

〈가을밤秋夕〉

누운 채 견우와 직녀 별을 바라보네

가을밤

(당) 두목

은촛대의 가을빛은 병풍에 차가운데 銀燭秋光冷畵屛
가벼운 비단부채로 날아다니는 반딧불을 잡네 輕羅小扇撲流螢
천계[1]의 밤빛은 물처럼 맑은데 天階夜色涼如水
누운 채[2] 견우와 직녀 별을 바라보네 臥看牽牛織女星

* 주석

❶ 뜨락에 놓은 돌계단을 말한다. '천天' 자가 '요瑤' 자로 되어 있는 판본도 있다.

❷ '눕다(臥)'가 '앉다(坐)'로 되어 있는 판본도 있다.

* 간평

이 시를 궁원시宮怨詩로 이해하는 사람이 많은데, 이 판본대로 '요계瑤階', 즉 궁궐에 놓인 계단이 아닌 일반 바깥뜰에 놓인 돌계단이라면, 시에 궁녀라는 신분을 밝히지 않은 이상 굳이 궁원시로 볼 이유는 없다. 설령 궁녀라 하더라도 원한이 가득한 궁녀일 필요는 없을 터, 그저 약간의 처량함을 안고 있는 궁녀면 될 것이다. 나이도 많지 않아서 반드시 적막한 궁중에서 엄격한 규율을 지키며 살아가지만, 흥이 날 때면 가벼운 비단부채로 반딧불이도 잡곤 한다. 어쩌면 한창 사춘기 소녀일지도 모르겠으나 속으로 그리는 것은 황제의 은총이 아니라 견우직녀와 같은 영원한 사랑이다.

* 감상 포인트

이 시는 간혹 〈칠석七夕〉이라는 제목으로 소개되기도 한다.

절구絶句는 근체시 중에서 가장 간단한 구조를 지니고 있어 함축미가 돋보인다. 이 시도 짧은 네 구절 속에 적절한 공간 이동과 색채 대비를 이용하여 기가 막힌 생동감을 전달한다. 시인은 먼저 궁녀의 방안을 묘사한다. 가을 달빛 받은 은촛대와 은촛대 그림자 드리운 병풍은 초가을의 차가움을 더한다. 여인은 문밖으로 나와 작은 비단부채 손에 쥐고 날아가는 반딧불이를 쫓는다. 비단부채와 반딧불의 화려한 색채와 유려한 움직임이 나른한 듯 동적인 느낌을 선사한다. 여인은 방으로 들어와 침상에 눕는다. 밖으로는 물처럼 맑은 달빛 아래 돌계단이 보이고, 그 위 하늘에는 천고의 안타까운 연인 견우와 직녀의 별이 빛난다. 견우와 직녀는 일 년에 한 번씩이나마 만날 수 있다는데, 구중궁궐에 갇힌 궁녀의 그리움은 가실 날이 없다. 짧디짧은 네 구句로 이 모든 서사를 담아 낸 시인의 힘이 참으로 놀랍다.

〔이별하는 이에게 주다贈別〕

이별이 아쉬워

이별하는 이에게 주다

(당) 두목

정 많은 사람이 도리어 무정해 보인다더니[1]	多情却似總無情
술 앞에 놓고 웃어 보려 해도 웃음 나오지 않는구나	唯覺樽前笑不成
저 촛불도 감정을 아는지 이별을 아쉬워하며	蠟燭有心還惜別
나를 대신하여 새벽이 올 때까지 눈물을 흘려 주네	替人垂淚到天明

* 주석

❶ 속으로는 아쉬운 정이 가득하나 겉으로 표현이 안 되어 무정해 보인다는 뜻이다.

* 간평

두목은 〈이별하는 이에게 주다〉 시를 두 수 지었는데, 다른 한 수도 제법 인구에 회자된다.

> "어여쁘고 하늘하늘한 열서너 살 그대, 이월 초 가지 끝에 피어난 두구화 같구나. 봄바람 불어오는 양주 십 리 길에, 주렴 걷고 보아도 모두 너만 못하여라.(娉娉裊裊十三餘, 荳蔻梢頭二月初. 春風十里揚州路, 卷上珠簾總不如)"

이 두 수의 시에서 두목이 차마 헤어지지 못하는 상대는 아마도 같은 여인일 것이다.

“저 촛불도 감정을 아는지 이별을 아쉬워하며, 나를 대신하여 새벽이 올 때까지 눈물을 흘려 주네.” 촛불 심지를 사람의 마음에 비유하여, 주인공이 가슴 아파한다고 말하지 않고 촛불이 아파한다고 표현했다. 이렇듯 완곡하고 함축적인 감정 표현이 가슴을 후벼 파고들어 온다. 촛불이 사람 대신 울어 줄 정도였다면, 떠나가는 이의 마음은 이미 눈물이 흘러 강을 이루었을 것이다.

* 감상 포인트

두목은 그야말로 이름난 풍류재자風流才子였다. 26세의 젊은 나이로 진사에 급제한 그가 양주에서 관직생활을 시작했던 것은 31세 되던 해이다. 젊고 능력 있는 관리 두목은 기생들에게 인기가 높아서, 그가 가마를 타고 가면 기녀들이 귤을 던져 가마에 가득했다고 한다. 그러니 그와 정을 나누었던 기녀가 어디 한둘이었겠는가?

대화大和 9년(835), 회남 절도사淮南節度使 장서기掌書記에서 감찰어사監察御史로 승진한 두목은 양주揚州를 떠나 장안으로 부임하게 되었다. 이에 양주에서 가까이 지내던 기녀와 이별하게 되었기에 두 수의 시를 남기고 떠났다.

이 시를 받는 여자는 열세 살 남짓한 꽃다운 기녀. 양주 땅 십 리를 다 뒤져도 너처럼 고운 아인 없었다고 시인은 고백한다. 그리고는 이 이별이 하도 막연하여, 다정이 병인 양 한 사람이지만 도리어 아무런 표현도 하지 못해 마냥 무정해 보인다고 말한다. 웃으려 해도 웃음도 안 나오고, 울려 해도 울음도 안 나오는 믿기지 않는 이별 앞에 이제 겨우 서른을 넘긴 두목은 망연자실해한다. 억장이 무너지는 눈에, 뚝뚝 떨어지는 촛농은 그가 흘리는 눈물과 다름 아니다. 자신을 대신하여 동이 틀 때까지 눈물을 흘려 주는 촛불에 시인은 자신의 심정을 고스란히 실었다. 이 시를 받은 열세 살 기녀도 아마 함께 울었을 것이다.

양주를 떠난 지 10년 만에 두목은 다시 양주에 들를 일이 있었는데, 이제 중년의 나이에 접어든 두목은 당시를 회상하며 이런 시를 지었다.

강호에서 실의하여 술 지고 다니던 때	落魄江湖載酒行
허리 가는 초나라 여인 손바닥 위에서 가벼웠지	楚腰纖細掌中輕
십 년 만에 양주의 꿈 깨어나고 보니	十年一覺揚州夢
얻은 것이라곤 청루에서 박정한 사내라는 이름뿐	贏得靑樓薄倖名

— 두목, 〈견회遣懷〉

얼마나 많은 기녀들의 눈에서 눈물이 나게 했으면 박정한 사내라는 이름을 얻었을까. 그러나 이토록 진솔하게 자신의 풍류생활을 읊은 시인도 실로 드문지라, 두목의 진가를 재차 확인하게 된다.

〔중양절에 제안에서 산에 올라九日齊安登高〕

인간세상 입 벌리고 웃을 일 적으니, 국화를 머리에 가득 꽂고 돌아가야 하리

중양절에 제안[1]에서 산에 올라

(당) 두목

강물은 가을 그림자 담고 기러기는 남으로 가는데　江涵秋影雁初飛
객과 함께 술병 들고 푸른 산에 올랐네　與客携壺上翠微
홍진에 묻혀 살며 입 벌려 웃을 일 적으니　塵世難逢開口笑
국화를 머리에 가득 꽂고 돌아가야 하리라　菊花須插滿頭歸
그저 실컷 취해 명절에 보답하면 그뿐　但將酩酊酬佳節
높은 데 올라 지는 해를 한탄할 필요 없다네　不用登臨恨落暉
예부터 지금까지 그저 이와 같았을진대　古往今來只如此
무엇 때문에 우산[2] 보며 홀로 옷깃 적시나　牛山何必獨沾衣

* 주석

❶ ‘제안齊安’은 호북성湖北省 마성麻城 일대이다.

❷ ‘우산牛山’은 지금의 산동성 치박시淄博市에 있다.《한시외전韓詩外傳》에 춘추 시대 제나라 경공景公이 우산에 올라 인생이 짧은 것을 한탄하며 눈물 흘리자, 그 광경을 본 안자晏子가 “모든 사람이 장생불로했다면 제나라 개국 군왕이 아직까지 살아 있을 것이고, 그러면 경공과 이 자리의 군신들은 태어날 기회조차 없음은 물론, 장생불로를 꿈꿀 기회는 더더욱 없었을 것입니다.”라고 충고했다는 이야기가 전한다.

* 간평

당 무종武宗 회창會昌 5년(845)에 두목은 안휘 지주자사池州刺史로 있었는데, 친한 벗 장호張祜가 찾아왔다. 마침 중양절을 맞이하여 두 사람은 술병을 들고 산에 올랐다. 장호는 두목에 비해 더욱 불우한 처지여서 그때까지도 여전히 포의 신분을 벗어나지 못했다. 두목은 이 시를 지어 어차피 짧은 인생, 좋은 시절 만나 즐기면서 명리와 득실을 위해 애쓸 필요 없다며 그를 위로하였다.

* 감상 포인트

가을이라는 계절은 날씨가 좋아 도리어 사람을 외롭게 만든다. 중국에는 9월 9일 중양절에 높은 산에 올라 국화주를 마시는 관습이 있다. 중양절과 국화, 이 두 단어가 나오면 사람들은 또 습관처럼 도연명을 떠올린다. 중양절, 술이 없어 국화 꽃밭에 우두커니 앉아 하릴없이 꽃을 따던 도연명의 뒷모습이 후세 사람들에게 그만큼 강렬한 인상을 남겼던 것이다.

두목은 두 번째 구절에서 "객과 함께 술병 들고 푸른 산에 올랐네."라고 노래했는데, 이들 손에 든 것은 어김없이 국화주요, 함께 오른 곳은 제산, 객은 그의 오랜 벗 장호張祜였다. 장호는 본디 혁혁한 가문 출신으로 사람들은 모두 그를 '장 공자張公子'로 불렀으며, '해내명사海內名士'라 기림을 받았다. 그러나 재상들에게 밉보여 결국 단양丹陽 곡아曲阿에서 은거하다 삶을 마쳤다. 이렇듯 재주를 품고도 뜻을 펼치지 못했던 두 사람은 이 좋은 날 산에 올라 터져나오는 서러움을 금할 수 없었고, 두목은 곧 이 시를 지어 벗을 위로하고 스스로를 달랬다.

"예부터 지금까지 그저 이와 같았을진대!" 길고 짧음의 차이는 있겠으나 한번 나면 반드시 죽는 것이 진리일진대, 무엇 때문에 사람들은 눈물을 흘리나. 이 한세상 살다 보면 웃을 일 적으니, 중양가절을 만난 김에 술에 잔뜩 취해 머리에 국화꽃을 잔뜩 꽂고 내려가세나, 친구!

명나라 김성탄金聖嘆은 이 시에 다음과 같은 비주를 달았다.

"취할 수 있으면 취해야지, 무얼 원망하나? '그저 이와 같았을진대(只如此)' 세 글자가 절묘하구나. 취해도 이와 같을 뿐, 안 취해도 이와 같을 뿐, 원망해도 이와 같을 뿐, 원망하지 않아도 이와 같을 뿐." (《관화당선비 당재자시貫華堂選批唐才子詩》)

집에 당도하다

(당) 조하

어린 아들이 옷자락 잡고 묻습니다	稚子牽衣問
왜 이렇게 늦게 돌아왔냐고	歸來何太遲
누구랑 세월을 놓고 싸웠기에	共誰爭歲月
허옇게 쉰 귀밑머리를 얻어 왔냐고	贏得鬢邊絲

* 간평

조하趙嘏(806?~853?)는 자가 승우承佑이며 초주楚州 산양山陽(지금의 강소성 회안시淮安市) 사람으로 두목과 동년배이다. 혹자는 이 시의 작자가 두목이라고 주장한다. 조하의 시구 "새벽별 드문드문 보이는데 북녘 기러기는 줄지어 날고, 긴 젓대 한가락 곡조에 사람들은 누대에 기대어 조네.(殘星數點雁橫塞, 長笛一聲人倚樓)"는 일찍이 두랑준杜郎俊으로부터 찬탄을 받았고, 두목은 그를 "조의루趙倚樓"라고 불렀다.

* 감상 포인트

이 시에서 가장 재미난 시어는 '세월을 놓고 다투다(爭歲月)'와 '얻었다(贏得)' 두 구절이다. 세월을 먼저 얻겠노라, 나이를 더 많이 먹겠노라 다툰 결과, 전리품으로 얻은 것은 양쪽 허연 귀밑머리. 아! 기막힌 발상. 이 재미난 시어를 이렇게밖에 번역하지 못하는 것이 아쉬울 따름이다.

〔집에 당도하다到家〕

누구랑 세월을 놓고 겨루었기에, 허옇게 쇤 귀밑머리를 얻어 오셨어요

〔처중에서의 감회郪中感懷〕

옛날 즐겁게 잔치 열던 곳엔, 지금 나무만 세 길 높이 자랐다오

처중에서의 감회

(당) 유가

왕년에 이곳에 와서 살았었는데 頃年曾住此中來
오늘 다시 와 보니 가히 애달프구나 今日重游事可哀
아직도 기억하고 있는 잔치 벌이던 몇몇 집들은 憶得幾家歡宴處
집집마다 가업이 모두 재로 변했구나 家家家業盡成灰

* 간평

유가劉駕는 자가 사남司南이다. 생몰년은 정확히 알 수 없으나 대략 당 의종懿宗 함통 연간咸通年間(860~873)에 활동했던 시인이다.

"잔치 벌이던 몇몇 집"과 "가업이 재로 변했다." 두 구절에서 처郪의 성쇠가 선명히 대비되어 사람들의 이산離散의 고통을 보는 듯하다.

* 감상 포인트

이 시는 〈처중감구郪中感舊〉라는 제목으로 소개되기도 한다. 유가는 평생 이렇다 할 이산의 경험은 하지 않았으며, 높은 관직에 올라 순탄한 벼슬길을 걸었던 행운아였다. 그러나 거침없이 사회의 어두운 면을 묘사하고 비판하여 "시에 비흥과 함축이 많고 시체에 정해진 규격이 없어, 흥이 다하면 이내 멈추곤 하였기에 당시 종사가 될 수 있었다.(詩多比興含蓄, 體無定規, 興盡即止, 爲時所宗)"는 평을 받았다.(《당재자전唐才子傳》 권七)

〔망강남望江南 · 빗질 단장 끝내고梳洗罷〕

천 척의 배가 다 지나도, 님의 배는 아니네. 석양빛 드리우고 강물은 유유히 흐르는데

망강남[1] 〈빗질 단장 끝내고〉

(당) 온정균

빗질 단장 끝내고	梳洗罷
홀로 강가 누각에 기대어 바라본다	獨倚望江樓
천 척의 배가 다 지나도, 님의 배는 아니네	過盡千帆皆不是
석양빛 드리우고 강물은 유유히 흐르는데	斜暉脈脈水悠悠
모래섬 하얀 부평초[2]에 애끓는 마음	腸斷白蘋洲

* 주석

❶ 사패詞牌(사의 곡조의 명칭)의 일종으로, '몽강남夢江南' 혹은 '억강남憶江南'이라고도 한다. 당나라 교방敎坊의 옛곡 이름이었는데, 후에 사패가 되었다. 당 고조高祖는 궁중에 내교방內敎坊(교방은 당대에 속악, 가무를 교습하던 궁정기관으로 내외교방이 있었다)을 설치해 음악을 교습하도록 하고 태상시太常寺(예악과 제례를 관장하던 기관)에 예속시켰다. 당 현종은 교방을 태상시로부터 분리해 전문적으로 배우의 잡기雜技를 관장하고 속악俗樂을 가르치도록 했다. 이후 제사, 조회朝會 때에는 태상의 아악을 사용하고 절기 때 연회에서는 교방의 속악을 사용했다.

❷ 수중의 하얀색 부초로, 옛날에는 남녀가 부평초를 주며 이별했다고 한다.

* 간평

만당晩唐의 시인 온정균溫庭筠(812?~866)은 중국 사詞 발전에 있어 초기에 해당하는 주요 인물로, 시에 있어서의 명성은 동시대의 두목杜牧이나 이상은李商隱에 못 미쳤지만 사 역사에 있어서는 매우 중요한 인물이라 할 수 있다.

천 척의 돛배가 지나가도록 강가 누각에 홀로 기대어 서 있으니 흐르는 물은 무정하고 석양은 무슨 뜻이 있는 것 같다. 누각에 기대어 선 채 골똘히 먼 곳을 바라보는 평범한 여자는 온정균의 붓끝에서 강가에 내린 선녀 같은 신비한 자태를 갖게 되었다. 명나라 사람 심제비沈際飛는《초당시여별집初唐詩餘別集》에서 "뭔가에 홀린 듯 멍하고, 요동치고, 놀라 두근거리고, 미혹된 감정을 이 20여 자로 다 표현했다.(痴迷, 搖蕩, 驚悸, 惑溺, 盡此二十餘字)"고 평했다.

* 감상 포인트

시詩가 읊조리는 것(吟詠)이라면 사詞는 노래하는 것(歌唱)이다. 즉 먼저 곡조가 있고 그 곡조에 맞게 사구詞句를 채워 넣는 형식이며, 내용도 시에 비해 사뭇 통속적이다. 이 사를 지은 온정균은 만당을 풍미한 유명한 시인이자《화간집花間集》(후촉後蜀 조숭조趙崇祚 편, 940년)이라는 최초의 문인 사집詞集에 66수를 남긴 사 전문가이기도 하다. 대개 여인의 농염한 자태, 규방에서 누군가를 기다리며 잠 못 이루는 여인의 수심 등을 섬세하게 읊었고, 함축적이면서도 여운이 남는 작품을 많이 썼는데, 이 사는 그의 사 중에서 비교적 소박한 작품에 속한다.

이중에서 가장 유명한 구절이라 할 수 있는 "천 척의 배가 다 지나도 님의 배는 아니네."는 남조南朝 양梁나라 시인 사조謝朓의 시 〈선성군 가는 길에 신림포를 나서 판교로 향하며之宣城出新林浦向板橋〉 중 "하늘가에 돌아오는 배 보일락 말락 하고, 구름 속으로 강가에 선 나무 알아보겠네.(天際識歸舟, 雲中辨江樹)"라는 구절에서 영향을 받았다고 알려져 있다. 사조의 시는 당대 시인들이 특별히 좋아해 자기 시에 많이 인용했는데, 그중에서도 온정균의 이 사가 가장 높이 평가된다.

이 작품은 규원閨怨을 적은 소령小令, 가장 짧은 형식의 사이다. 글이 짧은 만큼 함축적이서, 남편을 그리는 절절한 정이 응축된 시어 속에 잘 표현되어 있다. 특히 먼 곳을 응시하는 여인의 수심 어린 모습이 마치 화면에 그려진 듯 보인다. 그만큼 온정균이 글이 끝나고도 가시지 않는 그리움의 여운을 그려낸 것이다.

빗질 단장을 끝낸 여인의 눈에 들어온 저 멀리 떠가는 천 척의 배. 그러나 그 어느 배에도 그리운 남편은 타고 있지 않고, 모래톱 부평초 바라보며 애간장이 녹는다. '장단腸斷'이라는 두 글자보다 더 간절한 단어는 아마 찾기 어려울 것이다.

〔몽강남夢江南 · 누각에서 잠들다樓上寢〕

쌍으로 머리 틀어 올리고 앉아 생황을 불었지

몽강남 〈누각에서 잠들다〉

(당) 황보송

누각에서 잠들 때　樓上寢
조각달은 주렴 깃발❶까지 내려왔지　殘月下簾旌
말릉❷의 가슴 아팠던 일 꿈꾸니　夢見秣陵惆悵事
복사꽃 버들개지 강가 성에 가득할 제　桃花柳絮滿江城
쌍으로 머리 틀어 올리고❸ 앉아 생황을 불었지　雙髻坐吹笙

* 주석

❶ 주렴 끝에 매어 놓은 비단으로, 주점이나 찻집에 세워 놓은 깃발을 가리킨다.

❷ '말릉秣陵'은 곧 금릉金陵, 지금의 강소성 남경南京을 가리킨다.

❸ '쌍계雙髻'는 소녀의 머리모양인데 여기서는 소녀를 가리킨다.

* 간평

황보송皇甫松(생졸년 미상)은 〈몽강남〉이라는 사패로 두 편의 사를 지었는데, 다음 작품이 더 유명하다.

> 촛불 다 타니　蘭燼落
> 병풍 위 붉은 파초도 희미해졌네　屛上暗紅蕉
> 한가로이 강남의 매실 익던 날 꿈꾸니　閑夢江南梅熟日
> 밤배에서 피리 불 때 쏴쏴 비가 내렸고　夜船吹笛雨瀟瀟
> 역사 다리에서는 두런두런 말소리 들렸지　人語驛邊橋

두 작품 모두 강남에 관한 꿈속 정경을 묘사한 것이다. 이로 추측해 보건대 황보송이 젊었을 때 "쌍으로 머리 틀어 올리고 피리 불던" 남경의 한 소녀를 사랑한 것이 아닌가 싶다. 아마도 정인과 이루어지지 않아 평생 회한을 갖게 되고 아름다웠던 옛일이 자주 꿈에 보였던가 보다.

왕국유王國維(1877~1927)는 《인간사화人間詞話》에서 이 두 작품을 "감정이 깊고 오래 남는 것이 백거이나 유우석劉禹錫보다 낫다.(情味深長, 在樂天, 夢得上也)"라고 높이 평가했다.

* 감상 포인트

이 사의 작가로 알려진 황보송皇甫松은 원화 연간元和年間의 대신으로 '우리당쟁牛李黨爭(당나라 재상 우승유牛僧孺와 이덕유李德裕 사이의 당파 싸움)'을 일으킨 장본인이라 할 수 있는 황보식皇甫湜의 아들이다. 황보식은 한유 및 유종원과 함께 고문운동을 전개한 문학가로도 유명하다. 아버지의 지명도에 비해 황보송은 벼슬조차 한 적이 없어,《화간집花間集》을 편찬한 이는 그를 '황보 선배'라고 부르고 있다. 그가 남긴 사 작품은 대략 20여 수에 불과한데, 간평에서도 말하고 있듯이 왕국유가 그의 사를 높이 평가하여, 여기저기 흩어져 수록된 그의 사를 한데 모아《단란자사檀欒子詞》를 엮어 주었다. 진정작陳廷焯은《일우재사화日雨齋詞話》에서 "황보자기(자기는 황보송의 字)의 사는 웅대하고 화려함이 비경(온정균)만 못하다. 그러나 가사가 고아하며 고시의 남은 뜻이 보존되어 있다.(皇甫子奇詞, 宏麗不及飛卿 , 而措詞閑雅, 猶存古詩遺意)"라고 평하면서, 비록 화려한 맛은 적지만 고시의 우아함은 잘 남아 있다고 하였다.

후대의 사들은 사패와 내용이 일치하지 않는 경우가 대부분이지만 이 사는 사패의 뜻 그대로 '강남의 일을 꿈꾸는' 내용이다. 새벽이 되어서야 잠들어 꿈속에서 봄꽃이 흐드러지게 피고 버들개지 몽몽히 날리는 가운데 곱게 단장하고 생을 불던 그녀를 떠올린다. 너무 아름다운 정경이지만 화자에게는 '가슴 아픈' 추억이었던 것 같다. 많은 얘기들이 생략되었지만 화자의 아쉬움은 충분히 전달된다.

〔궁궐 버드나무宮柳〕

푸른 풀 길게 자라 땅에 잎을 드리우고

궁궐 버드나무

(당) 한악

가을이 와서 꽃피지 않으리라 말하지 마라	莫道秋來芳意違
궁녀들은 여전히 고운 눈썹 시샘하는 듯하니	宮娃猶似妬蛾眉
행운으로 옥련❶이 지나갔던 곳이라	幸當玉輦經過處
서풍❷이 뒤흔드는 시절도 겁나지 않네	不怕金風浩蕩時
푸른 풀 길게 자라 땅에 잎을 드리우고	草色長承垂地葉
햇빛 먼저 일렁이자 누각에 가지를 비추네	日華先動映樓枝
냇가의 소나무라도 구름 높이 솟아오를 수 있으나	澗松亦有淩雲分
태액지❸에 뿌리째 옮겨 심은 것과 어찌 같으리	爭似移根太液池

* 주석

❶ 임금이 타는 수레이다.

❷ '금풍金風'은 서풍을 말한다. 오행五行 중에서 금金의 방위가 서쪽이기 때문이다.

❸ '태액지太液池'는 장안성 대명궁大明宮에 있던 연못이다. 태액지에 피어 있는 연꽃의 아름다움에 취해 모두들 넋을 잃고 바라보자, 당 현종이 "연꽃의 아름다움도 말을 알아듣는 이 꽃에는 비할 바가 못 된다."고 하여 양귀비에 대한 지극한 사랑을 표현했다고 한다.

* 간평

한악韓偓(842?~923?)은 만당 오대五代 때의 시인으로 어릴 적 이름은 동랑冬郞이다. 그의 부친 한첨韓瞻은 이상은李商隱과 같은 해 진사이며 둘 다 경원절도사涇原節度使 왕무원王茂元의 사위가 되었다. 한악은 어려서부터 총명하여 열 살에 시를 지어 이모부인 이상은을 전송했는데, 그 자리에 있던 사람들 모두가 깜짝 놀랐다고 한다. 이상은은 그를 청출어람이라 추켜세우며 "오동나무꽃 만 리 가득 핀 산길에서, 어린 봉황이 늙은 봉황보다 청아한 소리를 내는구나.(桐花萬里丹山路, 雛鳳淸于老鳳聲)"라고 표현했다.

* 감상 포인트

한악의 시는 염정艶情을 많이 읊고 있다고 하여 '향렴체香奩體'라고 불린다. '향렴'이란 부녀자들이 화장품이나 거울을 담아 두는 상자를 가리킨다. 따라서 여성의 의복이나 화장품, 장신구, 그리고 남녀 간의 사랑에 관련된 내용이 많다. 일명 '염체艶體'라고도 하는데, 이러한 시체는 육조六朝의 궁체宮體에서 유래하였다. 송宋나라 엄우嚴羽의 《창랑시화滄浪詩話》〈시체詩體〉에는 "향렴체란 한악韓偓의 시가 모두 여인의 치마나 지분에 관한 말이고 《향렴집香奩集》이 있기 때문에 생긴 명칭이다."라고 하였다. 즉 한악이 향렴체의 대표적인 작가임을 알 수 있다.

하지만 이 시는 그러한 전형적인 '향렴체'에서 벗어나 있다. 시인은 "궁궐에 자라난 버드나무는 임금의 총애를 입은 바 있어 이 가을바람도 두렵지 않다."라고 말하고, "시냇가에서 자라는 소나무가 구름보다 높이 자랄 능력이 있겠지만, 궁궐 안 태액지에 뿌리를 옮겨 심은 것만 하겠느냐."고 묻기도 한다. 태액지라면 누구나 당 현종과 양귀비를 떠올릴 것이다. 숲속 냇가, 아무도 보지 않는 곳에 고고하게 자라난 소나무도 좋지만, 태액지에 뿌리를 옮겨 심어 황제의 총애를 받는 것만 하겠는가? 향렴체를 즐겨 쓴다고 알려진 한악의 서늘한 '풍자'를 느끼지 않을 수 없는 참으로 복잡 미묘한 시이다.

사실 한악의 시 중 가장 빼어난 것은 시절을 읊는 시편들이다. 그는 7언 율시를 가장 잘 지었는데, 특히 서사와 영회詠懷를 결합시키는 방식을 통해 침울하고 슬픈 느낌을 눈앞에 펼쳐진 풍광에 기탁하는 데 능하였다. 이 시는 향렴체임에도 불구하고 그가 살았던 시대, 쇠망으로 치닫던 만당의 서글픈 정경을 은연중 반영하고 있다.

〔기러기를 보고 짓다題新雁〕

강루에선 몇 명이나 나를 추억할까

기러기를 보고 짓다

(당) 두순학

저녁 하늘에 기러기가 모래섬에서 날아오르고	暮天新雁起汀洲
붉은 여귀꽃 군데군데 피어 수국에 가을이 왔네	紅蓼花疏水國秋
오늘밤 달을 보며 고향 생각하는데	想得故園今夜月
강루에선 몇 명이나 나를 추억할까	幾人相憶在江樓

* 간평

두순학杜荀鶴(846?~904?)은 한미한 집안 출신이라 “강호에서 고달프게 읊조리는 시인, 천지에서 제일가는 가난뱅이(江湖苦吟士, 天地最窮人)”라고 자조하곤 했다.

* 감상 포인트

두순학은 당나라 사람이었으나 결국 후량後梁을 세운 주온朱溫 밑으로 들어가 신하가 되었다. 만당 조정은 그야말로 혼탁하기 그지없었고, 백성들은 사방으로 유리된 채 고통받아야 했다.

이 시는 ‘고음사苦吟士’로서의 면목이 엿보인다. 물 내음 그득한 수향에 다시 찾아온 기러기가 날아오르고, 여귀꽃도 피어 있는데, 환한 달마저 떠오르니 시인은 고향을 떠올린다. 시대를 잘못 만나 고향도 벗도 등진 채 살아가는 신세지만, 이런 밤에 가슴이 뭉클해지지 않을 수 있겠는가? 그리운 얼굴들이 달빛과 겹쳐지면서 시인을 나지막이 묻는다. 그들도 나를 추억하고 있을까? 달과 그리움은 영원한 짝이다.

〔누에 치는 여인蠶婦〕

꽃피는 좋은 시절에도 한가롭지 못한 몸

누에 치는 여인

(당) 내곡

새벽부터 저녁까지 뽕 따며 고생하느라 曉夕採桑多苦辛
꽃피는 좋은 시절에도 한가롭지 못한 몸 好花時節不閑身
저 여인들에게 갖은 놀거리[1]가 뭔지 가르친다면 若敎解愛繁華事
황금집에 사시는 분들 얼어 죽으리 凍殺黃金屋裏人

* 주석

❶ 갖은 놀거리 '번화사繁華事'는 꽃구경, 단풍놀이 등 계절 놀이를 가리킨다.

* 간평

일설에 따르면 이 시의 작가는 내붕來鵬이라고 하며, 혹자는 내붕과 내곡來鵠(?~883)이 동일인이라고도 한다.

농촌생활을 해 본 사람이라면 "꽃피는 좋은 시절에도 한가롭지 못한 몸"의 뜻을 잘 이해할 수 있을 것이다. 산에 꽃이 흐드러지게 피는 계절이 바로 농사일이 가장 바쁠 때이기 때문에 노동에 지친 여인들은 꽃구경할 흥취마저 잃기 일쑤이다. 시인은 대담하게 가설을 세워 본다. 만약 저 누에 치는 여인들이 꽃구경 등을 부러워하며 일을 손에서 놓는다면, 저기 황금으로 지은 집 안에서 호화롭게 사는 귀인들은 몸뚱이 가릴 옷 한 벌 없을걸?

* 감상 포인트

고운 비단옷을 입기까지 수많은 사람들의 땀방울이 있었다는 사실을 망각할 수 없다.

누에 치는 아낙들은 좋은 봄볕에 잘 자란 뽕잎을 한 광주리 가득 따서, 고온 다습한 방에 색색 잠들어 있는 누에에게 먹인다. 이것들이 고치를 지어 생사生絲를 뽑을 때가 되면 다시 아낙들의 노동이 시작된다. 실에서 옷을 짓는 데까지 온전히 사람의 손길이다. 꽃구경이 다 웬말인가? 한 해의 좋은 시절을 땡볕에서 다 보냈듯, 인생의 꽃다운 시절 역시 그리 보냈을 것이다.

누에 치는 아낙들을 대신하여 가슴에 울컥 불평이 일었던 것일까? 시인은 상상을 해 본다. 이 아낙들이 노는 게 뭔지 알게 되는 날, 고광대실에서 비단옷 입고 지내는 이들이여, 그대들은 벌거벗을 판이오! 그러나 역사는 늘 그렇게 흘러왔다. 일하는 자와 부리는 자. 고생하는 자와 누리는 자. 그 불변의 불평등 앞에 애먼 상상을 해 봤자 속이 시원해질 리 없다.

〈누에 치는 여인蠶婦〉이라는 제목의 시 중에 가장 널리 회자되는 것은 송나라 시인 장유張俞의 작품일 것이다.

어저께 성곽에 갔다가	昨日到城郭
돌아오는 길에 눈물이 수건에 가득했지	歸來淚滿巾
몸에 비단을 두르고 있는 이들은	遍身綺羅者
누에를 기른 사람이 아니더라	不是養蠶人

고려 때 시인 이색李穡도 같은 제목의 시를 지었다.

성 안엔 누에 치는 아낙네도 많은데	城中蠶婦多
뽕잎은 어찌 그리도 무성한가	桑葉何其肥
비록 뽕잎이 적다고는 하나	雖云桑葉少
누에가 굶주리는 것 보지 못하였네	不見蠶苦饑
누에가 처음 나올 적에는 뽕잎이 넉넉하다가	蠶生桑葉足
누에가 커짐에 뽕잎이 부족해져서	蠶大桑葉稀
땀 흘리며 아침저녁 분주하지만	流汗走朝夕
자기 몸에 걸칠 옷 위함 아니라네	非緣身上衣

수고한 자들에게 보내는 위로의 시가 있어 그나마 따뜻한 게 아닐까.

〈닭鷄〉

수탉을 사 와 닭에게 말했다. 평상시에는 아무 때나 울지 말거라

닭

(당) 최도융

수탉을 사 와 닭에게 말했다	買得晨鷄共鷄語
평상시에는 아무 때나[1] 울지 말거라	常時不用等閑鳴
깊은 산 달빛 어둡고 비바람 치는 밤에	深山月黑風雨夜
새벽이 다가오려 할 때 딱 한 번만 소리쳐 울거라	欲近曉天啼一聲

* 주석

❶ '등한等閑'은 가볍게, 뜬금없이, 아무 때나 등의 뜻이다.

* 간평

최도융崔道融(?~907)은 만당 시인으로 영가永嘉현령, 우보궐右補闕 등 낮은 관직을 맡았다. 후에 피난 차 복건성福建省으로 들어갔다. 최도융은 만당 난세를 살아갔는데, 이 시는 아마도 시인이 어떤 광경을 보고 느낀 바가 있어 즉석에서 지은 듯하다. 또 깊은 우의가 담겨 있는 것으로도 볼 수 있는데, "깊은 산 달빛 어둡고 비바람 치는 밤에"는 당시의 어두운 현실을 비유한다. "새벽이 다가오려 할 때 한 번 소리쳐 울어라."는 귀재鬼才 시인이라 불리는 이하李賀의 시구 "수탉이 한번 우니 천하가 밝았네.(雄鷄一唱天下白)"와 비슷하다.

* 감상 포인트

천지개벽을 알린 신성한 동물이 닭이다. 어둠을 깨뜨리는 외마디 비명. 그 소리에 잠들었던 만물이 깨어나고, 해도 서둘러 동산에 오른다.

최도융이 닭에게 신신당부한 말은 마치 도원결의桃園結義하는 사람들끼리의 맹약처럼 들린다. 평상시 아무 때나 울어 대면 그 소리에 세상이 깨지 않는다. 잠들어 있는 혼탁한 세상을 깨우려거든, 참고 참다가 어둡고 비바람 치는 밤에, 그것도 새벽이 다가올 때 그때 딱 한 번만 울어라. 그래야 그 소리에 비로소 천하가 깊은 잠에서 깨어날 테니. 시대의 어둠을 참고 기다리는 한 무리의 결사結社를 보는 듯하다.

또 어찌 읽으면 스스로 하는 다짐처럼 들린다. 이 시련이, 이 고난의 시간이 지나가고 서광이 비추려 할 적에, 내 그때를 놓치지 않고 한번 소리 내 울음으로써 세상을 밝히리라. 그래서 간평에서 이하의 시를 언급한 듯하다. 이하의 시를 인용해 본다.

실의한 채 이리저리 떠돌며 한잔 술에 의지하던 몸	零落栖遲一杯酒
주인은 술잔 들고 객은 장수를 비네	主人奉觴客長壽
주보가 서쪽에 가서 곤경에 빠져 돌아오지 못하니	主父西游困不歸
집사람들 문 앞의 버드나무 꺾어 버렸다지	家人折斷門前柳
나는 들었네	吾聞
마주가 신풍에서 객지생활할 때	馬周昔作新豊客
하늘과 땅 다하도록 알아주는 이 하나 없었지만	天荒地老無人識
공연히 중랑장이 두 줄 상소문을 올려	空將箋上兩行書
용안을 범해 가며 은택을 청했다는 말을	直犯龍顏請恩澤
혼이 빠진 채 정신 차리지 못하던 나	我有迷魂招不得
수탉이 한번 울자 천하가 밝아왔네	雄鷄一聲天下白

소년의 포부라면 응당 구름도 따와야지 少年心事當拏雲
어둡고 추운 데서 울고만 있으면 그 누가 알아주랴 誰念幽寒坐嗚呃

—〈술을 권하며致酒行〉

이하의 시와 비교해서 읽으면 확실히 소년의 비범한 포부를 읊은 듯 느껴지기도 한다.

〔정봉 댁에서 지은 귀신 시鄭鋒宅神詩〕

꺾어 놓은 연꽃도 죄다 잊어버리고, 부질없이 연잎만 머리에 쓰고 돌아왔네

정봉 댁에서 지은 귀신 시

(당) 등전윤

포구에 조수가 밀려와 물이 질펀하니❶　浦口潮來初淼漫
연꽃 따는 배 요동쳐 꽃 따기 어렵네　蓮舟搖颺採花難
춘심❷에 차지 않아 빈 손으로 돌아갔다　春心不愜空歸去
조수가 빠지자 다시 꺾으러 왔네　會待潮回更折看

홀연 호수 위 구름 한 조각 날아와　忽然湖上片雲飛
나도 모르는 새 배 안에서 비에 옷이 젖었네　不覺舟中雨濕衣
꺾어 놓은 연꽃도 죄다 잊어버리고　折得蓮花渾忘却
부질없이 연잎만 머리에 쓰고 돌아왔네　空將荷葉蓋頭歸

* 주석

❶ '묘만淼漫'은 물이 가득 불어 넘쳐흐르는 모습이다.

❷ 여기서 춘심이 일반적으로 남녀 사이의 춘정을 말하는지, 아니면 봄날의 흥취를 말하는지는 알 수 없지만, '채련'을 주제로 한 시가 남녀 사이의 사랑을 자주 읊는 것으로 보아 보고픈 님도 만나지 못하고 꽃도 꺾지 못하고 돌아왔다는 표현으로 보인다.

* 간평

이 시는 일종의 '귀선시鬼仙詩'로 당나라 지괴소설志怪小說《광이기廣異記》에서 나왔다.

《광이기》에 따르면 당 대종 대력 연간에 절강 동려桐廬에 왕법지王法智라는 여자가 살고 있었는데, 어느날 신선이 갑자기 왕법지의 입을 빌려 말을 하는 것이었다. 왕법지의 아비가 물었다. "신선이 말하고 있는 것이냐?" "예. 저는 성은 등滕이요, 이름은 전윤傳胤입니다. 본디 장안 만년현萬年縣 사람으로, 집은 숭현방崇賢坊에 있습니다. 왕법지와 인연이 깊지요." 동려현령 정봉鄭鋒이 이 이야기를 듣고 왕법지를 집으로 오라고 해, 등전윤을 불러내 함께 시문에 대해 논해 보자고 했다. 요청에 응한 왕법지는 그 자리에서 시를 지었다고 한다.

당나라 전기소설傳奇小說은 어떤 사실에 의거하여 창작하였는데,《광이기》의 작가 대부戴孚는 당시 그 자리에 있던 사람 중 하나였다고 한다. 이 시가 비록 '귀선시'이기는 하나 실제로 묘사하고 있는 것은 강남 연꽃을 따는 여인의 일상적인 생활 정경으로, 생동감 넘치고 청신하다.

* 감상 포인트

간평에서는 이 시의 창작 배경에 관해 길게 설명하면서 기실 이 시가 귀신 등전윤이 지은 것임을 밝혔는데, 이 시를 짓게 된 배경에 대한 설명이 생략되어 있어《광이기》〈왕법지〉의 내용을 좀 더 소개해 보고자 한다.

동려의 여인 왕법지의 입을 통해 사람들과 교류하게 된 귀신 등전윤은 종종 시를 주고받곤 하였는데, 하루는 대부戴孚라는 사람과 좌위병조左衛兵曹 서황徐晃, 용천현령龍泉縣令 최향崔向, 단양현승丹陽縣丞 이종훈李從訓 등이 동려현령 정봉의 집에 모여 왕법지를 초대한 다음 등전윤(의 혼령)을 소환했다. 등전윤은 이들에게 각각 시 한 수를 지어 읊을 것을 요구하였다. 사람들이 각각 지은 시 낭송을 마치고 나서 등전윤에게도 시를 지으라 하자 그 자리에서 줄줄 시 두 수를 읊었으니, 여기 기록된 시 두 수가 바로 그것이다. 그는 첫째 수를 읊고 나서, "여러분, 저를 비웃지 말아 주십시오."라고 말하였고, 둘째 수를 읊고 나서는 "이는 자못 짓기 어려웠습니다."라고 말하였다.

이렇듯 흥미로운 이야깃거리를 지니고 있는 시이지만, 사실 이러한 배경을 모르고 읽는다 해도, 즉 귀신이 아니라 사람이 지었다고 해도 무척이나 귀엽고도 싱그러운 시이다.

작은 배를 타고 연꽃을 꺾으러 나갔건만, 하필 조수가 밀려들어와 꽃도 못 따고 님도 못 보고 돌아오고 만 소녀. 조수가 밀려 나가기를 기다렸다가 기어이 다시 나갔건만, 이번엔 먹구름이 밀려와 소나기를 퍼붓는 게 아닌가! 날벼락을 맞은 소녀는 배에 가득 따 놓은 연꽃도 잊어버리고, 커다란 연잎을 우산 삼아 머리에 뒤집어쓰고는 집을 향해 냅다 뛰어왔단다. 울긋불긋 연꽃 핀 푸른 강남 땅. 한 호숫가를 배경으로 찍은 영상 한 편을 본 느낌이다.

〔오동영梧桐影〕

오늘 밤 정든 벗은 오시나요, 안 오시나요?
오동나무 그늘 사라질 때까지 서서 기다리게 하는구나

오동영[1]

(당) 여암

지는 해[2] 비끼고	落日斜
가을바람 차가운데	秋風冷
오늘 밤 정든 벗은[3] 오시나요, 안 오시나요?	今夜故人來不來
오동나무 그늘 사라질 때까지 서서 기다리게 하는구나	教人立盡梧桐影

* 주석

❶ '오동영梧桐影'은 사패詞牌의 이름이다.

❷ '지는 해(落日)'가 '밝은 달(明月)'로 되어 있는 판본도 있다.

❸ '오늘 밤 정든 벗은(今夜故人)'이 '은자는 오늘 밤(幽人今夜)'으로 되어 있는 판본도 있다.

* 간평

이 작품은 팔선八仙 중의 하나인 순양자純陽子 여동빈呂洞賓이 지었다고 전해진다. 팔선은 중국 설화와 전설 중 특히 많은 관심을 받는 여덟 명의 신선으로, 전승에 따라 조금씩 다르지만 여동빈, 이철괴李鐵拐, 장과로張果老, 조국구曹國舅, 한상자韓湘子, 하선고何仙姑, 남채화藍采和, 종리권鐘離權으로 전해지며 이 중에서도 여동빈이 가장 유명하고 많이 언급된다.

여동빈은 본명이 여소선呂紹先, 호는 순양자純陽子이다. 하중부河中府 영락현永樂縣(지금의 산서성 예성芮城)에서 태어났다. 여러 번 과거에 응시했으나 실패하였다. 측천무후則天武后 때 46세였던 여소선은 과거에 응시하기 위해 장안으로 가던 도중 종리권鍾離權을 만났는데, 종리권은 여소선에게 과거에 장원급제하여 장수가 되고 재상이 되며, 아내도 봉해져 땅을 받고 아들도 음사로 관직에 나가는 행복한 꿈을 꾸게 해 주었다. 꿈에서 깨어난 여소선은 공명과 이록利祿이란 것이 모두 환상임을 깨닫고, 종리권을 따라 종남산終南山으로 들어가 도를 닦으면서 이름을 여암, 자를 동빈으로 바꾸었다. 또 다른 설도 있다. 여동빈은 본디 당나라 종실 자손인데, 측천무후가 황실 자손을 다 잡아 죽이자 성을 여씨로 바꾸고 처자식을 이끌고 깊은 곳으로 들어가 숨어 살았는데, 주로 동굴 속에 기거했다 하여 이름을 암, 호를 동빈으로 바꾸었다. 종리권은 본디 한나라 때 대장이었기 때문에 한종리漢鍾離라고 불렀다 한다.

* 감상 포인트

당 오대唐五代 때 도사로 유명한 여암呂巖, 즉 여동빈의 작품으로 '명월사明月斜'라는 사패 이름으로 불리기도 한다. 그가 종남산으로 들어갔다는 이야기는 세상에 전해지지만 후에 어떻게 되었는지는 아무도 모른다. 말 그대로 전설 속 인물인 셈이다. 그래서 이 사가 더더욱 신기하다. 세속을 떠난 도인이 오동나무 그늘이 어둠 속에 사라질 때까지 기다리던 사람은 누구였을까?

송나라 주자지周紫芝의 《죽파시화竹坡詩話》에 다음과 같은 이야기가 보인다.

> "대량大梁 경덕사景德寺 아미원峨嵋院 벽 사이에 여암呂岩이 새겨 놓은 글자가 있다. 절의 승려들이 전하는 바에 따르면, 촉蜀 땅 출신 승려 중에 아미도자峨嵋道者라는 자가 있었는데, 계율을 매우 엄히 지키면서 자리에서 일어나지 않은 지가 20년이나 되었다고 한다. 하루는 푸른 갖옷을 입은 키 큰 사람이 찾아와 한참 동안 이야기를 나눈 뒤, 내년 오늘 여기서 다시 만날 터이니 조금

만 기다려 달라고 하였다. 이듬해 그날 정오가 되자 그 승려는 목욕을 마친 뒤 단정히 앉은 채 세상을 떠났다. 그날 저녁 키 큰 남자가 과연 찾아와 승려가 어디 있느냐고 물었는데, 이미 죽었다고 말하자 한참을 탄식하다가 홀연 사라졌다. 다음 날, 법당 옆에 있는 벽 사이에 높은 곳이 몇 글자가 새겨져 있었다."

여동빈이 바위벽에 직접 새겼다는 글자가 바로 이 사, 〈오동영〉임을 알 수 있다.

이 사는 딱 스무 글자로 이루어져 있다. '지는 해(落日)', '가을바람(秋風)', '오동나무 그늘(梧桐影)' 이 세 가지 이미지만으로도, 그 다른 어떤 글자가 없어도 충분히 쓸쓸하고 고요하다. 그 이유를 설명해 주는 이 사에서 가장 긴 구절, "오늘 밤 정든 벗은 오시나요, 안 오시나요?" 해가 다 지도록 오동나무 밑에서 떠나지 못하고 배회하였다는 고백에서, 몸은 속세를 떠났더라도 애틋한 사람과의 '정'마저 끊어 내기는 쉽지 않았음을 느낄 수 있다.

〈사제향思帝鄉·봄나들이春日游〉

봄나들이 날, 살구꽃 휘날려 머리 위로 한가득

사제향[1] 〈봄나들이〉

(당) 위장

봄나들이 날	春日游
살구꽃 휘날려 머리 위로 한가득	杏花吹滿頭
길가의 그대, 뉘 집 젊은이신지	陌上誰家年少
멋이 넘치네	足風流
그에게 시집가[2]	妾擬將身嫁與
평생 함께했으면[3]	一生休
사랑 식어 버려진대도	縱被無情棄
절대 후회 안 하리	不能羞

* 간평

만당의 시인 위장韋莊(836?~910)은 중당中唐 때 시인 위응물韋應物의 4대손이라고 한다. 청대 학자 하상賀裳은 〈추수헌사전皺水軒詞筌〉에서 "짧은 사는 함축적인 표현을 아름답다고 여기는데 단호한 말을 써서 빼어난 경우도 있다.(小詞以含蓄爲佳, 亦有作決絕語而妙者)"고 논하면서 이 사를 예로 들었다.

* 감상 포인트

위장은 온정균과 더불어 '온위'라고 병칭될 정도로 당말 오대의 중요한 사 작가이다. 50여 수의 사가 남아 있는데 꾸밈없이 감정을 표현한다는 점에서 온정균과 비교된다.

이 작품의 화자는 솔직하고 대담하게 자기감정을 드러낸다. 온통 꽃비가 내리는 봄 길에서 싱숭생숭한 마음으로 어쩌다 마주친 멋진 청년에게 마음을 뺏겨 '저런 사람에게 시집가면 원이 없겠다, 사랑이 식어 나중에 버려진다 해도 창피할 것 없다.'고 하니 무모하기도 하지만 천진한 소녀의 순수한 감성이 느껴져 절로 웃음이 난다. 해설에서 '민가의 특징을 볼 수 있다.'고 한 것도 그러한 거리낌 없고 직설적인 면을 가리켜 말한 것이다.

〔사일社日〕

해 저물고 그림자 비껴 춘사가 파하자, 집집마다 취한 이 부축하여 돌아가네

사일[1]

(당) 왕가

아호산[2] 아래는 벼도 기장도 기름지고	鵝湖山下稻粱肥
돼지우리며 닭장이며 반쯤 열려 있네	豚柵鷄栖半掩扉
뽕나무 그림자 기울자 춘사 파하고 흩어짐에	桑柘影斜春社散
집집마다 취한 이 부축하여 돌아가네	家家扶得醉人歸

* 주석

❶ '사일'은 민간에서 토지신에게 제사 지내던 날을 말한다. 한나라 이전에는 춘사春社만 있었는데, 한나라 이후부터는 추사秋社까지 지냈다. 보통 춘분 및 추분에서 가장 가까운 앞뒤의 무일戊日이 사일이 된다.

❷ '아호산鵝湖山'은 봉정산峰頂山이라고도 한다. 무이산武夷山 북쪽 기슭에 있는 봉우리 중 하나.

* 간평

왕가王駕(851~?)는 자가 대용大用이고, 하중河中(지금의 산서성 영제永濟) 사람이다. 늙어 벼슬을 버리고 은거하며 정곡鄭谷, 사공도司空圖 등과 가까이 지냈다.

이 시는 왕가가 아호산을 지나면서 목격한 광경을 읊은 것이다. 돼지우리, 닭장, 반쯤 열린 사립문. 모든 게 고요하고 평화롭게만 보인다. 춘사가 파하고 "집집마다 취한 이 부축하여 돌아가"는 장면이 마치 도화원이 다시 나타난 듯 사람으로 하여금 동경케 한다. 송대 사인 신기질辛棄疾은 북방에서 남송 정부를 따라 남으로 온 후에 아호산장에서 은거하였는데, 아마도 이곳을 흠모하여 온 것 같다.

* 감상 포인트

시의 무대는 무이산 서북쪽 자락에 자리한 아호산. 중국의 강서성江西省에 있다. '아호'라는 이름에서 거위 떼가 호수를 유유히 헤엄치고 있는 정경이 떠오른다.

아호산은 정확히 말해 복건, 즉 민閩 땅과 강서 공贛 땅이 서로 만나는 곳에 위치하는데, 날씨가 더운 덕분에 물산도 풍부하다. 일 년 이모작도 가능하고, 풍경 또한 수려하다. 시인의 눈에 펼쳐진 광경도 명불허전이었다.

시인 왕가는 산서성 출신이니 북방에서 늘 보아 왔던 삭막한 풍경과 이곳의 넉넉하고도 수려한 정경은 커다란 대비를 이루었을 것이다. 쌀도 기장도 기름져 사람들은 넉넉해 보였고, 한적한 마을에는 도적조차 없어서 돼지우리도 닭장도 반쯤 열어 놓은 상태였다. 양잠업도 성행하여 뽕나무와 산뽕나무가 즐비하다. 한데 모여 토지신께 제사 올리고 술과 음식을 실컷 나눠먹은 마을 사람들은 날 저물자 집으로 돌아간다. 술에 취해 서로 어깨동무를 하고 돌아간다.

사일의 축제 분위기를 읊었으나, 제목만 빼고 나면 이날이 사일인지 알 수 없다. 축제의 제목을 굳이 시에 넣지 않아도 축제의 유쾌함을 잘 전달해 주니, 시인의 장심匠心을 가히 읽을 만하다.

이처럼 한적하고 고즈넉하고, 또 사람들끼리 정겨운 마을 정경을 잘 펼쳐 놓은 산문을 꼽으라면 단연코 도연명의 〈도화원기桃花源記〉이다.

땅은 평평하고 넓으며, 집들은 가지런하게 지어져 있었다. 좋은 밭과 좋은 못, 그리고 뽕나무와 대나무도 자라고 있었다. 밭으로 난 길은 사방으로 통해 있었으며, 닭 울고 개 짖는 소리가 들려오고, 그 가운데를 오가며 농사를 짓는 남녀의 옷차림은 바깥세상 사람들과 같았다. 어른과 아이들이 모두 기쁘게 웃으며 즐거워했다.

〔성 위에서 읊다城上吟〕

옛 무덤엔 잡초만 우거지고, 새로 만든 봉분은 관도까지 침입했네

성 위에서 읊다

(당) 승 자란

옛 무덤엔 잡초만 우거지고	古冢密于草
새로 만든 봉분은 관도[1]까지 침입했네	新墳侵官道
성 밖엔 노는 땅 없는데	城外無閑地
성 안에 사는 사람은 또 늙은이라네	城中人又老

* 주석

❶ '관도官道'는 관가에서 낸 도로를 말한다. 식량을 실어 나르는 길이라고도 한다.

* 간평

자란子蘭은 당나라 말 승려로, 생졸년이나 성씨나 본관 등은 알 길 없다. 그는 소종昭宗 때 문장공봉文章供奉을 맡아 소종의 신임을 받은 적이 있다. 당시 당나라 조정은 전쟁이 그치지 않는 대혼란 국면에 처해 있었는데, 도성 성 위에 올라 성 밖 옛 무덤과 새 무덤을 바라보고 있자니 자신 또한 늙어 가는 것이 느껴지며 끝도 없는 비분이 가슴에 차올랐다.

* 감상 포인트

높은 성에 올라가 내려다본 처참한 광경을 쉬운 시어로 무덤덤히 풀어내고 있어 더 참담하게 느껴진다. '무덤'과 '노인'이 이 시의 시안詩眼이다.

〔호접아蝴蝶兒 · 나비야蝴蝶兒〕

나비야, 늦은 봄, 아교가 처음 연노랑 옷 입고, 창에 기대어 널 그리는 걸 배웠지

호접아〈나비야〉

(당) 장필

나비야	蝴蝶兒
늦은 봄	晩春時
아교[1]가 처음 연노랑 옷 입고	阿嬌初著淡黃衣
창에 기대어 널 그리는 걸 배웠지	倚窓學畫伊
꽃 속에 보이는 듯	還似花間見
쌍쌍이 짝지어 나는 모습	雙雙對對飛
괜한[2] 눈물에 연지화장 번져	無端和淚拭胭脂
양 날개 축 늘어지게 했구나[3]	惹敎雙翅垂

* 주석

❶ 한 무제武帝 때 진陳 황후의 이름으로, 여기서는 소녀의 아명으로 쓰였다.

❷ '무단無端'은 '아무 이유 없이'의 뜻이다.

❸ 눈물이 그림에 떨어져 나비의 날개를 적시는 바람에 날개가 늘어져 보이는 것을 말한다.

* 간평

장필張泌(생졸년 미상)은 만당 오대(후촉後蜀)의 난세에 살았던 사인으로 당시의 사는 사패가 제목이 되기도 했다. 만청의 사학가 진정작陳廷焯은《백우재사화

白雨齋詞話》에서 이 사를 “어린 소녀의 자태가 그대와 무슨 상관이기에, 이처럼 사랑에 빠졌는지.(妮妮之態, 干卿甚事, 如許鍾情也)”라고 평했다.

* 감상 포인트

쌍쌍이 노니는 나비와 제비, 그리고 원앙은 시사詩詞에서 늘 혼자된 화자의 외로움을 배가시키기 위해 등장하는데, 이 작품에서는 그 때문에 눈물 흘린다고 명시하지 않는다.

노란 옷을 입은 고운 소녀는 나비를 그리다 갑자기 자기도 모르게 감정이 솟구쳐 당황하고 그 느닷없는 눈물은 그림 속 나비에게 떨어져 날개를 번지게 하고 생기를 잃게 만든다. 나비는 소녀의 감정을 흔들고 그 감정은 다시 그림 속 나비에게 고스란히 옮겨 가니, 그림 속 나비는 곧 소녀인 것이다.

〔죽지사竹枝詞〕

남은 음식을 신묘의 까마귀에게 던져 주네

〈죽지사〉[1]

(당) 손광헌

문 앞의 봄 강물, 하얀 부평초	門前春水白苹花
인적 끊긴 강 언덕엔 작은 배가 비스듬히	岸上無人小艇斜
노래하는 여인 지나는데 강가엔 날 저물려 하고	商女經過江欲暮
남은 음식을 신묘의 까마귀[2]에게 던져 주네	散抛殘食飼神鴉

* 주석

❶ 시와 사 사이의 옛 시체로 파촉巴蜀(현재의 사천四川 지역)의 민간가요에서 변한 것이다. 이 시체는 중당의 저명한 시인 유우석劉禹錫이 사천 지역 기주자사夔州刺史로 있을 때 모방해 지은 것으로, 이후 만청晩淸에 이르기까지 계속 성행했다.

❷ '신아神鴉'는 신묘 근처에서 제사 공물을 먹고 사는 까마귀를 말한다.

* 간평

손광헌孫光憲(901~968)은 사천 인수현仁壽縣 사람으로 화간파花間派(940년 후촉後蜀의 조숭조趙崇祚가 만당 오대의 사인 18명의 5백여 수 작품을 모아 낸《화간집花間集》에 실린 사풍을 답습한 파. 주로 규방 여인의 농염한 아름다움을 섬세하게 읊음)의 중요한 사인이다. "일생 방탕하게 지내어 그치기 어려울까 걱정, 안개 속 꽃을 벗해 붉은 누각에서 취하네.(一生狂蕩恐難休, 且陪煙花醉紅樓)"(〈완계사浣溪沙〉)라고 스스로를 읊었던 이 풍류재자는 만당 오대의 난세를 잘 넘기고 북송에 들어서서는 황주자사黃

州刺史를 지냈다.

파촉 지역 민간에서 유래한 〈죽지사〉는 본래 신에게 제사 지내는 무격巫覡과 관련이 있었는데 이 사는 해질녘 강변의 신묘 앞의 정경을 묘사한다. 노래로 먹고사는 가기歌妓들은 신묘 앞을 지나며 자기가 먹고 남은 음식을 까마귀들에게 던져 주는데, 신성한 신묘와 젊고 아름다운 속세의 여인이 서로 대조되어 흥미로운 장면을 연출한다.

* 감상 포인트

손광헌은 사천 출신이니 이 지역에서 유행했던 〈죽지사〉 형식에 더 익숙하고 애정이 있었을 것이다. 그는 강가의 저녁 풍경을 그리면서 배만 덩그러니 매여 있는 강가를 지나는 가기를 응시한다. 수많은 나루터를 떠돌며 노래를 팔아 먹고사는 신세이지만 제삿밥을 기다리는 까마귀를 그냥 지나칠 수는 없었나 보다. 해는 지고 뱃사공도 안 보이고 자기 갈 길도 바쁠 텐데, 멈춰 서서 까마귀들에게 남은 음식을 베풀어 준다. 일상적이고 담담한 풍경이지만 음식을 던져 주는 그녀의 손길로 인해 살아 움직이는 그림이 된다.

이 사詞는 여기서 그치는 것이 아니라 뒤에 다음 네 구가 더 있다.

얼키설키 얽힌 줄이 사람을 깊이 얽어맸으니	亂繩千結絆人深
월 땅 비단 만 길이라야 여덟 척 옷밖엔 못 만든다지	越羅萬丈表長尋
옆에 자란 수양버들에 심사를 드리우나니	楊柳在身垂意緖
연꽃 다 떨어지고 나면 연밥이 드러나리	藕花落盡見蓮心

이 네 구절이 더해지면서, 이 사의 주제가 비로소 깊이 전달된다. 강가에 멈춰 서서 까마귀들에게 먹이를 던져 주던 가기의 가슴속에는 천 가닥 만 가닥

실이 얼키설키 얽혀 있다. 월 땅에서 나는 비단 만 길이라 봐야 겨우 8척 길이 옷 한 벌 지을 뿐이지만, 가기의 하염없는 심사라면 옷 백 벌을 짓고도 남음이 있을 것이다. 휘영청 늘어진 버들가지만큼이나 갈피를 잡기 어려울 것이다. 그러나 연꽃 지고 나면 그 속에 품었던 연밥이 드러나듯, 언젠가는 이 가기의 마음을 그리운 이는 알아주겠지. 앞의 네 구에서는 강길 따라 천천히 걸어가며 까마귀에게 먹이를 던져 주는 여인의 움직임을 묘사하여 동적인 느낌을 살려내다가 뒤의 네 구에서는 가만히 멈춰 선 채 생각에 잠긴 여인의 모습을 묘사하면서 정적인 느낌을 고조로 끌어올린다. 동태動態와 정태情態의 대비를 통해 여인의 수심을 생동적으로 묘사한 것을 보니, 과연 화간파 사인의 대표 인물이라 불리는 이유를 알 것 같다.

제3부

작은 누각 서쪽 모퉁이에 끊긴 무지개가 선명하네

小樓西角斷虹明

우림령 〈가을매미 구슬피 울고〉

(송) 유영

가을매미 구슬피 울고	寒蟬凄切
장정[1]에서 저녁을 맞으니	對長亭晚
소나기 막 그쳤구나	驟雨初歇
성문 장막에서 어수선한 마음으로 이별주 기울이니[2]	都門帳飮無緒
미련에 머뭇거릴 때	留戀處
난초배는 떠나기를 재촉하네	蘭舟催發
손 부여잡고 마주보며 눈물 고인 눈	執手相看淚眼
끝내 말없이 흐느끼네	竟無語凝噎
떠나갈 길, 천 리 안개 물결 속을 가고, 또 가면[3]	念去去, 千里煙波
드넓은 남쪽 하늘, 저녁노을 어둑하겠지	暮靄沉沉楚天闊
다정한 이는 예부터 이별을 아파했거늘	多情自古傷離別
더욱이 이렇게 쓸쓸한 가을에랴	更那堪, 冷落淸秋節
오늘밤은 어디서 술을 깰까	今宵酒醒何處
버드나무 언덕, 새벽바람에 조각달 지는 곳	楊柳岸, 曉風殘月
이렇게 세월 가면[4]	此去經年
좋은 시절, 아름다운 풍경도 다 헛된 것이리	應是良辰好景虛設
숱한 정 솟아도	便縱有千種風情
또[5] 누구에게 말하리	更與何人説

〔우림령雨霖鈴 · 가을매미 구슬피 울고寒蟬凄切〕

버드나무 언덕, 새벽바람에 조각달 지는 곳

* 주석

❶ 고대의 교통요지에는 10리마다 장정長亭을 지어 행인들이 휴식할 수 있도록 했는데 이를 '10리 장정'이라고도 칭했다.

❷ 여기서 성은 북송의 수도 변경汴京을 말한다.

❸ '간다'는 표현을 중복해 쓴 것은 갈 길이 멀다는 것을 의미한다.

❹ '경년經年'은 1년 남짓, 또는 딱 한 해가 된 것을 말한다.

❺ 원문은 '경更'으로 '대待'로 쓰기도 한다.

* 간평

유영柳永(987?~1053?)은 둔전원외랑屯田員外郞이라는 관직을 지낸 적이 있어 유둔전이라고 불렸다. 그의 〈우림령〉은 송대 완약사의 대표작이다. 남송 유문표兪文豹의 《취검록吹劍錄》에 기재된바, 소동파가 한림학사翰林學士 시절에 노래를 잘하는 한 막료幕僚에게 "내 사가 유영의 사와 비교해 어떤가?"라고 물었다고 한다. 막료가 "유 낭중柳郞中(유영)의 사는 십칠팔 세 소녀가 붉은 딱따기를 들고 '버드나무 언덕, 새벽바람, 조각달 있는 곳이겠지'라고 노래하는 데에 어울리고 학사의 사는 관서關西 지방의 큰 사내가 철로 된 판과 동 비파鐵板銅琵를 연주하며 '큰 강은 동쪽으로 흐르고'라고 노래하는 데에 어울린다."고 대답하니 동파가 크게 웃었다고 한다.

* 감상 포인트

유영의 사는 '우물이 있는 곳이면 어디서나 불렀다(凡有井水飮處, 皆能歌柳詞)'고 할 정도로 대중적 인기가 있었고, 보통 사람들의 희로애락을 잘 표현해 심금을 울렸으며 특히 기녀들의 생활이나 나그네살이의 수심, 이별 등을 잘 읊었다. 짧은 소사로는 다 담지 못하는 구구절절한 감정을 긴 편폭의 만사慢詞에

차곡차곡 잘 표현해 내어 이후 만사를 크게 유행시켰고, 음률에 밝아 노래 부르기 좋은 사를 지었다. 인종 황제가 그의 사 중 "성명한 시대에 인재를 못 알아보니 벼슬 없는 재상(白衣卿相)으로 살며 노래나 낮게 읊조리겠다."라는 구절을 보고 '그럼 가서 사나 지으라.'고 했고 이 때문에 벼슬길이 막히자 유영은 "성지를 받들고 사를 짓는다.(奉旨塡詞柳三變)"며 자조했다는 이야기가 전한다. 요컨대 황제도 그의 노래를 즐겨 들었고 소동파 같은 대문호도 늘 그를 의식해 비교했을 정도로 그의 사가 일세를 풍미했다는 것이다.

이 사는 살면서 늘 겪는, 그러나 정 많은 이에겐 늘 괴로운 이별과 이별 후 타향살이의 수심을 잘 표현한 명작으로 특히 "버드나무 언덕, 새벽바람에 조각달 지는 곳."이라는 구절은 그의 대표 구절이기도 하다. 아쉬움이 가득한, 눈물겨운 이별을 한 뒤 배를 타고 어두운 남쪽 하늘가로 떠나는 이는 혼자 외롭게 어디선가 술을 깰 것이고 그렇게 세월은 속절없이 갈 것이다. 그러나 아무리 좋은 곳을 가도, 즐거운 시간을 보내도 사랑하는 이가 없으면 아무 의미가 없으리라. 이렇게 누구나 느낄 수 있는 감정을 너무나 어울리는 풍경에 얹어 명장면을 연출하는 재주가 있었기에 그의 노래가 어디서나 사랑받았던 것 아닐까.

어가오❶ 〈변방의 가을날〉

(송) 범중엄

변새 지방❷에 가을이 오니 그 풍경 너무 달라	塞下秋來風景異
남쪽으로 가는 기러기는 머물 뜻이 없고	衡陽雁去無留意
사방에 변방 소리,❸ 이어진 호각 소리	四面邊聲連角起
천 개의 봉우리 속❹	千嶂裏
길게 뻗친 노을에 해는 지고 외딴 성은 닫히네	長煙落日孤城閉
탁주 한잔에 만 리 떨어진 고향 생각	濁酒一杯家萬里
연연산에 아직 공 새기지 못했으니❺ 돌아갈 방도가 없네	燕然未勒歸無計
오랑캐 피리 소리 아득히 이어지고 서리는 온 땅에 내렸는데	羌管悠悠霜滿地
사람은 잠들지 못하고	人不寐
장군의 백발, 집 떠난 사내의 눈물	將軍白髮征夫淚

* 주석

❶ 사패 이름으로 범중엄이 처음 만든 곡조이다.

❷ 원문은 '새하塞下'로 '새상塞上'이라고도 하는데 여기서는 서북 변방 경계를 가리킨다. 그 당시 범중엄은 섬서경략부사陝西經略副使로 연주延州(지금의 섬서성 연안시延安市) 지사를 맡고 있었다.

❸ 변방에서 전쟁훈련을 하는 소리, 호각 소리, 말 울음이 섞인 소리.

❹ 끊임없이 이어져 있는 산봉우리.

❺ 전쟁이 아직 끝나지 않아 공명을 이루지 못했음을 가리킨다. 연연산燕然山

〔어가오漁家傲 · 변방의 가을날秋思〕

탁주 한잔에 만 리 떨어진 고향 생각

은 지금의 항애산杭愛山을 말하는데 몽골에 있다. 《후한서 · 두헌전竇憲傳》에 의하면 동한의 두헌이 병사들을 이끌고 변경 너머 3천여 리를 흉노의 왕(單于)을 추격했고 연연산에 올라 돌에 공을 새겨 세우고 돌아왔다고 한다.

* 간평

범중엄范仲淹(989~1052)은 당시에 한기韓琦와 함께 섬서경략안무초토사陝西經略按撫招討使 하송夏竦의 부사副使를 맡아 서북 변방을 지키며 서하西夏의 침략을 저지하고 있었다. 서하는 그를 매우 두려워하고 꺼려서 "군중에 한기 한 사람이 있다는 얘기만 들어도 서쪽 오랑캐가 간담이 서늘해지고, 군중에 범중엄 한 사람이 있다는 얘기만 들어도 서쪽 오랑캐가 놀라 벌벌 떨었다.(軍中一韓, 西賊聞之心膽寒. 軍中有一范, 西賊聞之驚破膽)"고 전한다. 이 사는 변새사의 대표작으로, 웅혼하고 처량해 나중에 호방사파豪放詞派의 대표 인물인 소식蘇軾 · 육유陸游 · 신기질辛棄疾에게 큰 영향을 주었다. 펑쯔카이의 그림 속 군인은 민국 시기의 군복을 입고 있는데, 사에서 변새 지방의 웅장한 관문을 배경으로 하지는 않았지만 가족과 나라를 지키는 군인의 기세는 그대로 호방하고 장쾌하게 느껴진다.

* 감상 포인트

들려오는 것이라곤 호각 소리, 말 소리, 모래바람 소리. 보이는 것이라곤 아득히 이어진 산봉우리, 외딴 성. 변방의 황량하고 쓸쓸한 풍경이다. 게다가 석양이 되니 외로운 마음 달랠 길 없어 탁주 한잔 들이키는데 고향 생각이 더욱 절절하다. 오랑캐를 무찌르지 못하니 돌아갈 길은 묘연하고, 이 때문에 더욱 잠 못 들고 뒤척인다.

이런 정경은 당나라의 변새시邊塞詩에서는 흔한 풍경이지만, 규방 여인의 한숨이나 안개 낀 봄 풍경이 자주 등장하는 북송 초기 사에서는 다소 낯선 것이었다. 당나라 때는 문무를 겸비한 문인들이 많았어도 송나라 때는 범중엄처럼 변새를 지키는 장수이면서 관료문인인 경우가 많지 않은 이유도 있을 것이다. 범중엄은 〈악양루기岳陽樓記〉라는 글에서 '외부의 경물로 인해 기뻐하지 않고 자기 자신 때문에 슬퍼하지 않음(不以物喜, 不以己悲)'으로써 마음을 다스리는 성인을 배우고자 했지만, 이 황량한 풍경 속에서는 그런 평정심을 유지하기 어려웠던 모양이다. 어쩌면 그가 평정심을 잃은 것은 바로 '이 황량한 풍경'이 시대의 아픔이지 자기 자신의 슬픔이 아니었기 때문일 것이다. "세상이 근심하기에 앞서 근심하고, 세상이 즐거워한 연후에 즐거워한다.(先天下之憂而憂, 後天下之樂而樂)"던 그의 말이 허언이 아니었음을 이 한 편의 호방사를 통해 다시금 확인해 본다.

〔접련화蝶戀花 · 여섯 구비 난간의 봄六曲闌干偎碧樹〕

달콤한 꿈 놀라 깨어 찾을 길이 없구나

접련화 〈여섯 구비 난간의 봄〉

(송) 안수

여섯 구비 난간, 푸른 나무에 기댄 듯[1]	六曲闌干偎碧樹
수양버들은 바람에 살랑살랑	楊柳風輕
황금실[2]을 가득 펼치네	展盡黃金縷
누가 아쟁[3]의 기러기발을 옮기나	誰把鈿箏移玉柱
주렴 너머 쌍쌍이 나는 바다제비[4]	穿簾海燕雙飛去
눈앞엔 온통 아지랑이, 떨어지는 버들개지	滿眼游絲兼落絮
붉은 살구 필 적	紅杏開時
갑자기 내리는 청명절의 비	一霎淸明雨
꾀꼬리 울음에 깊은 잠에서 일어나니	濃睡覺來鶯亂語
달콤한 꿈은 놀라 깨어 찾을 길이 없구나[5]	驚殘好夢無尋處

* 주석

❶ 원문은 '외偎'로 '기대다, 의지하다'의 뜻이다.

❷ 부드러운 황금색의 버들가지.

❸ '전쟁鈿箏'은 푸른 금빛 보석으로 장식한 쟁이다. 쟁은 2천여 년의 역사를 가진 현악기로 음역이 넓고 음색이 청량하며, 처음엔 12현이었는데 후에 13, 15, 16, 21현이 나왔다. '전鈿'은 금은보석을 아로새긴 장식을 말한다.

❹ '해연海燕'은 제비의 별칭이다. 옛사람들은 제비가 남방에서 나서 바다를 건너온다고 여겼기에 이렇게 불렀다.

❺ 마지막 두 구절은 김창서金昌緖의 시 〈춘원春怨〉 중 "노란 꾀꼬리 쫓아버려라, 가지에서 못 울게. 새 울면 첩의 꿈 놀라 깨어, 요서까지 가질 못하니.(打起黃鶯兒, 莫教枝上啼. 啼時驚妾夢, 不得到遼西)"라는 구절을 차용한 것이다.

* 간평

신동神童 출신(14세 때 조정으로부터 진사를 하사받았다)인 안수晏殊(991~1055)는 태평성대 30년간 재상을 지냈으며 동시에 북송 전기 문단의 영수이기도 했다. 정주이학程朱理學이 탄생한 송조에서 안수와 같이 명망 있는 사람이 풍조를 이끌지 않았다면 바람 · 꽃 · 눈 · 달 등을 읊는 송사가 송조 문학의 대표가 되는 것을 상상하기 어려웠을 것이다.

근대 사인 담헌譚獻은 이 사를 "눈부시게 푸른 산수가 온통 아련하다.(金碧山水, 一片空蒙)"라고 평했다.

* 감상 포인트

바람에 살랑대는 수양버들, 쌍쌍의 제비, 아지랑이, 버들개지, 청명절의 비, 살구꽃이나 꾀꼬리 울음에 달콤한 꿈을 깨어 아쉬워하는 정경 등은 사에서 자주 등장하는 전형적인 봄 풍경이다.

그림 같은 풍경 속에 혼자 된 외로움을 부각시켜 묘사하고 있지만, 그 아들 안기도晏幾道의 사에 비해 안수의 사에는 북송 초기 여유로운 시절의 풍류가 묻어나 처량함이 덜하다. 그는 강직한 성품의 재상이었지만, 한편으로는 가무와 음주를 무척 즐겼다고 하니 그의 사는 그런 연회 문화의 산물일 것이다. 안수의 사는 남당南唐 화간파花間派와 풍연사馮延巳의 전아하고 유려한 풍격을 이어받아 북송 완약사풍婉約詞風을 열었으며, 북송 사인의 시조라고 일컬어진다. 사뿐만 아니라 문장에도 능해 "관각館閣에 올라 임금의 서명書名을 관장하면서 문장으로 천하의 종주가 되었다."(《송사宋史·안수전晏殊傳》) 그러나 역시 그의 문학을 대표하는 것은 사여서, 〈완계사浣溪紗〉 사 중 "어쩔거나, 꽃은 져 가는데. 아는 사이였던 듯, 제비는 돌아오네.(無可奈何花落去, 似曾相識燕歸來)"는 그의 사를 대표하는 구절이자 스스로도 가장 만족해하는 구절로 시에서도 같은 표현을 쓴 바 있다.

옥루춘[1] 〈봄의 한〉

(송) 안수

푸른 버들, 방초 핀 장정길[2]	綠楊芳草長亭路
젊은 시절은 날 버리고 잘도 떠나네[3]	年少抛人容易去
누각 끝에 남은 꿈, 새벽종에 놀라 깨고[4]	樓頭殘夢五更鐘
이별의 수심에 잠겨 꽃 아래서 삼월의 비를 맞네[5]	花底離愁三月雨
다정해 괴로우니, 무정함과 다르리	無情不似多情苦
한 조각 마음이 천만 갈래로 찢어지네[6]	一寸還成千萬縷
하늘 끝, 땅 모서리는 사라질 때 있어도	天涯地角有窮時
그리움만은 그칠 때가 없구나	只有相思無盡處

* 주석

❶ 사패 이름이다.

❷ 장정길은 이별하는 곳을 말한다. 옛날에 역로에 지어 놓고 행인들에게 휴식을 제공하던 곳이 장정長亭이다.

❸ 이 구절(연소포인年少抛人)에 대해서는 두 가지 해석이 있다. 하나는 '연소年少'가 청춘을 가리키는 것으로 보아 청춘이 사람을 버리는 것. 즉 청년이 노인으로 변한다고 해석하는 것과, 또 하나는 연소가 작품 속 여인의 연인을 가리키는 것으로 보는 것이다 .

❹ 마음에 둔 이가 떠나서 돌아오지 않고 꿈속에서만 보이는데 하필이면 이때

〔옥루춘玉樓春 · 봄의 한春恨〕

푸른 버들에 방초

5경(새벽 3~5시)을 알리는 종소리가 울려 아름다운 꿈에서 놀라 깬다.

❺ 3월의 봄은 원래 선명한 꽃이 만개하는 계절인데 하필이면 이때 비가 계속 이어져 사람을 더 슬프게 만든다.

❻ 서글픈 한 조각 마음이 천 갈래 만 갈래 수심이 된다는 뜻이다.

* 간평

북송 초기에 남당南唐의 풍연사馮延巳(903~960)와 그 사 작품에 대한 사인들의 평가는 높지 않았지만 안수는 그의 사를 무척 좋아했다. 구양수歐陽修와 장선張先은 안수의 문인이었고 안기도는 안수의 아들이었으며, 소동파는 구양수의 학생이었고 진관秦觀은 소동파의 문인이었으니 북송대 완약파의 사는 결국 풍연사를 정종正宗으로 받들었다고 할 수 있을 것이다.

풍연사는 자기의 진실한 감정을 풀어냈고 규방 여인을 대신해 표현하는 경우는 드물었는데 안수 역시 마찬가지였다. 이 사가 정인 간의 그리움을 쓴 것이 아니라면 "젊은 시절은 날 버리고 잘도 떠나네."는 청춘이 쉽게 가는 것을 가리키는 것이고, "하늘 끝 땅 모서리는 사라질 때 있겠지만, 그리움만은 끝날 때가 없구나."라는 구절은 친구에 대한 그리움을 쓴 것으로 보아야 할 것이다.

* 감상 포인트

〈옥루춘〉은 사패 이름으로, '목란화木蘭花', '춘효곡春曉曲', '서호곡西湖曲' 등의 이름으로 불린다.

이 사의 창작 배경에 관해 조여시趙與時의 《빈퇴록賓退錄》 권 1, 《시안詩眼》에 다음과 같은 기록이 보인다.

안수의 아들 안기도晏幾道가 포전정蒲傳正을 만나 말하기를, "선군께서는 평소 소사小詞를 많이 짓기는 하셨기만 여인네들이나 하는 말은 하지 않았습니다." 하였다. 그러자 포전정이 말하기를, "푸른 버들, 방초 핀 장정길. 젊은 시절은 날 버리고 잘도 떠나네. 이건 여인네들의 말이 아니란 말이오" 하였다. 안기도가 말했다. "공께서는 젊음이 좋아할 만한 것이라 생각하십니까? 공의 말씀을 듣고서야 백거이의 시 두 구절을 이해하게 되었습니다. 좋아하는 것 붙잡아두고서 부귀를 기다리려 했더니, 부귀는 오지 않고 좋아하는 것도 가버렸네." 포전정은 웃으며 깨달은 바가 있었다.

아들이 이토록 아버지를 변명하려 한 것을 보니 이 사가 '여인네들의 말'인 것은 부정할 수 없었나 보다.

펑쯔카이는 이 사를 버드나무 늘어지고 방초 무성히 자란 길을 한 군인이 말을 끌고 가는 모습으로 표현했다. 아마도 그 남자는 군역으로 인해 길 위를 떠도는 사내일 것이다. 사의 화자가 정인을 떠나보낸 여인이든, 봄날이 가는 것을 안타까워하는 사람이든, 또는 길 위의 나그네이든 그들이 괴로운 것은 세상이 사라져도 질기게 남을, 감정이 풍부한 이를 더욱 지치게 하는 그리움 때문이다.

〔옥루춘玉樓春 · 푸른 연못, 따뜻한 봄池塘水綠春微暖〕

당시에 나와 함께 꽃구경하던 이들, 이제 찾아보니 반도 안 남았구나

옥루춘 〈푸른 연못, 따뜻한 봄〉

(송) 안수

연못 물은 푸르고 봄기운 따스해질 때	池塘水綠春微暖
기억난다, 그녀[1]를 처음 만난 날	記得玉眞初見面
반복해[2] 부르던 노래 쟁쟁[3] 울리고	重頭歌韻響琤琮
빠른 박자로 들어가며[4] 춤추던 허리,	入破舞腰紅旋亂
붉은 치마 빙글빙글 돌았지[5]	
초승달 닮은 난간 아래 향기 어린 계단 옆	玉鈎闌下香階畔
취해서 석양 기우는 것도 몰랐네	醉後不知斜日晚
그때 나와 함께 꽃구경하던 이들	當時共我賞花人
이제 찾아보니 반도 안 남았구나[6]	點檢如今無一半

* 주석

❶ '옥진玉眞'은 선녀의 이름인데 여기서는 여인의 대명사로 쓰였다.

❷ '중두重頭'는 노래의 상하단 박자가 완전히 같은 것을 말한다.

❸ '쟁종琤琮'은 옥기가 부딪치는 소리를 말한다.

❹ '입파入破'는 당송대의 대규모 악곡인 대곡大曲(기악연주 위주인 산서散序, 노래 위주인 중서中序, 춤 위주의 파破의 세 부분으로 구성된다) 중 파로 들어가는 첫 부분을 말한다.

❺ 대곡의 중서는 대개 느린 박자이고 입파 후에는 박자가 촉급해져 춤추는

사람의 걸음이 빨라진다. 원문 '홍선紅旋'은 나는 듯 돌며 춤추는 붉은 치마를 말한다.

❻ 원문 '점검여금무일반點檢如今無一半'은 하나하나 찾아보니 대부분 이미 세상을 떠났다는 뜻이다.

* 간평

이 작품은 청춘을 돌아보며 옛사람을 추억하는 소사로, 안수의 만년에 쓰였을 것으로 생각된다. 화려한 시절은 가 버리고 옛사람은 찾기 어렵지만 예전의 첫 만남과 즐거운 연회는 눈앞에 역력하다. "당시에 나와 꽃구경하던 이들, 이제 찾아보니 반도 안 남았구나."라는 마지막 구절은 경치는 그대로인데 사람은 그대로가 아니고, 사귀었던 지인들도 뜸해졌다는 것이니 이 구절을 보는 누구라도 만면에 눈물을 흘리지 않을 수 없을 것이다.

* 감상 포인트

따스한 봄 풍경을 대하니 과거의 한 장면이 떠오른다. 빠른 음악에 맞춰 노래하고 빙글빙글 돌며 춤추던 여인, 시간 가는 줄 모르고 술과 꽃놀이로 소일했던 예전 정경이 눈앞에 선하지만 지금은 함께했던 이들도 없고 쓸쓸하기만 하다. 술과 사람을 좋아한 안수는 얼마나 많은 연회를 열었을 것이며 거기에서 얼마나 많은 인연을 맺었을까.

안수의 아들인 안기도晏幾道 역시 사에 능해서, 아버지인 안수는 대안大晏으로, 아들인 안기도는 소안小晏으로 불렸다. 아들의 대표작 〈임강선臨江仙 · 꿈에서 깨니 높은 누대 잠겨 있고夢後樓臺高鎖〉를 함께 소개해 본다.

기억난다, 소빈을 처음 만났을 때 記得小蘋初見
마음 심 자 겹쳐진 비단옷 입고 兩重心字羅衣
비파를 타며 그리움 말하던 모습 琵琶弦上說相思
그땐 밝은 달이 떠 있어서 當時明月在
돌아가는 오색구름 같은 그녀를 비춰 주었지 曾照彩雲歸

안기도는 아버지만큼 출세하지는 못했지만 연회와 여인들과의 추억에 있어서는 아버지 못지않았던 것 같다.

〔금전도錦纏道 · 제비 지저귀니燕子呢喃〕

푸른 잎이 행인의 머리를 스친다

금전도[1] 〈제비 지저귀니〉

(송) 송기

제비새끼 지지배배	燕子呢喃
풍경은 어느덧 긴긴 봄 낮이 되었네	景色乍長春晝
정원 숲 바라보니, 온갖 꽃 수놓은 듯	睹園林, 萬花如繡
비 맞은 해당화는 연지빛 선명하고	海棠經雨胭脂透
버들은 궁중 여인의 눈썹[2]을 닮은 듯	柳展宮眉
푸른 잎이 행인의 머리를 스친다	翠拂行人首
풀 밟으러 교외에 나선 길	向郊原踏青
손잡고 마음껏 노래했네[3]	恣歌携手
훈훈한 취기 올라, 맛난 술 더 찾다가	醉醺醺 尚尋芳酒
목동에게 물으니, 멀리 외딴 마을길 가리키며	問牧童 遙指孤村道
"살구꽃 깊은 곳에	杏花深處
인가가 있어요."	那裏人家有

* 주석

❶ 사패 이름으로 '금전두錦纏頭', 혹은 '금전반錦纏絆'이라고도 한다. 이 작품이 바로 대표작이다.

❷ '궁미宮眉'는 고대 황궁의 여인들이 그린 눈썹으로, 여기서는 눈썹같이 가는 버들잎을 가리킨다.

❸ '자가恣歌'는 '멋대로 노래하다'의 뜻이다.

* 간평

북송대의 사인 송기宋祁(998~1061)와 그 형 송상宋庠은 모두 글로 이름이 나 당시에 '이송二宋'으로 칭해졌다. 송기는 한림학사가 되어 구양수 등과 함께 《신당서新唐書》를 편찬했으며 공부상서工部尙書까지 지냈다. 그는 봄 경치를 잘 읊었는데 〈옥루춘玉樓春 · 춘경春景〉 사 중 "푸른 버들 안개 서린 곳 새벽 한기 살짝 들고, 붉은 살구 가지 끝엔 봄기운이 움트네.(綠楊煙處曉寒輕, 紅杏枝頭春意鬧)"라는 구절이 유명해 사람들이 '붉은 살구 상서(紅杏尙書)'라고 불렀다.

이 〈금전도〉 사는 봄나들이를 읊은 것으로 당대 시인 두목杜牧의 시 〈청명淸明〉 중 "묻노니, 주막은 어드메요? 목동은 저 멀리 살구꽃 핀 마을을 가리키네.(借問酒家何處有 牧童遙指杏花村)"의 의경을 차용했다. 전인들은 이 작품에서 "비 맞은 해당화는 연지빛 선명하고(海棠經雨胭脂透)"라는 구가 가장 경물을 잘 형용했다고 평가했다. 펑쯔카이 선생은 "푸른 잎이 사람 머리를 스치네.(翠拂行人首)"라는 구절을 그림으로 옮겼는데 이는 전체 작품에서 가장 화면감이 뛰어난 각도를 포착한 것으로 사람을 근본으로 하는 그의 미학 추구를 체현한 것이다.

* 감상 포인트

지지배배 우는 제비, 만발한 봄꽃, 비 온 뒤 여인 얼굴을 닮은 해당화, 길게 늘어져 행인 머리를 스치는, 미인의 눈썹 닮은 버들. 소리도 색깔도 너무도 화사한 봄 풍경에 교외로 답청 나선 길, 좋은 사람과 실컷 노래하고 취해 본다. 흥에 겨워 술을 더 찾으니 목동은 살구꽃 핀 마을을 가리킨다. 이렇게 마음 가는 대로 즐기는 게 평소 작가의 모습이었을까. 상서까지 지낸 인물의 매우 사적이고 풀어진 모습을 들여다보는 느낌이다. 송기뿐 아니라 구양수歐陽修 등 북송대의 이름난 관료문인들은 사를 통해 공적인 모습과는 아주 다른, 극히 개인적이고 여린 감성을 보여 주곤 했다. 그래서 누군가는 이를 '북송 사인의 이중인격'이라고 풍자하기도 했다. 이런 점에서 사는 '개인의 은밀한 정원'과 같다고 비유되었는데, 이것이 바로 시문과 차별화되는 사의 특별한 기능이기도 하다.

〔민중 역사에 쓰다題閩中驛舍〕

옛날 누란을 베던 검을 팔아서, 황소를 사 자손들 글공부를 시키려네

민중[1] 역사에 쓰다

(송) 요사종

의관을 신무문에 벗어 걸고자[2]	欲掛衣冠神武門
먼저 수죽[3]을 찾아 위남촌[4]까지 왔네	先尋水竹渭南村
옛날 누란[5]을 베던 검을 팔아서	却將舊斬樓蘭劍
황소를 사 자손들 글공부를 시키려네	買得黃牛教子孫

* 주석

❶ '민중閩中'은 지금의 복건성을 말한다.

❷ 남조南朝 양梁나라의 은사隱士 도홍경陶弘景의 고사이다. 그가 일찍이 남제南齊의 제왕시독諸王侍讀으로 있다가 어느 날 의관을 벗어 신무문神武門에 걸어 둔 다음, 표문을 올려 사직하고 돌아가 버린 데서 온 말로, 관직에서 은퇴하는 것을 의미한다. (《남사南史 · 은일열전하隱逸列傳下 · 도홍경陶弘景》)

❸ '수죽水竹'은 물에서 자라는 대의 일종이다.

❹ '위남촌渭南村'은 섬서성에 있다. 요사종의 고향이 이곳이므로 고향으로 돌아왔다는 뜻으로 볼 수 있다.

❺ '누란Loulan'은 현재 중국령인 신장 위구르 자치구에 있는 고대의 작은 도시 국가였다. 그 도시를 중심으로 한 국가를 누란국이라 하였다.

* 간평

요사종姚嗣宗은 화주華州(지금의 섬서성 화현華縣) 사람이다. 송 인종仁宗 경력慶曆 3년(1043)에 환주군사판관環州軍事判官이 되어 주로 섬서陝西에서 공무를 담당했다. 환주는 곧 감숙성 환현으로, 당시 서하西夏와 전쟁하던 최전방이었다. 그래서인지 요사종의 시에는 늘 전쟁이 언급된다. 악비岳飛의 〈만강홍滿江紅〉 중 "수레를 멀리까지 몰아 하란산을 쳐부순다."는 구절은 요사종의 〈공동산崆峒山〉 중 "하란의 돌을 밟아 부수고, 서해의 먼지를 씻어 낸다."에서 왔다고 한다.

이 시는 갑옷을 벗고 전원으로 돌아간 한 노장의 생활을 적었는데, 시 속에서 전쟁에 대한 권태가 느껴진다.

* 감상 포인트

간평에서 언급한 요사종 시의 전문을 인용해 본다.

> 하란의 돌을 밟아 부수고, 서해의 먼지를 씻어 낸다. 포의로서 목숨도 바칠 수 있건만, 안타깝게도 물 없는 못의 물고기 신세 되었구나.(踏碎賀蘭石, 掃清西海盡. 布衣能效死, 可惜作窮鱗)

간평에서는 이 시의 제목을 〈공동산〉이라고 소개했지만, 실제 제목은 〈역참 벽에 쓰다書驛壁〉이다. 하란이며 서해며, 모두 영하寧夏 이서 지역을 상징한다. 앞의 두 구를 읽으면 전쟁의 공을 세우고 싶은 포부를 적은 듯하지만, 이어지는 구절에서는 그럴 수 없는 처지를 비관하고 있다. 그는 자신의 포부가 이루어지는 그날을 손꼽아 기다렸으리라.'

그러나 정말 중요한 것은 공을 이룬 그다음이다. 옛날 대장부들의 가장 큰 꿈은 공성신퇴功成身退, 즉 나라에 큰 공을 세우고 미련 없이 물러나 고향으로 돌아가는 것이다. 이 멋들어진 한번의 '물러남'을 위해 많은 사람들이 인고의 세월을 버텼다고 해도 과언이 아니다. 그러나 공을 세우기는 얼마나 어려우며, 공을 세운 다음 결연히 뒤돌아보지 않고 자리에서 내려가기란 또 얼마나 어려운가.

인생 대부분의 시간을 변방에서 보낸 요사종은 이제 인생 후반부를 소박하게 계획한다. 시인은 '가야 할 때가 언제인가를 알고 가는' 아름다운 뒷모습을 지닌 사람인 것이다. 이제 그 옛날 오랑캐를 베었던 칼을 팔아 소 한 마리를 사서는 자손 공부나 시키겠다는 말은 아마도 폐부 저 깊숙한 데서 우러나온 말이리라.

《설부說郛》라는 책에 이 시와 관련하여 일화가 전하는데, 바로 소식蘇軾이 민중 역사에서 이 시를 발견하고 누구의 시인지도 모르고 그냥 베껴 적었다는 이야기이다. 소식의 눈에도 이 시는 충분히 멋져 보였기에 베껴 적었을 것이다.

〔청주 흥룡사 노백원에 쓰다題青州興龍寺老柏院〕

오직 그대 집의 늙은 측백나무만은, 봄바람이 불어와도 한 번도 분 적 없는 것 같소

청주 흥룡사 노백원에 쓰다

(송) 장재

남쪽 이웃 북쪽 이웃집에 모란이 피니	南隣北舍牡丹開
젊은이들 꽃구경하러 하루에도 몇 번이나 오네	年少尋芳日幾回
오직 그대 집의 늙은 측백나무만은	唯有君家老柏樹
봄바람이 불어와도 한 번도 분 적 없는 것 같소	春風來似不曾來

* 간평

장재張在는 산동 청주青州 사람이다. 북송의 왕벽지王辟之는《민수연담록澠水燕談錄》에서 그를 "젊어서 문장에 능하고 특히 시에 뛰어났으나, 기이한 재주임에도 불우하여 늙도록 과장에 있다 죽었다."면서 안타까워했다. 그토록 불행한 시인이었으나 이 시만은 인구에 오래 회자된다. "오직 그대 집의 늙은 측백나무만은, 봄바람이 불어올 듯 끝내 안 불어오네." 송백은 늘 푸르기 때문에 봄날과 상관없다는 뜻이니, 음미해 봄에 색다른 맛이 있다.

* 감상 포인트

모란이 흐드러지게 피는 봄날, 중국인들이 유난히도 사랑하는 모란에 가려 이 사철 푸른 나무는 존재감을 잃고 만다. 그래서 우리도 겨우내 푸른 기운을 선사해 준 이 고마운 나무를, 봄만 되면 망각해 버린다. 시인은 봄날 꽃 잔치에 빠진 이 나무를 불러 주며, 계절에 구애받지 않는 의연함을 칭송하고 있다.

〔임강선臨江仙 · 버드나무 저 너머柳外輕雷池上雨〕

작은 누각 서쪽 모퉁이에 끊긴 무지개가 선명하네

임강선 〈버드나무 저 너머〉

(송) 구양수

버드나무 저 너머 천둥 치니 못 위에 비 내리고	柳外輕雷池上雨
빗방울이 연잎에 부서지는 소리	雨聲滴碎荷聲
작은 누각 서쪽 모퉁이에 끊긴 무지개가 선명하네	小樓西角斷虹明
난간에 기대어서	闌干倚處
달빛 나오길 기다리네	待得月華生
제비 날아와 집 기둥 엿보고	燕子飛來窺畵棟
옥고리 아래로 발을 드리웠네	玉鉤垂下簾旌
대자리에 시원한 물결무늬 미동도 없고❶	凉波不動簟紋平
나란한 수정❷ 베개 옆엔	水精雙枕
떨어진 비녀 가로놓였네❸	傍有墮釵橫

* 주석

❶ 대나무로 만든 자리(簟)가 평평해 움직이지 않는 물결 같다는 뜻이다.

❷ '수정水精'은 수정水晶과 같다.

❸ 원문은 '방유타차횡傍有墮釵橫'으로 '타墮'는 떨어진다는 뜻이다. 이 구절은 당대 시인 이상은李商隱의 〈우제偶題〉 중 "물결무늬 대자리엔 호박베개, 그 옆에 쌍쌍의 물총새깃 비녀 떨어져 있네.(水文簟上琥珀枕, 旁有墮釵雙翠翹)"라는 구절을 차용한 것이다.

* 간평

구양수歐陽修(1007~1072)는 당송팔대가 중 한 사람으로 북송 시기 고문운동의 영수였다. 송대의 문인들은 술자리, 꽃 아래에서 작품을 지어 화답하는 것을 즐겼고, 이는 송대 사 번영의 기초가 되었으며 참지정사參知政事까지 지낸 구양수도 속됨을 피할 수 없었다. 전세소錢世昭의 《전씨사지全氏私志》에는 이 사를 짓게 된 연유가 기재되어 있다. 구양수가 낙양洛陽에서 하남추관河南推官을 지낼 때 한 가기歌妓와 친하게 지냈는데, 함께 연회에 늦었고 가기가 '자다가 비녀를 잃어버렸기 때문'이라고 하자 상관인 전유연錢惟演이 구양수에게 그에 관한 사를 지으면 가기에게 비녀를 보상해 주겠다고 하여 짓게 된 것이라고 한다. 이 일화가 사실이라면 이는 1031년에서 1033년 사이의 작품으로 추정된다.

* 감상 포인트

천둥, 빗소리, 무지개, 달빛. 이 사의 상편은 이처럼 시청각을 총동원해 여름날 비 온 뒤 맑게 갠 저녁 풍경을 그려 내고, 하편에서는 발 속 잠자리에 떨어진 비녀를 정적으로 묘사한다. 여름 저녁 비 내릴 제 천둥소리, 빗방울 소리 들려오고, 비 개자 무지개 뜨는데 여인은 홀로 난간에 기대 달이 뜨기를 기다린다. 제비도 제 집으로 돌아오고 주렴도 내렸는데, 대자리도 수정베개도 쓸쓸하기만 하다. 구양수는 자기가 아끼는 여인을 홀로 내버려 둔 모양이다. 하지만 마지막 구에서 비녀를 언급한 부분은 매우 흥미롭다. 이 사를 연회에 늦은 가기를 위해 지었음을 떠올리면 작자의 재기 넘치는 상상력과 순발력에 감탄할 수밖에 없다. 아마도 가기가 잃어버린 비녀는 구양수의 묘사대로 꼭 베개 옆 그 자리에 떨어져 있을 것 같다.

구양수는 한림학사翰林學士, 추밀부사樞密副使, 참지정사參知政事 등을 지낸 명망 있는 관료이자 학자였고, 직언을 서슴지 않아 유배당하기도 했으며, 유가의 도를 밝히는 문장을 쓸 것을 주장한 당시 문단의 영수였다. 그가 과거시험을 주관한 덕에 그의 문학적 영향력은 더 클 수밖에 없었고, 한 시대를 대표하는 종사宗師로서 그의 문하에서 소식 등을 위시한 북송의 대가들이 대거 배출되었다. 그토록 커다란 자취를 남긴 인물이기에, 위와 같은 사를 썼다는 사실은 두고두고 흥미로운 얘깃거리가 된 것 같다.

〔생사자生查子 · 대보름 밤에元夕〕

버들가지 끝에 달 오를 때

생사자 〈대보름 밤에〉

(송) 구양수

작년 대보름 밤[1]	去年元夜時
꽃 등불 대낮처럼 환하고	花市燈如晝
버들가지 끝에 달 오를 때[2]	月上柳梢頭
해 저물면 만나자 약속했지	人約黃昏後
올해 대보름 밤	今年元夜時
달도 등불도 그대로인데	月與燈依舊
작년 그이는 보이지 않고	不見去年人
눈물만 봄 적삼 소매를 적시네[3]	淚濕春衫袖

* 주석

❶ '원야元夜'는 대보름 밤을 말한다. 음력 1월 15일은 중국에서는 원소절元宵節로 당대부터 밤에 관등놀이를 하는 풍습이 시작되었고, 북송대에는 원소절 전후 이틀 동안 밤새도록 놀며 즐기는 것이 허락되었다.

❷ 원문은 '월상月上'으로, '월도月到'라고도 쓴다.

❸ 원문은 '누습淚濕'으로, '누만淚滿'이라고도 쓴다.

* 간평

구양수는 사 짓기를 무척 좋아했다. 편 수도 많아 어떤 사는 자기 손에서 나온 작품인지를 잊을 정도였다. 위 작품은 남송 초의 재녀才女 주숙진朱淑眞(1135~1180)의 작품이라고도 알려져 있다. 이 사는 또한 "작년 오늘, 이 문 안에서, 그녀와 복사꽃은 서로 비춰 붉었었지. 이제 그녀는 간 곳 없고, 복사꽃만 여전히 봄바람에 웃고 있네.(去年今日此門中, 人面桃花相映紅. 人面不知何處去, 桃花依舊笑春風)"라는, 마음속의 정인과 어긋난 내용을 쓴 당대 시인 최호崔護(772~846)의 〈제도성남장題都城南莊〉 시와 함께 거론된다. 두 시사는 계속 입가에서 맴돌며 되뇌게 만드는 민가의 맛이 있다. 명 말의 학자 서사준徐士俊은 이 사에 대해 "원곡의 절창이라는 작품들은 이 표현법을 따랐을 뿐이다.(元曲之稱絶者, 不過得此法)"라고 했다.

* 감상 포인트

대보름 밤의 관등觀燈은 화려한 등불을 보며 한 해의 모든 일이 원만하기를 비는 연초의 중요한 행사이기도 하지만, 동시에 남녀가 서로에게 눈길을 줄 수 있는 절호의 기회이기도 했다. 올해도 등불은 작년과 다름없이 화려하고 사람들도 즐거운데 화자만은 밀회의 추억만 간직한 채, 오히려 철저히 혼자임을 느낀다.

구양수의 사들 중에는 간혹 그의 것이 아니라고 의문시되는 작품들이 있는데, 대개 지나치게 진솔하고 감정표현이 거리낌 없는 것들이다. 아마도 그의 관료이자 학자로서의 명성 때문에 그 여린 감성과 오글거리는 표현을 구양수의 것이라고 차마 인정할 수 없었던 것 같다.

전통시대 지식인들이 대개 그러하듯이 구양수는 훌륭한 관료였고, 학자였고, 역사가였으며 또 문인이었다. 그가 섭렵한 문학 장르 또한 광범위하여서 시나

산문 이외에 사에도 일가견이 있었다. 기실 구양수는 자못 유머러스하고 감성이 풍부한 사람이었으니, 이러한 진면목은 〈취옹정기醉翁亭記〉에 잘 담겨 있다.

> "조금만 마시면 이내 취해 버리고, 나이도 제일 많아 자호를 취옹이라 하였다. 그러나 취옹의 뜻은 술에 있지 않고 저 산수에 있다(飮少輒醉, 而年又最高. 故自號曰醉翁也. 醉翁之意不在酒, 在乎山水之間也)."

이 구절은 대대로 인구에 회자되는 명구이며, '취옹의 뜻은 술에 있지 않다'는 본심이 다른 곳에 있음을 은유하는 말로 지금까지 사용되고 있다. 어른 아이 할 것 없이 모두 정자에 모여 한바탕 잔치를 열고, 술 마시고 투호놀이를 하고 바둑을 두고 있는 시끌벅적한 가운데 술에 취해 고꾸라진 한 사람. 그 사람은 바로 취옹이고, 그 취옹은 바로 여릉 사람 구양수라고 맨 마지막에 밝히는 유머 가득한 글재주. 이렇듯 정감 있는 표현에 익숙했던 사람이 바로 구양수였다.

〔남쪽 동산에서 꽃을 감상하며南園賞花〕

꽃이여, 백발노인 보고 웃지를 마라! 백발노인이 그간 보아 온 어여쁜 꽃 많기도 하단다

남쪽 동산에서 꽃을 감상하며

(송) 소옹

꽃 앞에서 술잔 쥐고 꽃 앞에서 취한다 花前把酒花前醉
취하여 꽃가지 쥐고 이내 혼자 노래하네 醉把花枝仍自歌
꽃이여, 백발노인 보고 웃지를 마라 花見白頭人莫笑
백발노인이 그간 보아 온 어여쁜 꽃 많기도 하단다 白頭人見好花多

* 간평

소옹邵雍(1011~1077)은 자가 요부堯夫, 호가 안락선생安樂先生, 시호가 강절康節로 북송의 저명한 철학자이다. 상수象數에 의한 신비적 우주관과 자연 철학을 제창하였다. 저서에 《관물편觀物篇》, 《이천격양집伊川擊壤集》, 《황극경세서皇極經世書》 등이 있다. 세상에서는 그를 주로 소강절이라고 부른다. 소옹은 이학자였지만 꽃을 매우 좋아해서 총 10수에 달하는 〈매화〉를 썼다고 전해진다. "꽃이여, 백발노인 보고 웃지를 마라! 좋은 꽃을 많이 봐 와서 백발노인이 되었단다." 이 부분은 그 의미가 백거이의 〈장남삼아 소년들에게 답하다〉와 매우 흡사하다. 소옹은 아마도 꽃을 너무 사랑하여 젊은이들의 비웃음을 받았었나 보다. "좋은 꽃을 많이 봐 와서 백발노인이 되었단다." 이는 나에게도 일찍이 젊은 시절이 있었음을 간접적으로 표현하는 말이다.

* 감상 포인트

서재에 앉아서《주역》을 읽고《상서》를 읽고 하도河圖와 낙서洛書를 종일 탐구했을 것 같은 이학자理學者이지만, 주돈이周敦頤도 연꽃을 사랑하여 〈애련설愛蓮說〉을 지었듯이 소옹은 매화를 감상하며 시를 지었다.

소옹은 〈남쪽 동산에서 꽃을 감상하며南園賞花〉라는 제목으로 두 수를 남겼는데, 이 앞의 시는 이러하다.

삼월 초삼일에 꽃이 흐드러지게 피어	三月初三花正開
한가로이 친구들과 춘대에 올랐네	閒同親舊上春臺
평상시엔 취하지 않다가 이때에 취하나니	尋常不醉此時醉
더 취하면 도리어 큰 술잔도 들 수 있겠네	更醉猶能擧大杯

두 시를 함께 감상해 보면 대략 창작 배경이 어떠한지를 짐작할 수 있다. 삼월 초, 꽃이 만발한 춘대에 올라 꽃구경하던 소옹은 이날만큼은 실컷 취하리라 호기를 부려 본다.

술잔 들고 꽃가지 쥐고 노래까지 부르다가 허옇게 쉰 머리가 멋쩍은 듯 꽃에게 말을 건다.

"늙은이가 무슨 꽃구경이냐고 뭐라 하지 마시게. 좋은 꽃을 오래 봐 왔더니 어느새 이렇게 노인이 되어 있는 것뿐이라네."

달리 표현하자면 이렇다.

"나이를 먹을수록 그간 보아 온 꽃도 많을 터이니, 나이 먹는 것도 그다지 서럽지만은 않다네."

노인만이 가질 수 있는 여유로운 웃음을 떠올려 본다.

내용도 해학적이지만, 시어詩語를 조합한 모습도 매우 흥미롭다. "花前把酒

花前醉, 醉把花枝仍自歌.” 앞의 두 구에서는 ‘花’, ‘把’, ‘醉’ 자를, “花見白頭人莫笑, 白頭人見好花多.” 뒤의 두 구에서는 ‘花’, ‘見’, ‘白頭人’을 반복 사용함으로써 재미와 긴장감을 더하고 있다. 이렇듯 많지 않은 시어를 적절히 반복 사용함으로써 ‘함축미’와 ‘운율미’를 배가시켰으니, 소옹은 역학易學에만 밝았던 것이 아니라 시 짓는 데도 고수였음을 새삼 깨닫게 된다.

〔비래봉에 올라登飛來峰〕

뜬구름이 시야 가리는 것도 두렵지 않으니, 이 몸이 제일 높은 곳에 있기 때문이라네

비래봉❶에 올라

(송) 왕안석

비래산 꼭대기 천 길❷이나 되는 탑에서는 飛來山上千尋塔
닭이 울 때면 해 돋는 것을 볼 수 있다고들 말하네 聞說鷄鳴見日昇
뜬구름이 시야 가리는 것도 두렵지 않으니 不畏浮雲遮望眼
이 몸이 제일 높은 곳에 있기 때문이라네 自緣身在最高層

* 주석

❶ 비래봉에 관해서는 두 가지 설이 있는데, 그중 하나는 절강성 소흥紹興성 밖에 있는 산이라는 것이다. 당송 시기에 그곳에 응천탑應天塔이 있었다. 전하는 바에 따르면 이 봉우리는 낭야군琅琊郡에서 날아왔다고 한다. 다른 하나는 절강성 항주 서호 영은사靈隱寺 앞산이다.

❷ 원시의 '심尋'은 길이를 재는 단위로 8척이 1심이다.

* 간평

왕안석王安石(1021~1086)은 자가 개보介甫이고 호는 반산半山이다. 강서 임천臨川 사람이다. 인종仁宗 경력慶曆 2년(1042)에 진사가 되었고, 가우嘉祐 3년(1058)에 만 자에 달하는 상소를 올려 변법을 주장했다. 신종神宗 희녕熙寧 2년(1069)에 참지정사參知政事가 되어 신법을 추진했고, 재상직에 임명되었다 파직되었다를 거듭하다가 희녕 9년(1076)에 물러나 강녕江寧 반산에 은거했다.

인종 황우皇祐 2년(1050) 여름에, 왕안석은 절강浙江 근현鄞縣의 지현知縣으로 있다가 임기가 차 다시 강서 임천 고향으로 돌아가게 되었는데, 도중 항주를 지나면서 이 시를 썼다. 한창 나이였던 시인은 포부가 남달라 천하를 평정하고자 하는 영웅심이 가득했다.

* 감상 포인트

왕안석은 당송팔대가의 반열에 오른 뛰어난 문학가이지만, 변법을 추진한 일로 그의 일생은 주로 '진보적 정치가'로 기억된다. 그는 신구당쟁新舊黨爭을 일으킨 장본인으로 사마광司馬光을 위시한 수많은 구법파 정적政敵들과 치열한 싸움을 해야 했으며, 본인 역시 그 소용돌이 속에서 굴신屈伸을 거듭한 끝에 마침내 물러나 은거하고 말았다.

그가 추진했던 개혁들은 역사적으로 긍정보다는 부정받아 온 면이 많으며, 인격적으로 소인배라 지탄도 받았을 뿐만 아니라 심지어 북송을 망하게 한 원흉이라고까지 지목되기도 했다. 65년 파란만장한 일생을 살다 간 강단 있는 인물 왕안석의 정치적 시도는 후대에 재평가되기도 했다.

이 시를 쓸 때 그의 나이는 불과 서른이었다. 무엇이건 할 수 있을 것 같고 하고 싶은 나이인 데다가 머리며 포부며 비범하기 짝이 없던 왕안석이니 그때의 기상을 가히 상상할 수 있다. 천 길 높은 비래봉에 우뚝 솟은 탑. 그리고 그 탑 위에 올라 하늘 아래 가장 높은 곳에 선 시인은 세상 두려울 것이 없다. '두렵지 않다(不畏)'는 두 글자와 젊은 시인의 상기된 얼굴이 겹친다.

왕안석의 젊은 기개, 비판 정신이 가장 돋보이는 작품 중 하나가 〈맹상군전을 읽고讀孟嘗君傳〉이다. 맹상군은 중국 전국시대 제나라의 공족公族이자 사군四君 중 한 사람이다. 〈맹상군전을 읽고〉 본문에서 나오는 '계명구도鷄鳴狗盜'라는 고사성어는 맹상군이 진秦에 사신으로 갔다가 소양왕昭襄王에게 죽게 되었을 때, 그의 식객 중 개 흉내를 잘 내는 사람과 닭 울음소리를 잘 내는 사람의 도움으로 위기에서 빠져나왔다는 고사에서 유래하였으며, 비굴하게 남을 속이는 하찮은 재주, 혹은 그런 재주를 가진 사람이라는 뜻이다.

> 세상에서는 맹상군이 사인士人 얻는 데 능하여서 사인들이 그에게 귀의하였고 또 마침내 사인들의 힘을 입어 호랑이 같은 진나라 소굴에서 도망칠 수 있었다고 말한다.
>
> 아아! 맹상군은 그저 닭 울음소리나 내고 개 짖는 소리나 흉내 내는 무리의 우두머리일 뿐이니, 어찌 사인을 얻었다고 말할 수 있겠는가?
>
> 그렇지 않다면, 제나라의 강성함을 가지고 사인 하나만 얻었어도 남면하여 진나라를 제압할 수 있었을 터, 닭 울음소리나 내고 개 짖는 소리나 흉내 내는 무리를 취할 필요 있었겠는가? 바로 닭 울음소리나 내고 개 짖는 소리나 흉내 내는 무리가 그의 집을 드나들었기 때문에 진정한 사인들이 그를 찾아오지 않았던 것이다.

왕안석은 남의 도움을 받아 구차스럽게 살아남은 맹상군을 탐탁지 않게 여겼고, 그 마음을 이 작품에 고스란히 담았다. 이처럼 세상 아무것도 두려워하지 않고 시사에 비판을 서슴지 않던 그였지만, 끝내 그 서늘했던 봉망鋒鋩도 세파에 꺾여 버리고 말았으니, 정치란 참으로 어려운 것이다.

〔장안군에게 보이다示長安君〕

대충 차린 술과 음식으로 함께 담소하고, 어두운 등불 아래 지난 이야기 나누네

장안군[1]에게 보이다

(송) 왕안석

젊어서의 이별도 가볍지는 않았으나	少年離別意非輕
늙어서는 만나서조차 가슴이 아프네	老去相逢亦愴情
대충[2] 차린 술과 음식으로 함께 담소하고	草草杯盤共笑語
어두운 등불 아래 지난 이야기 나누네	昏昏燈火話平生
호수와 바다로 막힌 삼년 세월도 절로 아쉽건만	自憐湖海三年隔
다시 흙먼지 속으로 만 리 길을 가야 하네	又作塵沙萬里行
다음 만날 기약이 언제냐고 묻고 싶지만	欲問後期何日是
편지 보낼 때 즈음이면 남으로 가는 기러기를 보리라	寄書應見雁南征

* 주석

❶ 장안군은 왕숙문王淑文으로, 왕안석의 큰누이이다. 장안현군長安縣君이라는 봉호를 받았기에 장안군이라고 부른 것이다.

❷ '초초草草'는 대충이라는 뜻이다.

* 간평

이 시는 가우嘉祐 5년(1060)에 지었다. 당시 왕안석은 요나라에 사신으로 가게 되었는데, 떠나기에 앞서 3년 동안 보지 못했던 큰누이 왕숙문과 만났다. 본디 우애 깊은 남매가 바삐 만났다 바삐 헤어지는 모습이 사람의 심금을 울린다.

이 시는 전고典故를 하나도 사용하지 않아서 질박하고 자연스러우며, 간결하고 깨끗하다. 북송의 오가吳可는《장해시화藏海詩話》에서 이 시에 군더더기 글자라곤 단 한 글자도 없다고 말했다.

* 감상 포인트

짧은 만남과 긴 이별은 언제나 사람 마음을 아프게 한다. 제아무리 한 시대를 쥐락펴락하던 일국의 재상이요, 개혁 추진의 최전선에 섰던 인물이라지만, 한 부모 밑에서 자란 혈육에 대한 사랑 앞에선 슬픔을 금할 길이 없다. 대충 술이며 안주며 마련해 놓고, 이제 장년에 접어든 남매는 지난 세월을 이야기한다. 그러나 곧 닥칠 이별에 벌써 심란해진다. 긴긴 세월 못 보았건만 또다시 헤어져야 하는 이 기약 없는 이별 앞에서, 시인은 한 마디만 건넨다. 아마 기러기가 남녘으로 날아갈 때 즈음이면 내 편지가 도착할 겁니다. 그때까지 몸 보중하시오, 누이!

진 공의 광원 수계사[1] 석상에서 짓다

(송) 정호

옛날 난정[2]의 성대한 모임	盛集蘭亭舊
오늘날 낙사[3]에 그 풍류 남아 있소	風流洛社今
좌중에는 속세의 객이란 없고	坐中無俗客
물굽이엔 청아한 소리만 울린다오	水曲有淸音
향불[4] 연기는 내려왔다 다시 올라가고	香篆來還去
꽃가지는 떠올랐다 다시 가라앉는데	花枝泛復沉
날 저문다 근심하지 말지니	未須愁日暮
하늘가엔 가벼운 어둠밖엔 드리우지 않았소	天際是輕陰

* 주석

❶ 3월 3일(上巳日) 물가에 모여서 술 마시고 노는 중국의 풍습으로, 이때 부정을 씻고 그 해의 액운을 떨치기 위해 목욕재계도 함께하였다.

❷ '난정蘭亭'은 절강성 소흥紹興 서남쪽에 있는 오랜 정자이다. 동진東晉 영화永和 9년(353) 3월 3일에, 왕희지王羲之와 그의 벗 사안謝安, 손작孫綽 등 당대 명사들이 난정에서 모임을 갖고 수계 의식을 치른 다음 물줄기를 끌어다 술잔을 띄우면서 술을 마시고 시를 지었다. 후에 왕희지는 그 자리에 모인 사람들이 지은 시를 모아 시집으로 엮고 본인이 서문을 붙였는데, 그것이 바로 유명한 〈난정집서〉이다.

❸ '낙사洛社'는 두 가지 뜻이 있는데, 하나는 송나라 구양수歐陽脩, 매요신梅堯

〔진 공의 광원 수계사 석상에서 짓다陳公廣園修禊事席上賦〕

날 저문다 근심하지 말지니, 하늘가엔 가벼운 어둠밖엔 드리우지 않았소

臣 등이 낙양에서 조직한 시사詩社이고, 다른 하나는 송나라 신종 원풍元豐 연간에 부필富弼, 문언박文彦博, 사마광司馬光 등이 은퇴한 고관들을 모은 '낙양기영회洛陽耆英會'이다. 시의 내용을 보아서는 전자가 맞을 듯하다.

❹ 원시의 '향전香篆'은 향불을 피울 때 피어오르는 연기를 말하는데, 구불구불한 모양이 마치 전서篆書 같다고 하여 붙여진 이름이다.

* 간평

정호程顥(1032~1085)는 자가 백순伯淳. 호가 명도明道로 북송의 대유학자이다. 하남 낙양 사람. 송 인종 가우 2년에 소동파와 함께 진사 급제했다. 그는 아우인 정이程頤와 함께 '이정二程'으로 불리며 정주程朱 이학의 기초를 다진 인물로 평가된다. 이 시는 난정집회와 비슷한 시사詩詞 모임을 적고 있다. 주인과 객이 한창 즐기는 사이 날이 갑자기 어두워 오자 사람들은 시간이 매우 늦었는가 보다 여겼다. 그러나 실은 하늘가가 조금 어두워졌을 뿐이기에, "날 저문다 근심하지 말지니, 하늘가엔 가벼운 어둠밖에 드리우지 않았소."라면서 아직 모임을 계속할 수 있다고 사람들을 위로했다.

* 감상 포인트

삼짇날 좋은 시절을 맞이하여 사람들은 물가를 찾았다. 속된 사람은 이처럼 고아한 모임에 낄 수 없었고, 오직 시 짓고 노래하는 당대 재사들만 참석했다. 시 한 수 짓고, 흐르는 물에 술잔 띄워 술 한잔 마시고. 피워 놓은 향에선 꼬불꼬불 연기가 피어오르고, 술잔 띄운 물가엔 꽃가지가 떠내려간다. 옛사람들의 봄놀이 장면은 이처럼 떠들썩하지도, 그렇다고 심심하지도 않다. 서로 즐기고 또 각자 즐겼다. 그럼에도 이 모임이 파하는 게 아쉬웠나 보다. 지는 해를 근심했다니 말이다. 성리학의 초석을 다졌다고 할 수 있는 철학자도 노는 것이 싫

天涯靜處無征戰兵氣銷
子愷畫

보내는 사람

받는 사람

펑쯔카이丰子恺 그림 / 리샤오룬李晓润 평주 / 이주해 · 하경심 평역

〈새하곡塞下曲〉

해와 달의 빛이 되었네天涯靜處無征戰 兵氣銷爲日月光

지는 않았나 보다.

주석에서도 길게 설명했지만, 수계와 관련된 시문을 읽는 사람들은 어김없이 왕희지의 〈난정집서蘭亭集序〉를 떠올린다. 글도 명문이요 글씨도 명필인 이 작품을, 사람들은 삼짇날, 수계라는 단어만 들으면 어김없이 떠올린다. 이 좋은 계절 좋은 날에 왕희지는 왜 그토록 서글퍼졌을까?

> 생사란 한바탕의 환상이요, 장수하고 요절하는 것 모두 헛소리일 뿐이로다. 후세 사람이 지금 이 순간을 바라보는 것은 지금 내가 옛사람을 바라보는 것과 다르지 않을 터, 슬프고 슬프도다!
>
> — 왕희지, 〈난정집서〉 중에서

당 태종이 무덤에 함께 가지고 갔다는 〈난정집서〉는 지금도 잘 있을까 궁금하다.

〔복산자卜算子 · 포호연을 절동으로 보내며送鮑浩然之浙東〕

눈과 눈썹이 아름다운 곳이라고

복산자[1] 〈포호연을 절동으로 보내며〉

(송) 왕관

물은 가늘게 뜬 여인의 눈 같고[2]	水是眼波橫
산은 눈썹 봉우리가 모인 듯하네[3]	山是眉峰聚
나그네에게 어딜 가시나 물으니	欲問行人去那邊
눈과 눈썹이 아름다운 곳이라고[4]	眉眼盈盈處
봄을 보내자마자	才始送春歸
또 그대를 보내다니	又送君歸去
강남에 갔을 때 봄을 따라잡을 수 있거든	若到江南趕上春
봄날을 꼭 붙들어 두시게	千萬和春住

* 주석

❶ 사패 이름으로, 당대 시인 낙빈왕駱賓王의 별명을 차용한 것으로 전해진다. 낙빈왕은 시를 쓸 때 숫자로 제목 짓기를 좋아해 '복산자'로 불렸다고 한다. 절동은 절강동로浙江東路를 말하며, 포호연은 왕관의 지인으로 생애는 알려진 바 없다.

❷ 물은 미인이 던지는 추파 같다는 뜻이다. 옛사람들은 가을 못물로 미인의 눈을 형용했는데 여기서는 반대로 미인의 눈으로 물을 형용한 것이다.

❸ 산은 미인이 눈썹을 찌푸린 것 같다는 뜻이다.

❹ 산수가 모여드는 곳을 비유한다는 해석과 포호연이 떠나가서 사랑하는 사

람과 만나는 곳으로, 원문의 '미안영영眉眼盈盈', 즉 아름다운 눈과 눈썹은 마음 속에 둔 사람을 가리킨다는 해석이 있다. '영영盈盈'은 아름다운 모양이다.

* 간평

왕관王觀(1035~1100)은 자字가 통수通叟이며 강소江蘇성 여고如皋 사람이다. 왕안석 일파로 간주되었고, 왕안석의 변법이 실패로 돌아가자 그 역시 정적들에 의해 조정에서 쫓겨났다. 일설에는 그가 지은 〈청평악淸平樂〉이라는 사가 궁정생활을 묘사하면서 은근히 신종神宗을 욕보였다는 이유로 쫓겨났다고 한다. 그는 아예 자신의 호를 '왕축객王逐客(왕안석의 쫓겨난 객)'이라고 했다. 《벽계만지碧雞漫志》를 지은 왕작王灼은 그를 높이 평가하면서 "왕축객의 재주는 호방하고 그 새롭고 아름다운 점, 가볍고 분방한 점은 놀랄 만하다.(王逐客才豪, 其新麗處與輕狂處, 皆足驚人)"고 덧붙였다. 이 사는 상식을 뒤집어 산수를 미녀에 비유함으로써 산수에 선명한 아름다움과 생동감을 더했다.

* 감상 포인트

이 사는 〈별의別意〉라는 제목으로 일컬어지기도 한다. 제목을 통해 알 수 있듯이 송별사送別詞이다. 늦은 봄에 왕관은 월주 대도독부越州大都督府에서 이제 고향인 절동으로 돌아가는 벗 포호연을 전송한다. 사인 자신의 고향은 강소 여고이건만, 그곳은 가고 싶어도 갈 수 없어, 봄을 보내는 아쉬움과 이별의 시름에 객수客愁까지 더해진다. 하지만 이 시는 결코 애잔함에 머물러 있지 않다. 우선 간평에서 언급했듯, 역발상이 돋보인다. 보통 여인의 눈이 물과 같고, 여인의 눈썹이 산봉우리 같다고를 하지만 사인은 반짝이는 강물이 여인의 눈이고, 한데 모여 솟은 산봉우리가 여인의 눈썹이라고 말한다. 나의 벗이 가는 곳은 그렇게 눈과 눈썹이 아름다운 곳이라고 말한다. 얼마나 참신한 역발상인가!

사인은 떠나가는 벗에게 축복의 말도 잊지 않는다. 그대가 강남 땅에 도착했을 때, 아직도 봄기운이 남아 있거든 그 춘광春光을 꼭 붙들어 두시라. 벗이 언제나 따스한 봄날 햇살을 받을 수 있기를 간절히 축원하는 마음이 마지막 당부에서 절실히 느껴진다. "시는 감정을 따르는 것을 귀히 여긴다詩貴緣情"는 말이 있다. 왕관의 이 사야말로 진정한 감정을 따라 읊었기에 더욱 심금을 울린다.

〔남가자南歌子 · 선사의 노래師唱誰家曲〕

늙은 가기, 십오 세 한창때

남가자[1] 〈선사의 노래〉

(송) 소식

선사는 누구의 곡을 부르시오 師唱誰家曲
종파는 누구 뒤를 이었소[2] 宗風嗣阿誰
그대의 박판과 방망이[3]를 빌려 借君拍板與門槌
나도 한바탕 놀아 보려니, 이상하게 생각 마오 我也逢場作戱 莫相疑

냇가 여인이 훔쳐봐도 溪女方偷眼
산승은 눈썹 찌푸리지 마오 山僧莫眨眉
안타까운 건 미륵보살 늦게 태어나 却愁彌勒下生遲
늙은 가기 열다섯 한창때를 보지 못한 것 不見老婆三五 少年時

* 주석

❶ 사패 이름으로, 당대 교방의 옛곡이며 후에 사패로 사용되었다.

❷ 여기서 묘사한 대상은 대통大通 화상이다. 그는 젊어서 풍류가 넘쳤으므로 소동파가 겉으로는 어느 불교 종파에 속하냐고 묻고 있지만, 실제로는 '나는 대통, 당신의 본 모습을 알고 있다'고 암시한 것이다.

❸ '박판拍板'은 목제 악기로 불승이 경을 노래할 때 박자를 맞추기 위해 쓰는 것이고, '문추門槌'는 절에서 일깨우거나 소리 지를 때 쓰는 방망이로, 불승들이 불법을 강설할 때 종종 중요한 대목에서 책상을 치며 강조하는데, 이때 쓰이는 도구이다.

* 간평

소식蘇軾(1037~1101)은 송나라 시대를 대표하는 문인으로, 시문서화詩文書畵에 모두 능했으며 당송팔대가 중 한 사람으로 꼽힌다. 자는 자첨子瞻이고 호는 동파거사東坡居士로 흔히 '소동파蘇東坡'라고도 불린다. 북송의 불승 혜홍惠洪이 지은 《냉재야화冷齋夜話》에 의하면 소동파가 항주 자사杭州刺史로 있을 때 매일같이 서호西湖 주변에 머물렀는데, 이날은 일부러 가기 한 명을 데리고 항주 정자사靜慈寺의 명승 대통 선사를 찾아갔다고 한다. 선사의 얼굴에 노한 기색이 드러나자 소동파는 당장 이 사를 써서 가기에게 부르게 해 들려주었고 선사는 겸연쩍어하며 다시 얼굴이 굳어졌다고 한다.

* 감상 포인트

풍류가 넘쳤던 소식은 가는 곳마다 많은 일화를 남겼는데 이 작품은 항주 자사로 있을 때, 한 고승에게 장난기 섞인 노래를 지어 준 고사이다. 이렇게 흥이 나면 그 자리에서 즉흥적으로 작품을 써 내는 여유는 술 한잔 먹고 붓 한 번 휘둘러 시 한 편을 거리낌 없이 써 내려간 당대의 시인 이백을 떠올리게 한다.

간평에서 소개한 대로 이 사에 나오는 선사는 항주 정자사의 승려 대통 선사이다. 불법을 닦는 선사 앞으로 가기를 데려갔으니, 선사가 화내는 것도 당연한 일이다. 그런데 대담하기 짝이 없는 소동파는 이 사를 지어 선사를 조롱한다. 심지어 당신이 매일같이 두드리는 박판을 가져다가 내 노래의 박자를 맞추려고 하니 너무 이상하게 생각하지 말라며 약을 올린다. 능청은 여기서 그치지 않는다. '냇가 여인과 산승山僧'의 대비는 무척 흥미롭다. 미륵보살이 좀 더 일찍 오셨더라면 늙은 가기의 한창때를 진작에 보았을 터인데, 때를 놓쳐 벌써 이 나이가 되고 말았구려. 원래 법명이 선본善本으로 황제가 호까지 내렸다는 대통은 아마 이 노래를 듣고 얼굴이 벌게졌을 것이다.

소동파는 스님들과 유독 친해서 많은 이야깃거리를 후세에 남겼는데, 특히 불인 선사佛印禪師와의 일화가 흥미로워 한 가지 소개하고자 한다.

천중천에 고개 숙이니	稽首天中天
한 줄기 빛이 대천세계를 비추네	毫光照大千
팔풍이 불어도 흔들리지 않고	八風吹不動
자금색 연꽃 위에 정좌하고 있네	端坐紫金蓮

소동파가 자신이 온갖 풍파에도 흔들리지 않는 경지에 이르렀다는 시를 지어 보내자 불인은 '방귀 뀌고 있네.(放屁)' 두 글자를 적어 보냈다. 이에 화가 치민 동파가 당장 배를 타고 불인을 찾아가, 어찌 나를 이토록 과소평가하느냐고 따지자 "팔풍이 불어도 흔들리지 않는다더니, 방귀 한 글자를 보고 튀어오듯 강을 건너셨소.(八風吹不動, 一屁彈過江)"라고 대답했다고 한다. 그러니 매양 승려들이 소동파에게 당했던 것만은 아니다.

동선가❶ 〈얼음 같은 살결〉

(송) 소식

얼음 같은 살결에 옥 같은 자태	冰肌玉骨
절로 서늘해 땀도 안 흘리네	自淸涼無汗
물가 궁전에 바람 이니 은근한 향기 가득 퍼지고	水殿風來暗香滿
수놓은 발 열리니	繡簾開
밝은 달빛 한 줄기가 사람을 엿보네	一點明月窺人
사람은 잠 못 들고	人未寢
베개에 기대니 가로놓인 비녀, 흐트러진 귀밑머리	欹枕釵橫鬢亂
일어나 하얀 손 잡고 나서니	起來攜素手
정원은 고요하기만 하고	庭戶無聲
은하수 건너는 별들만 종종 눈에 띄네	時見疏星渡河漢
밤이 얼마나 지났나 물어보니	試問夜如何
이미 한밤중이라	夜已三更
달빛❷도 옅어지고, 옥승별❸은 낮게 돈다고	金波淡, 玉繩低轉
시원한 서풍 언제 오나 손꼽아 기다리다	但屈指西風幾時來
흐르는 세월 슬쩍 바뀌는 것도 모르는구나	又不道流年暗中偸換

〔동선가洞仙歌 · 얼음 같은 살결冰肌玉骨〕

밝은 달빛 한 줄기가 사람을 엿보네. 사람은 잠 못 들고,
베개에 기대니 가로놓인 비녀, 흐트러진 귀밑머리

* 주석

❶ 사패 이름으로, '동선가령洞仙歌令'이라고도 한다.

❷ 원문은 '금파金波', 즉 금빛 물결로 달빛을 말한다.

❸ 원문은 '옥승玉繩'으로, 북두성 근처에 있는 별 이름이다. 옛사람들은 가을 밤이 이슥해지면 이 별이 서북쪽에서 돌아 서서히 내려온다고 여겼다.

* 간평

북송이 후촉後蜀을 정복한 후, 작품 속에 묘사된 '얼음 같은 살결에 옥 같은 자태'를 가진 화예花蕊부인은 송 태조太祖 조광윤趙匡胤의 총비가 되었고 후에 태종太宗 조광의趙匡義에 의해 살해되었다. 소동파는 이 사의 서에서 첫 두 구절에 대해 후촉 궁중에서 화예부인을 모시던 미주眉州(사천 지역)의 늙은 여승이 전한 것으로, 촉의 왕인 맹창孟昶이 지은 것이라 밝힌 바 있다. "수놓은 발이 열리니, 밝은 달빛 한 줄기 사람을 엿보네."라는 구절은 달빛이 수놓은 주렴 사이로 침실을 비추는 것이 마치 화예부인의 더없이 아름답고 화려한 자태를 엿보는 것 같다는 표현이다. 이 사는 이처럼 아름답고 진실되게 묘사되었으므로 소동파가 젊었을 때 '얼음 같은 살결에 옥 같은 자태'의 여인을 만났고 작품에서 화예부인의 이름을 빌렸지만, 실제로는 마음속 정인에게 써준 사랑의 노래라고 보는 사람도 있다.

* 감상 포인트

워낙 얼음같이 투명하고 옥같이 고결해 더위 따위는 안 탈 것 같은, 그러나 잠 못 드는 그녀를 위해 함께 손잡고 깊은 밤 고요한 정원으로 나가 더위를 식혀 본다. 작자가 마치 맹창과 화예부인의 밤 피서를 목격한 듯 묘사하고 있는데 화자의 행동에서 여인을 아끼는 마음이 은근히 전해진다. 역사 속 매력 넘치는 인물들을 흠모하며 그 에피소드를 재현하는 듯 보이지만, 한편으로는 가을 바람이 불면 세월 역시 흘러간다는 진리를 깨닫는 반전이 있다.

소식은 미주眉州 미산眉山(사천 지역) 출신으로, 동생 소철蘇轍과 함께 진사에 급제(1057)한 뒤 한림학사翰林學士 · 예부상서禮部尙書 등을 지냈고, 항주杭州 · 밀주密州 · 서주徐州 · 호주湖州 등지의 지사를 역임했다. 신법파와의 갈등으로 인해 여러 차례 폄적되었다가 사면되는 등 부침을 겪었으며 정치적 영향력 못지않게 문단에서도 큰 족적을 남겼다. 당송팔대가의 한 사람으로 문장에도 능했지만 시사도 적지 않게 남겼는데, 특히 사에 있어서 이전의 완약한 사풍을 넘어서서 호방한 사풍을 유행시켰다.

동파의 사를 시보다 더 높이 평가하는 사람들도 있었다. 북송 초기의 사는 당 오대사의 영향을 받아 섬세하고 부드럽고 감상적인 경향을 띠었는데 소식에 이르러 인생의 애환, 역사회고에서부터 사냥과 영웅을 찬미하는 내용까지 제재가 다양하게 확대되고, 호방하고 거친 느낌을 표현하게 되었다. 이 사는 호방한 느낌은 별로 없으나 화예부인의 일화와 더불어 크게 유행했었다고 한다.

소식은 이 작품의 소서에서 그가 7살 때 미주의 90세 된 여승을 만난 기억을 떠올린다. 성이 주朱씨인 그 여승은 젊어서 촉왕蜀王 맹창孟昶의 궁중에 들어갔었는데 맹창이 화예부인과 밤에 마하지摩訶池에서 더위를 식히며 지은 사를 모두 기억한다고 했다. 그로부터 40여 년이 흘러 주씨는 죽었고, 그 사를 아는 이 없어 소식이 기억나는 처음 두 구절을 가지고 보충해서 지었음을 밝히고 있다. 소식은 이처럼 언제, 왜, 어떻게 작품을 짓게 되었는지 작품 앞에서 설명해 주어 창작배경에 대한 이해를 돕고 있는데, 이 역시 이전 시기에는 보편적이지 않았다.

하신랑[1] 〈제비 날아와〉

(송) 소식

새끼 제비 화려한 집에 날아드네　乳燕飛華屋
인적 없어 고요한데　悄無人
오동나무 그늘은 정오를 향해 움직인다　桐陰轉午
선선한 저녁, 새로 목욕 마치고　晚涼新浴
흰 생사로 만든 둥근 부채[2] 부치니　手弄生綃白團扇
부채와 손이 한데 엉겨 옥 같구나　扇手一時似玉
노곤해져 기대어　漸困倚
홀로 잠에 빠져드니　孤眠清熟
주렴 밖 수놓은 문을 누가 미는가?　簾外誰來推繡戶
공연히 요대의 꿈[3] 깨게 하려고　枉教人夢斷瑤臺曲
또, 바람이 대나무를 두드린 게지[4]　又却是, 風敲竹

반쯤 터진 석류는 주름진 붉은 수건[5]　石榴半吐紅巾蹙
뭇 꽃도, 꽃술도 다 지면　待浮花, 浪蕊都盡
고독한 그대 벗하리라　伴君幽獨
빛 짙은 가지 하나 자세히 들여다보니　穠艶一枝細看取
꽃술이 겹겹이 싸인 듯　芳心千重似束
서풍에 푸른 잎 놀랄까 걱정[6]　又恐被, 西風驚綠
그대가 와서 본다면　若待得君來向此
꽃 앞에서 술잔 들고 차마 손대지 못하리니　花前對酒不忍觸
꽃도 눈물도 함께 또르륵 떨어지리[7]　共粉淚, 兩簌簌

〔하신랑賀新郎 · 제비 날아와乳燕飛華屋〕

흰 생사로 만든 둥근 부채 부치니, 부채와 손이 한데 엉겨 옥 같구나

* 주석

❶ 사패 이름으로, '금루곡金縷曲', '하신량賀新凉', '부연비浮燕飛'라고도 한다.

❷ 생사의 원문은 '생초生綃'로, 표백하여 삶기 전의 생명주실, 생견을 말한다. 둥근 부채는 한대 반첩여班婕妤의 〈단선시團扇詩〉 중 "새로 자른 흰 비단, 눈처럼 깨끗하네. 둥근 부채 마르니, 밝은 달처럼 둥글둥글.(新裂齊紈素, 鮮潔如霜雪. 裁爲合歡扇, 團團似明月)"이라는 구절의 부채 이미지를 쓴 것이다.

❸ '요대瑤臺'는 곤륜산에 있다는 옥돌로 만든 대臺인데, 여기서는 꿈속의 선경仙境을 말한다.

❹ 당대 이익李益의 〈대나무 창가에서 바람소리 들으며 묘발과 사공서에게 부친다竹窓聞風寄苗發司空曙〉라는 시 중 "문 여니 흔들리는 대나무, 그이가 오셨나 보다.(开门復动竹, 疑是故人來)"라는 구절이 있다.

❺ 붉은 수건을 구긴 것 같다는 뜻으로, '축蹙'은 '추皺', 즉 주름진 상태를 말한다. 반쯤 핀 석류꽃을 형용한 것이다.

❻ 가을바람이 갑자기 불어 석류꽃을 시들게 하고 푸른 잎만 남았다는 뜻이다.

❼ 원문은 '속속簌簌'으로 바람에 잎이 지는 소리, 눈물이 떨어지는 모양 등을 형용하는 말이다.

* 간평

남송 양식楊湜의 《고금사화古今詞話》에 기재된바, 소동파가 항주 태수로 재임 시에 수란秀蘭이라는 총명하고 영리한 가기가 있었는데 소동파가 높이 평가했다고 한다. 하루는 항주의 관원이 서호 고산孤山의 연회에 모두 모였을 때 다른 악사 가기들은 모두 배석했는데, 수란만은 느긋한 모습으로 늦게 도착했다. 목욕 후에 노곤해져 자느라 늦었다는 말에 소동파는 대수롭지 않게 여겼으나 그 자리에 있던 한 관원은 끝내 용서하려 하지 않았다. 이때가 마침 석류꽃이 필 때라 소동파가 즉석에서 이 사를 짓고 수란에게 술을 따르게 하자 그 관원의 화가 누그러졌다고 한다.

* 감상 포인트

고요한 오후, 목욕을 마치고 잠에 빠져든 여인은 놀라 깨어 연회에 도착했지만 책망을 받는 상황에 처한다. 소동파는 그녀가 기가 죽은 것이 아마도 붉은 석류꽃이 지는 것처럼 안타까웠던 모양이다. 마지막 구절은 술을 바치며 눈물을 흘리는, 꽃처럼 아름다운 그녀를 어찌 용서하지 않을 수 있겠는가라고 읊는 듯하다. 호방파의 대표 주자로 삼국시대 영웅을 기리고 호쾌한 사냥 장면을 읊었던 소동파는 이처럼 일개 가기의 속마음을 헤아리는 섬세한 사도 지을 줄 알았다. 이 사에 대해서는 소동파가 1095년에 시첩侍妾 조운朝雲을 위해 지은 것이라는 설도 있는데, 《고금사화》의 기재가 훨씬 흥미롭다.

〔소충정訴衷情 · 건강에서建康〕

옛 육조시대의 밝은 달

소충정 〈건강[1]에서〉

(송) 중수

종산[2]의 그림자 속에서 누대를 보니	鐘山影裏看樓臺
저녁 강가에 안개가 푸르게 펼쳐지네	江煙晚翠開
옛 육조시대의 밝은 달	六朝舊時明月
이 맑은 밤, 진회하에 가득 비치네	淸夜滿秦淮
고요하게	寂寞處
조수는 밀려왔다 가고[3]	兩潮回
암울하고 서글픈 심정	黯愁懷
모래섬 꽃에는 가랑비	汀花雨細
물가 나무에는 한가로운 바람	水樹風閑
또, 가을이 왔구나	又是秋來

* 주석

❶ 육조시대 도읍으로 지금의 남경. 삼국시대 오吳, 동진東晉, 남조의 송宋·제齊·양梁·진陳 6국이 모두 이곳에 수도를 두었다.

❷ '자금산紫金山'으로, 지금의 남경시 동북쪽 교외에 위치해 있다.

❸ 하편의 첫 두 구절은 당대 유우석劉禹錫의 〈석두성石頭城〉 시 중, "산은 옛 고을 사방을 둘러싸고, 조수는 텅 빈 성을 치고 조용히 돌아간다.(山圍故國周遭在, 潮打空城寂寞回)"라는 구절을 차용한 것이다.

* 간평

작가인 중수仲殊는 북송의 불승으로, 속명은 장휘張揮이고 호북성 안륙安陸 사람이다. 결혼생활이 불행해 실망과 좌절 속에 살다가 불가에 입문하게 되었으며 소주 승천사承天寺, 항주 보월사寶月寺 등에 머물렀고 소동파와 교류가 잦았다. 이 사의 상결上闋은 회고의 내용이고 하결下闋은 가을을 슬퍼하는 내용으로, 처량하고 쓸쓸한 기운이 느껴진다. 남송의 학자는 중수의 사에 대해 "잘된 곳은 당나라 시인의 풍치에 못지않다.(高處不減唐人風致)"고 평했다.

* 감상 포인트

건강建康은 육조시대 때 지금의 남경을 부르던 이름이다. 지은이가 건강이라는 옛 이름을 부른 것을 보면 회고懷古의 상념에 빠져 있음을 짐작할 수 있다. 선비족의 침략을 받아 진晉나라 황실이 동쪽으로 천도한 이래, 남경은 드넓은 중원 땅을 잃은 한족에게 도성이 되어 주고 위안이 되어 준 도시였다. 송宋, 제齊, 양梁, 진陳이 양위를 통해 남쪽 왕조를 이어 가던 170년의 세월 동안, 숱한 고사를 품고 버텨 준 도시였다. 어디 버텨 주었을 뿐이랴. 비록 편안강좌便安江左의 처지였지만, 왕조의 수도로서 온갖 번화함을 다 누렸다. 화려한 궁궐이 동서남북으로 들어서고, 계명사雞鳴寺를 비롯한 사원이 지어지고, 운하를 통해 물자가 수송되고 진회하 주변엔 가게가 즐비했다. 《수서隋書 · 지리지地理志》에 따르면 "건강의 소시민들은 대부분 상업에 종사했고 군자들은 관직에 나아갔다. 가게가 거리에 즐비해 그 화려함이 장안이나 낙양에 못지않았다."고 한다. 그중에서도 진회하秦淮河 일대는 동진 때 명사인 왕도王導와 사안謝安이 살았던 오의항烏衣巷이 있는 곳이니, 회고의 정을 불러일으키기에 가장 적합한 장소라 할 수 있다. 사인은 물안개가 피어오르는 저녁, 진회하에 떠오른 달을 보며 그 옛날 화려했던 시절을 떠올리고 현재의 나로 돌아와 쓸쓸한 가을을 맞는 심정을 노래한다. 암울한 심정의 원인을 정확히 말하고 있지 않으나 '또, 다시 돌아온 가을'이라는 표현에서 굴곡진 인간사와는 전혀 상관없이 흘러가고 존재하는 세월과 자연에 대해 느끼는 서글픔이 전해진다.

〔물가 정자水亭〕

팔 아파 책 던지고 긴 낮잠에 빠진다

물가 정자

(송) 채확

종이 병풍, 돌 베개, 대나무로 엮은 침상[1]	紙屛石枕竹方牀
팔 아파 책 던지고[2] 긴 낮잠에 빠진다	手倦抛書午夢長
잠 깨어 일어나 빙그레 홀로 웃노라니	睡起莞然成獨笑
어부의 피리 소리 푸른 물결 속에 들려온다	數聲漁笛在滄浪

* 주석

❶ '죽방상竹方牀'은 대나무로 엮은 네모난 침상을 말한다.

❷ 손으로 오랫동안 책을 들고 읽어서 팔이 아파 온다는 뜻이다.

* 간평

채확蔡確(1037~1093)은 자가 지정持正으로 복건성 천주泉州 사람이다. 송 철종 때 재상을 지냈으며 왕안석 신법의 중요한 지지자 중 한 명이었다. 이 시는 〈여름날 거개정에 올라夏日登車蓋亭〉 총 10수 중 두 번째 수에 해당한다. 거개정은 호북성湖北省 안륙安陸 서쪽에 있다. 이 시로 인해 채확은 정적에게 죄명을 뒤집어쓰고 "거개정안"이라고 불리는 옥사를 당해 영남 땅으로 폄적되어 가 그곳에서 죽었다. 그러나 내용만 보자면 대단히 깊은 함의는 보이지 않고, 그저 시인이 물가 정자에서 피서 중 낮잠을 자다가 깨어나 피리 소리를 듣는 한적한 분위기밖엔 느껴지지 않는다.

* 감상 포인트

채확은 상서우복야 겸 중서시랑, 즉 재상 자리에 있다가 황제가 바뀌면서 지방관으로 좌천되었다. 조정 제일 높은 자리에 있다가 지방 고을의 수령으로 내려앉았으니, 인생무상이 뼈저리게 느껴졌을 것이다. 그가 안주安州에서 지은 열 수에 달하는 시를 읽고 그의 정적인 오처후吳處厚가 "이 시는 임금을 비난하였고, 특히 고태후高太后를 측천무후에 견주었다.", "아무아무 구절은 참언하는 사람을 비판했다.", "아무아무 구절은 지금 집정자를 비판했다."고 비방하는 바람에 화가 난 고태후가 채확을 영남嶺南 신주新州로 쫓아냈고, 그는 얼마 있다가 생을 마감했다.

특히 여기 인용한 시의 세 번째 구절 "잠 깨어 일어나 빙그레 홀로 웃노라니"를 두고는 "지금 조정이 이토록 청명한데 대체 무얼 보고 웃었다는 건지 모르겠다."며 또 무고하였다.

필화筆禍는 동서고금을 막론하고 자행된 지식인에 대한 명분 없는 학대이다. 오처우의 고발이 맞는지 여부는 차치하고, 코에 걸면 코걸이, 귀에 걸면 귀걸이인 글자 해석으로 인해 얼마나 많은 피눈물이 땅에 뿌려졌던가. 물론 채확의 인격에 대해서는 매우 부정적인 평가가 많으며, 그를 '간신'의 반열에 올려놓는 사람도 적지 않다. 그러나 '인격'과 '시격詩格'을 동일시할 수는 없지 않은가!

시인은 어쩌면 진짜로 지방관으로 떨어진 자신의 처지를 '긴긴 낮잠에 빠진 것'으로 비유하고 있는지 모른다. 인생사 남가지몽, 일장춘몽이라 하지 않았던가. 초탈한 듯 미소 짓는 시인의 귓가에 들려오는 어부의 피리 소리는 그 옛날 굴원에게 세상과 더불어 부앙俯仰하라고 말하던 어부의 가르침처럼 들린다. 어쩌면 시인은 어부의 피리 소리를 듣고 다음과 같은 사를 지었을지 모르겠다.

파도 소리, 어부의 피리 소리에　　波聲漁笛
달콤하던 꿈에서 놀라 깨었네　　驚回好夢
꿈속에서는 돌아가고 싶어도 돌아갈 수 없었다네　　夢裏欲歸歸不得

— 유영, 〈육요령六幺令〉

〔잡흥雜興〕

책임은 무겁고 갈 길은 멀어

잡흥

(송) 소철

붉은 바퀴, 화려한 덮개로 먼 유람 떠나려는데　朱輪華蓋事遠遊
마구간에 좋은 말이 없기에 지친 소에 오르네[1]　廐無良馬乘疲牛
푸른 실,[2] 옥 재갈, 금으로 장식한 끈[3]　青絲玉勒金絡頭
책임은 무겁고 갈 길은 멀어[4] 옆 사람들 근심하네　任重道遠旁人憂
치달리며 오가며 산과 언덕을 지났고　奔馳往來歷山丘
구덩이 뛰어넘고 진흙탕에 빠질 때면 끌채를 잡아당기네　騰坑投淖摧轅輈
넘어져도 다시 일어나 쉬지 않고 달리면서　已蹶復起行未休
푸른 꼴 누런 기장조차 주인에게 부끄러워하네　青芻黃粱爲君羞
머나먼 구주를 두루 다녀야 하건만　長路漫漫經九州
마장에 흰 망아지 있거늘 어찌하여 거두지 않는가　場有白駒胡不收
배고프면 옥산에서 꼴 먹고 황하의 물을 마시며　饑食玉山飲河流
아침엔 북녘 유기[5]에서, 저녁엔 더운 땅[6]에서 꼴 뜯네　朝秣幽冀莫炎陬
치닫는 구름, 내리치는 번개처럼 잠시도 머무르지 않아　奔雲掣電不少留
마부는 이 말 돌아보며 아쉬워하건만　僕夫顧之心懷愁
왕량[7]이 태어나지 않으니 누구와 일을 도모하랴　王良不生誰與謀
슬프구나! 이 준골[8]은 천금이나 나가거늘　哀哉駿骨千金酬

* 주석

❶ 붉은 바퀴나 화려한 덮개나 모두 수레 본체를 가리킨다. 즉 본체는 화려한데 막상 이 본체를 끄는 것은 준마가 아닌 지친 소라는 가정으로 이 시를 시작하고 있다.

❷ '푸른 실(青絲)'은 말고삐를 매는 실을 말한다.

❸ 재갈에 맨 가죽 끈을 말한다.

❹ 《논어論語 · 태백泰伯》에 "증자가 말하기를, 선비는 마음이 넓고 뜻이 굳세야 할 것이니 그 책임은 무겁고 길은 멀기 때문이다.(曾子曰, 士不可以不弘毅, 任重而道遠)"이라는 말이 나오며, 《사기史記 · 오자서열전伍子胥列傳》에도 보인다. 오자서가 초 평왕平王의 시신을 꺼내 채찍질하자 그의 벗 신포서申包胥가 "신하였던 그대가 지금처럼 시신까지 욕되게 하는 것은 천리天理에 어긋난 일이다."고 말했다. 이에 오자서가 대답했다. "해는 저물고 갈 길은 멀어 도리에 어긋난 일이지만 할 수밖에 없었다.(吾日暮途遠, 故倒行而逆施之)"

❺ 유주幽州와 기주冀州는 모두 북쪽에 있는 땅이다.

❻ 원시의 '염추炎陬'는 남방의 습하고 더운 땅을 말한다.

❼ 왕량은 춘추시대 진晉나라 사람으로 조보造父와 함께 어마御馬의 명인으로 추앙받는 인물이다. 준마를 알아보는 감식안이 뛰어난 인물로 알려져 있다.

❽ 준골은 준마를 가리키는데, 뛰어난 인재를 비유하는 말로 흔히 쓰인다.

* 간평

소철蘇轍(1039~1112)은 자가 자유子由이며 사천성 미산眉山 사람이다. 아버지 소순蘇洵, 형 소식蘇軾과 함께 당송팔대가에 이름을 올렸다. 그러나 소식과 소철 형제는 상반된 이미지를 지녔다. 소식은 호방하고 초탈한 면이 강하여 농담과 장난을 좋아하지만, 소철은 사람됨이 단정하여 우스개를 싫어했다.

소철의 만년은 곧 북송 왕조의 만년에 해당했다. 휘종徽宗과 흠종欽宗 두 황제는 강적들이 호시탐탐 중원을 넘봐 곧 위태로워질 것임을 뻔히 알면서도 간신들을 등용하였다. 이에 소철은 "머나먼 구주를 두루 다녀야 하건만, 마장에 흰 망아지 있거늘 어찌하여 거두지 않는가?"라며 분노에 찬 외침을 터뜨렸다. 이 망아지로 말할 것 같으면, "배고프면 옥산에서 꼴 먹고 황하의 물을 마시며, 아침엔 북녘 유기에서, 저녁엔 더운 땅에서 꼴 뜯고. 치닫는 구름, 내리치는 번개처럼 잠시도 머무르지 않아, 마부들이 이 말 돌아보며 아쉬워하는" 그런 천리마이다. 이 시의 마지막 구절 "왕량이 태어나지 않으니 누구와 일을 도모하랴? 슬프구나! 이 준골은 천금이나 나가거늘."은 바로 재능을 지녔으되 등용되지 못하는 자신의 울분을, 천리마는 언제나 있으나 이를 알아봐 주는 백락伯樂은 드문 현실에 대한 한탄이다.

* 감상 포인트

자신의 재능을 준마, 즉 천리마에 비유하는 것은 옛날 문인들의 관례였다. 나는 천리마이지만 내가 하루에 천 리를 간다는 것을 알아봐 줄 백락이 없는 것을 탄식하는 것. 이는 한유韓愈 이래, 혹은 내가 미처 알지 못한 그보다 더 윗대부터 내려온 상투적 표현이다.

이러한 탄식이 혼탁한 세상과 연결된다면 그건 의미 있는 불평이겠으나, 그렇지 않다면 자기중심적인 불평에 지나지 않는다. 소철은 어떠한가? 소철이 살아간 세상은 북송 정권이 무너져 가던 과정 그 자체였다. 변법變法을 둘러싼 신구파의 갈등, 수많은 인재들의 좌천, 죽음. 북송 왕조는 그렇게 무너져 갔다. 저 북방의 여진족이 하루하루 옥죄어 오고 있다. 갈 길이 얼마나 먼가? 해야 할 일이 얼마나 많은가? 고관대작들이 화려한 수레에 올라 바야흐로 북송 부흥의 역사적 사명을 감당해야 하는데, 수레는 번쩍번쩍하건만 막상 이 수레를 몰 준마는 없다. 그래서 기껏 부린다는 것이 피곤에 지친 소였다. 부리는 사람도 힘들고, 부림을 받는 소도 주인에게 부끄럽다.

이런 현실을 보면서 소철은 장탄식을 금할 수 없다. 이 험난한 길에 다 지쳐버린 소를 어떻게 몰고 가시려는지요? 마장에 흰 망아지 안 보이십니까? 그렇다. 소철은 흰 망아지다. 저 서쪽 끝 서왕모西王母가 살고 있다는 옥산에서 풀을 뜯고, 황하를 들이마시며, 아침엔 북쪽에, 저녁엔 남쪽에, 동에 번쩍 서에 번쩍 하는 천리마이다. 이런 천리마라면 보는 눈 있는 자라면 아쉬워하련만, 그런 눈 가진 이가 이 세상에 없으니 어찌하겠는가!

〔장산 서하사에서 묵다宿蔣山棲霞寺〕

맑고 낭랑한 피리 소리에 산 위 달만 높구나

장산[1] 서하사[2]에서 묵다

(송) 유자지

홀로 앉아 하는 청담[3]도 오래 하니 지겨워져　獨坐清談久亦勞
푸른 솔가지 태웠더니 이불도 옷도 따스해지네　碧松燃火暖衾袍
밤 깊어서 가동은 깨워도 일어나지 않고　夜深童子喚不起
어흥! 맹호 소리에 산 위 달만 높구나　猛虎一聲山月高

* 간평

절강성 금화金華 사람인 유자지兪紫芝는 그다지 알려진 인물이 아니었으나, 왕안석이 그의 시구 "속세의 일이란 게 때론 맘대로 되지 않으나, 한도 없이 많은 저 수많은 산은 언제나 마음에 들지.(有時俗事不稱意, 無限好山都上心)"를 늘 몸에 지니고 다니는 부채에 적은 후로 사람들로부터 주목을 받기 시작했다.

* 감상 포인트

혼자서 《주역》이니 노장老莊이니, 이른바 청담淸談이요 현학玄學이라 일컬어지던 책들을 읊조리다 보니 어느새 지겨워진다. 몸도 으슬으슬한 듯하여 솔가지를 태웠더니 내 옷도, 그리고 이불도 따스해진다. 무언가 시킬 일이 있었나? 가동을 깨워 보지만 가동은 일어나지 않고 산에서 '어흥!' 호랑이 소리만 들려오고, 산 위에 휘영청 높은 달이 대지를 비추고 있다. 움직이지 않는 고요함을 가로지르는 호랑이 소리마저 적막하게 느껴진다.

〔사절四絶〕

저 밝은 직녀성이 베개 위에 찾아오고서야, 이 몸 인간 세상에 있지 않은 줄 분명히 알았네

사절

(송) 진관

바람이 달을 불어 난간에 들게 하니	天風吹月入欄干
오작교 조용한데 밤은 깊어만 가네	烏鵲無聲子夜闌
저 밝은 직녀성이 베개 위에 찾아오고서야	織女明星來枕上
이 몸 인간 세상에 있지 않은 줄 분명히 알았네	了知身不在人間

* 간평

진관秦觀(1049~1100)은 자가 소유少游, 혹은 태허太虛이고 호는 회해거사淮海居士이다. 〈사절〉은 원우元祐 7년(1092)에 지어졌다. 펑쯔카이 선생이 그린 것은 그중 한 수이다. 전하는 바에 따르면 이 시는 진관이 시녀 조화朝華를 위해 지었다고 한다.

* 감상 포인트

바람이 달을 불어 난간으로 들여보냈다는 표현이 참으로 독특하다. 달만 휘영청 뜬 고요한 밤에 직녀성까지 베개 위에 떠오른다. 시인은 그제야 깨닫는다. 아! 내가 있는 곳이 인간 세계가 아니로구나.

〔천추세千秋歲 · 여름날詠夏景〕

사람들 흩어진 후, 물처럼 맑은 하늘엔 초승달 한 조각

천추세 〈여름날〉

(송) 사무일

연화[1] 우수수 섬돌에 흩뿌리니	楝花飄砌
그 맑은 향기 풍겨 오네	蔌蔌淸香細
장맛비 지나고	梅雨過
부평초에 바람 이니	萍風起
마음은 상강[2] 따라 저 멀리 흘러가고	情隨湘水遠
꿈은 남쪽 산봉우리[3]를 감도는데	夢繞吳峰翠
거문고, 서책도 지칠 때	琴書倦
자고새가 남창의 단꿈을 깨우네	鷓鴣喚起南窓睡
속마음 부칠 이 없으니	密意無人寄
깊은 한 누가 씻어줄까	幽恨憑誰洗
긴 대나무 옆	修竹畔
성근 주렴 속	疏簾裏
노래 끝에 부채로 먼지를 떨고	歌餘塵拂扇
춤 끝에 바람에 소매 올라가네	舞罷風掀袂
사람들 흩어진 후	人散後
물처럼 맑은 하늘엔 초승달 한 조각	一鉤淡月天如水

* 주석

❶ '연화楝花'는 멀구슬나무의 꽃으로, 옅은 자줏빛이며 정향과 비슷한 형태이다.

❷ 호북성의 '상강湘江'을 말하는데, 여기서는 먼 남쪽의 강을 가리킨다.

❸ '오봉吳峰'은 절강성 일대의 산을 말하는데 여기서는 먼 남쪽의 산을 가리킨다.

* 간평

사무일謝無逸(1066?~1113)은 재주 있는 문인들이 많이 나온 강서성 임천臨川 출신으로 안수晏殊 · 안기도晏幾道 부자, 왕안석王安石 · 증공曾鞏과 동향이다. 그의 성품은 고결했고 나비를 특별히 좋아해 백여 수의 나비 시를 지었으며 이로 인해 '사호접謝胡蝶'이라 불렸다. 이 사의 그림은 펑쯔카이 선생이 처음으로 공개 발표한 작품으로, 당시 그는 절강성 상우上虞(소흥紹興시 동쪽) 백마호白馬湖 부근의 춘휘春暉중학교에서 학생들을 가르치고 있었다. 시와 그림에 묘사된 것이 모두 맑고 그윽하며 심원한 의경이다.

* 감상 포인트

사무일은 시에서는 강서시파江西詩派에 속했지만, 사에서는 화간파花間派의 농염하고 부드러운 사풍을 이었으며 풍경 묘사에 능했다고 한다. 그러나 이 사는 농염함보다는 담박함이 느껴진다. 맑은 여름 경치를 읊고 있지만 시원함보다는 마음속 적적함이 느껴진다. 한바탕 장맛비가 지난 후 제법 바람도 일고 남쪽 산과 강들도 선명히 보인다. 그러니 자연히 먼 곳에 있는 사람, 혹은 이룰 수 없는 꿈들이 생각난 걸까. 거문고도, 책도, 가무도, 연회도 마음을 풀어 주지 못하고 사람들마저 다 돌아가 버렸는데 하늘의 조각달만이 덩그러니 혼자

남은 내 심정을 대변하는 듯하다.

이 사는 특히 경물을 잘 활용하고 있다. 첫 구에 나오는 '연화'는 늦은 봄 초여름에 피는 꽃으로 시간적 배경을 설명해 준다. 시나 사에 흔히 보이지 않는 이 꽃으로 사를 시작한 것으로 보아 나비를 좋아하던 사인은 꽃도 좋아했나 보다. 그다음으로는 부평초를 인용한다. 정처없이 떠가는 부평초에 하염없는 그리움을 싣는다. 하편에서 비록 화려한 연회를 묘사하지만, 끝에서는 사람 흩어진 후 홀로 뜬 초승달 한 조각을 띄운다. 이처럼 경물을 이용해 담박한 맛을 잘 그려 낸 사는 기실 흔치 않다.

〔여몽령如夢令 · 저물녘 냇가 정자에서常記溪亭日暮〕

흥 다해 돌아가는 저녁 배, 연꽃 무성한 곳으로 잘못 들어갔네

여몽령[1] 〈저물녘 냇가 정자에서〉

(송) 이청조

늘 생각나네, 저물녘 냇가 정자[2]	常記溪亭日暮
한껏 취해 돌아갈 줄도 몰랐지	沉醉不知歸路
흥 다해 돌아가는 저녁 배	興盡晩回舟
연꽃 무성한 곳으로 잘못 들어갔네	誤入藕花深處
헤치고 건너려다	爭渡
헤치고 건너려다	爭渡
물가 물새 떼[3] 놀라 날아가게 했었지	驚起一灘鷗鷺

* 주석

❶ '여몽령如夢令'은 사패 이름으로, 원래 명칭은 '억선자憶仙姿', '연도원宴桃源'이다. 오대五代 시기 후당後唐의 장종莊宗 이존욱李存勗이 처음 지었는데 그의 사에 "여몽如夢, 여몽如夢, 잔월낙화연중殘月落花煙重(꿈같아, 꿈같아, 지는 달 떨어지는 꽃에 안개가 자욱)"이라는 구절이 있어 후에 '여몽령'이라고 부르게 되었다.

❷ 이청조 고향인 제남濟南 장구章丘 명수호明水湖의 물가 정자.

❸ 원문은 '구로鷗鷺', 즉 갈매기와 해오라기로 물새를 가리킨다.

* 간평

이 사는 이청조李淸照(1084~1155?)가 16세 전후에 지은 처녀작으로 알려져 있다. 당시 그녀는 부친인 예부원외랑禮部員外郎 이격비李格非를 따라 변경汴京에 온 지 얼마 안 되었을 때였다. 어린 시절, 이청조는 얽매임 없이 살았으나 변경에 온 후 사람과 주위환경은 크게 변했고, 그 때문에 더욱 어릴 적 고향의 자유로운 생활을 그리워했다.

* 감상 포인트

이청조는 송나라의 대표적 작가로, 그의 사는 청신하고 진솔한 표현, 풍부한 정감이 특징이다. 제남濟南(산동성 제남시) 출신으로, 어린 시절에는 장서가 풍부한 학자 집안에서 유복하게 자랐고 커서는 자신의 재주를 알아주는 조명성趙明誠과 결혼해 고서화, 금석문金石文 수집을 취미로 삼으며 행복하게 살았다고 한다. 그러나 금나라의 침입으로 고향을 떠나 남쪽으로 쫓겨 내려와야 했고 남편을 잃은 후 재혼하기는 했으나 불행 속에 생을 마쳤다. 그래서인지 후반기의 사에는 외로움과 쓸쓸함이 깊게 배어 있다. 위의 작품은 걱정 없던 소녀 시절의 작품으로 재기 발랄하고 생기가 넘친다.

〈여몽령〉 두 번째 수 〈어젯밤엔 가랑비 내리고昨夜雨疏風驟〉도 함께 소개해 본다.

어젯밤엔 가랑비 내리고 바람 휘몰아쳐	昨夜雨疏風驟
잠을 잤어도 술기운 다 가시지 않았어라	濃睡不消殘酒
주렴 올리는 이에게 물어보니	試問卷簾人
해당화가 아직 피어 있다 말하네	却道海棠依舊
정말일까	知否
정말일까	知否
푸른 잎만 무성하고 꽃은 시들어버린 건 아닐까	應是綠肥紅瘦

앞에서는 연꽃을, 여기서는 해당화를 노래하고 있지만 두 수 모두 꽃을 사랑하는 어린 소녀의 사랑스러움이 잘 나타나 있다. 꽃이 좋아 무작정 물을 건너가는 소녀. 아직 해당화가 피어 있다는 말에 좋으면서도 "정말? 정말?" 하며 반문하는 소녀. 이청조의 소녀 시절은 이처럼 천진하였구나.

고향을 떠난 소녀는 번화한 서울로 왔지만 시간의 제약 없이 냇가 정자에서 실컷 즐겼던 시절이 더 좋았나 보다. 뱃길을 잘못 들어서서 연꽃 속에 파묻히고, 헤쳐 나오려다 새를 놀라게 한 대수롭지 않은 일도 다 소중한 순간으로 기억된다.

〔감자목란화減字木蘭花 · 꽃을 사서賣花擔上〕

꽃 파는 노점에서 막 피려는 꽃가지 하나 샀네

감자목란화 〈꽃을 사서〉

(송) 이청조

꽃 파는 노점에서	賣花擔上
막 피려는 꽃가지 하나 샀네	買得一枝春欲放
눈물이 얼룩져 살짝 번지니	淚染輕勻
붉은 노을에 내린 새벽이슬 자욱 같아	猶帶彤霞曉露痕
혹시 그이가	怕郎猜道
내 얼굴이 꽃보다 못하다고 말할까?	奴面不如花面好
구름 같은 머리에 비스듬히 꽂고서	雲鬢斜簪
그이에게 비교해 보라고 해야지	徒要教郎比并看

* 간평

이 사는 이청조가 신혼 때 쓴 것으로 알려져 있다. 꽃을 사서 머리에 꽂으며 아름다움을 비교해 보는 모습을 통해 아름다운 봄에 꼭 맞는 신부의 화사한 미소를 그려 넣었다.

* 감상 포인트

어여쁜 꽃을 사놓고 혹여 낭군이 나보다 꽃을 더 사랑할까 시샘하는 모습이 천진하고 사랑스럽지만, 너무 가벼운 묘사로 인해 혹 이청조의 작품이 아니라는 평을 듣기도 한다.

〔쌍조억왕손雙調憶王孫 · 연꽃을 보며賞荷〕

물빛, 산색, 사람에게 다가오니

쌍조억왕손 〈연꽃을 보며〉

(송) 이청조

호수에 바람 불어 물결 아득히 퍼지고	湖上風來波浩渺
가을 저무니, 붉은 꽃 지고 향기도 사라지네	秋已暮, 紅稀香少
물빛, 산색, 사람에게 다가오니	水光山色與人親
말로는 다 못하네, 너무 좋아서	說不盡, 無窮好
연밥 영글자 연꽃은 늙고	蓮子已成荷葉老
맑은 이슬에 씻긴, 부평초와 물풀	淸露洗, 萍花汀草
모래 위에 잠든 물새들 돌아보지도 않으니	眠沙鷗鷺不回頭
원망하는 건가, 사람들 너무 일찍 돌아갔다고	似也恨, 人歸早

* 간평

청대 학자 팽손통彭孫通은 《금속사화金粟詞話》에서 이 사가 "쉽고 통속적인 말을 써서 청신한 생각을 표현했다.(用淺俗之語, 發淸新之思)"고 평했다.

* 감상 포인트

늦가을 호숫가의 잔잔하고 맑은 풍경은 도저히 말로 표현할 수 없을 정도로 '무한히 좋다'. 이 풍경을 두고 떠나는 것이 미안했을까. 연꽃, 물풀들은 늙은 것 같고 고개도 안 돌리는 갈매기, 해오라기는 떠나는 나를 원망하는 것 같다. 펑쯔카이 그림 속의 소녀도 돌아갈 생각을 잊은 것 같다.

취화음[1] 〈긴긴낮〉

(송) 이청조

옅은 연무, 짙은 구름, 시름으로 긴긴낮	薄霧濃雲愁永晝
서뇌향[2]은 짐승꼴 향로에서 피어오르고	瑞腦消金獸
좋은 시절 또 중양절이라	佳節又重陽
옥베개, 비단휘장에[3]	玉枕紗廚
한밤중 서늘함이 배어들기 시작했네	半夜涼初透
동쪽 울타리[4]에서 황혼에 술잔 드니	東籬把酒黃昏後
은은한 향기가 소매에 가득[5]	有暗香盈袖
넋 나가지[6] 않는다 말하지 마오	莫道不銷魂
주렴 걷으니 서풍 부는데	簾卷西風
사람은 국화보다 말랐구려	人比黃花瘦

* 주석

❶ 사패 이름.

❷ '서뇌瑞腦'는 향의 한 종류로 용뇌龍腦 · 빙편冰片이라고도 한다.

❸ 원문은 '사추紗廚'로, 모기, 파리 등을 막기 위한 얇은 비단 방충망을 가리킨다. 북송 주방언周邦彦의 〈완계사浣溪沙〉에 "얇디얇은 비단망 바라보니 텅 빈 듯, 대자리 무늬는 물에 든 연꽃 같네.(薄薄紗廚望似空, 簟紋如水浸芙蓉)"

❹ 국화가 핀 곳을 가리킨다. 동진東晉 도연명陶淵明의 〈음주飮酒〉라는 시 중

〔취화음醉花陰 · 긴긴 낮薄霧濃雲愁永晝〕

주렴 걷으니 서풍 부는데, 사람은 국화보다 말랐구려

"동쪽 울타리 밑에서 국화를 따고, 아득히 남산을 바라본다.(采菊東籬下, 悠然見南山)"는 구절에서 차용한 것이다.

❺ '암향영수暗香盈袖'는 국화의 그윽한 향기가 소매에 가득 들어온다는 뜻이다. 〈고시십구수古詩十九首〉의 〈정중유기수庭中有奇樹〉 편에 "가지 당겨 꽃봉오리 꺾어, 그리운 그대에게 보내고파. 향기는 소매에 한 가득 퍼지는데, 길 멀어 이르지 못하네.(攀條折其榮, 將以遺所思. 馨香盈懷袖, 路遠莫致之)"라는 구절이 있다.

❻ 원문은 '소혼銷魂'으로, 슬프고 마음 아프다는 뜻. 남조 강엄江淹의 〈별부別賦〉에 "슬퍼 넋 나간 건, 오로지 이별 때문이라네.(黯然銷魂者, 惟別而已矣)"라는 구절이 있다.

* 간평

송 선화 3년, 조명성이 산동 내주萊州 태수로 나가게 되는데 이청조는 함께 가지 못하고 홀로 중양절을 맞게 된다. 이청조가 이 사를 지어 조명성에게 부치자 조명성은 손님을 사절하고 50수의 모방작을 지은 뒤 이청조의 사를 그 속에 섞어 친구 육덕부陸德夫에게 평을 부탁한다. 육덕부는 비교해 보고는 "최근에 많이 발전했구려. 이 세 구가 가장 좋소."라고 했고 조명성이 어느 세 구가 좋냐고 물으니 육덕부가 "넋 나가지 않는다 말하지 마오, 주렴 걷으니 서풍 부는데, 사람은 국화보다 말랐구려."라는 세 구라고 대답한다. 이후로 조명성은 부인에게 기쁜 마음으로 감복했다고 한다.

* 감상 포인트

마지막 세 구절에 관련된 일화로 유명한 이 사는 국화 향기 퍼지고 날도 서늘해진 좋은 가을날을 배경으로 한다. 화자는 도연명처럼 동쪽 울타리 앞에 서서 아무렇지 않은 듯 가을을 즐기는 것 같지만, '시름으로 긴긴낮'이라는 환경 설정에서부터 문득 가슴이 먹먹해져 '시든 국화보다 초췌한 나'를 발견하는 장면까지, 아름다운 계절과는 대조적인 외로움을 서서히 부각시킨다. 이청조는 여성이지만 결코 '잠 못 이루며 눈물 짓는 처량한 규방의 여인'의 형상을 답습하지는 않는다. 그런 점에서 더욱 그녀의 개성이 돋보인다.

성성만[1] 〈찾고 또 찾아도〉

(송) 이청조

이리저리 찾고 또 찾아도[2]	尋尋覓覓
냉랭하고 싸늘하고	冷冷淸淸
처참하고 서글플 뿐	凄凄慘慘戚戚
문득 따뜻했다가 갑자기 추워지는 이때[3]	乍暖還寒時候
편히 쉬기[4] 제일 힘들구나	最難將息
두세 잔 묽은 술로	三杯兩盞淡酒
어찌 맞서랴, 저녁에 부는 세찬 바람을	怎敵他, 晚來風急
기러기 지나가니	雁過也
더 마음 아픈데	正傷心
전에 알던 사이인 듯	却是舊時相識
땅 가득 국화꽃 쌓였네	滿地黃花堆積
초췌하게 상했으니	憔悴損
이제 누가 따려 할까	如今有誰堪摘
창 앞을 지켜 서 있자니	守着窗兒
나 홀로 짙어지는 어둠을 어찌 견디랴	獨自怎生得黑
오동잎에 가랑비	梧桐更兼細雨
황혼까지 뚝뚝 뚝뚝	到黃昏, 點點滴滴
이러한 때에[5]	這次第
어찌 '수愁' 자 하나로 말 다하리	怎一個愁字了得

〔성성만聲聲慢 · 찾고 또 찾아도尋尋覓覓〕

창 앞을 지켜 서 있자니

* 주석

❶ 사패는 '성성만聲聲慢'으로, 원래 이름은 '승승만勝勝慢'이다. 남송의 장첩蔣捷이 이 사패에 가사를 지을 때 모두 성聲 자를 사용해 운을 맞추었으므로 이렇게 부르게 된 것이다.

❷ 잃어버린 모든 걸 찾고 싶다는 뜻으로 허전하고 슬프고 멍한, 갈 길 잃은 마음 상태와 상실감의 표현이다.

❸ 가을 날씨가 쌀쌀해지다가 어쩌다 따뜻해지는 때를 말한다.

❹ '장식將息'은 옛 방언으로, '편하게 쉰다', '몸을 돌본다'는 뜻이다.

❺ '저차제這次第'는 이 풍경, 이 상황이라는 뜻이다.

* 간평

송나라 흠종欽宗 정강靖康 2년(1127년), 북송 멸망 후 이청조는 남편 조명성을 따라 남쪽으로 피난 오게 되고, 2년 후 조명성은 병으로 세상을 떠난다. 이때부터 이청조의 사풍은 젊어서의 '술 한잔 기울이며 나지막이 읊는' 풍에서 침울하고 슬프고 처연한 것으로 바뀐다.

역대의 사론가들은 이 사에 대해 입을 모아 칭찬했는데, 명대의 재자 양신楊愼은 "성성만 사가 가장 아름답고 오묘하다.(《聲聲慢》一词, 最爲婉妙)"고 했다. 또 청 말의 학자 양소임梁紹壬은 "'심심멱멱, 냉냉청청, 처처참참척척'의 14자의 첩자(같은 자의 반복)를 쓴 것은 특이하고 참신해 보통 사람이 생각할 수 있는 바가 아니다.('尋尋覓覓, 冷冷淸淸, 凄凄慘慘戚戚', 連下十四疊句, 則出奇制勝, 匪夷所思矣)"라고 평했다.

* 감상 포인트

자신의 재주를 알아주고 마음이 통하는 이상적인 배우자 조명성을 만나 함께 고서화에 파묻혀 행복하게 살았던 이청조는 정강의 변 이후, 남쪽으로 피난 오고 남편을 여의면서 여생을 외로움과 서글픔 속에 살았다. 이 작품은 이청조의 대표작으로, 그런 처연하고 허전한 마음을 읊고 있는 듯하다. 주변의 모든 것이 다 차갑고 의지할 데라고는 없는데 몸도 마음도 시든 꽃처럼 생기 없는 자신의 모습도 서글프다. 어스름 저녁이 되자 더더욱 허전함을 못 견디겠는데 비까지 오면서 가슴을 후빈다. '오동잎의 빗소리'는 고전 시사에 자주 등장하는데, 오동잎이 두껍고 넓어 비 떨어지는 소리가 사람의 수심을 깊게 하는 것으로 묘사된다. 이 사에는 '어찌 맞서랴', '어찌 견디랴', '누가 따려 할까'와 같은 답 없는 질문들이 자주 나와 화자의 답답한 심정을 말해 준다. 특히 마지막 구 '어찌 수愁 자 하나로 말 다하랴'는 도저히 말로 다 표현할 수 없는 많은 감정을 내포한 쓸쓸한 질문으로 노래가 끝난 뒤에도 계속 사람을 먹먹하게 한다.

〔북벌에 나서는 자암 장 선생을 보내며送紫巖張先生北伐〕

돌아와 명주께 보고하기를, 옛 신주 땅을 모두 회복하였나이다

북벌[1]에 나서는 자암 장 선생[2]을 보내며

(송) 악비

한바탕 호령 소리에 바람 일고 번개 치니	號令風霆迅
하늘에서 울리는 소리[3]가 사방[4]을 뒤흔드네	天聲動北陬
멀리 말을 몰아 황하와 낙수를 건너고	長驅渡河洛
곧바로 적을 치러 연 땅 유 땅[5]으로 돌진하네	直搗向燕幽
말발굽으로 연지[6]의 피를 짓밟고	馬蹀閼氏血
깃발에는 가한[7]의 머리를 매다네	旗梟可汗頭
돌아와 명주께 보고하기를	歸來報明主
옛 신주[8] 땅을 모두 회복하였나이다	恢復舊神州

* 주석

❶ '북벌北伐'이라 함은 송 고종 소흥紹興 4년(1134), 장준이 재상 겸 도독都督 제로군마諸路軍馬에 임명되어 제장들을 소집하여 평강부平江府로 가 북벌을 준비한 일을 말한다. 악비 역시 북벌 장령 중 한 사람이었다.

❷ 자암 장 선생은 항금抗金 명장 장준張浚을 가리킨다. 위국공에 봉해졌으며 세상에서는 그를 자암 선생이라 불렀다.

❸ '천성天聲'은 송나라 임금과 나라의 위엄을 상징한다.

❹ '북취北陬'는 사방 구석구석을 말한다.

❺ 위에 나오는 황하와 낙수, 그리고 여기 나오는 연 땅과 유 땅은 모두 금나라가 점령한 옛 중원 땅이다.

❻ 흉노는 처를 '알지閼氏'라고 하는데, 지금의 발음으로 하면 연지가 된다. 여기서는 금나라 침략자를 가리키는 말로 사용되었다.
❼ '가한可汗' 역시 흉노 왕의 호칭인 '칸khan'의 음역이다. 여기서도 여진족 금나라 왕을 가리키는 말로 사용되었다.
❽ '신주神州'는 중원을 말한다.

* 간평

악비岳飛(1103~1142)는 남송의 장군이다. 금나라가 화북을 점령하고 수도인 개봉을 점령하자 고종을 따라 남하하였다. 악비는 직접 금과 싸워 혁혁한 전공을 올렸으며, 북벌론을 주장했다. 그러나 당시 재상인 진회秦檜는 금과의 화평론을 주장하였는데, 1141년에는 급기야 북벌에 나선 장군들의 군대 지휘권을 박탈하고 소속 병사들을 모두 중앙군으로 개편하였다. 이에 복종하지 않았던 악비는 누명을 쓰고 양자 악운과 최고 간부인 장헌과 함께 투옥된 뒤 살해되었다. 1178년에 무목武穆의 시호를 받았으며 1204년는 악왕鄂王으로 추존되었다.

송 고종 소흥 4년(1134)에, 금나라 초의 무장 김올출金兀術과 한족 매국노 유예劉豫의 군대가 남침하자 장준은 다급히 명을 받아 중원 북벌에 나섰다. 이에 주전파의 중심축인 악비가 이 시를 지어 그를 장엄히 전송했다.

"돌아와 명주께 보고하기를, 옛 신주 땅을 모두 회복하였나이다."

이는 악비의 소원이기도 하고, 항일전쟁 발발 이후 펑쯔카이 등 모든 애국지사들의 소원이기도 했다.

* 감상 포인트

중국인이 가장 사랑하는 애국자는 남송의 장군 악비이고, 가장 증오하는 간신은 재상 진회秦檜이다. 그래서 지금도 중국 악왕묘岳王廟에 가 보면 악비를 모함한 희대의 간신 진회와 그의 아내가 철창에 갇힌 채 무릎을 꿇고 있는 동상을 볼 수 있다. 그 동상을 향해 아직까지도 사람들은 침을 뱉고 욕을 퍼부으니, 악비에 대한 사랑이, 또 진회에 대한 증오가 얼마나 깊은지 이해할 수 있다.

여진족이 세운 금나라에 빼앗긴 중원 땅은 항주까지 쫓겨 내려온 남송 관료들이 오매불망 그리워하던 고국이었다. 이 땅을 수복해야만 한족의 구겨진 자존심도 되찾을 수 있고, 종묘사직을 뵐 면목도 찾을 수 있다. 생사고락을 함께했던 전장의 벗. 그 소중한 벗을 북벌 전쟁터로 내보내야 하는 비분강개한 심정은 시의 구절마다 잘 표현되어 있다. 그러나 이 이별은 애처롭고 아쉬운 그런 이별이 아니라, 남아로서 또 한 나라의 장령將令으로서 두 어깨 가득 책임을 지고 떠나는 웅장한 이별이다. 이에 악비는 단 한마디 진부한 인사말도 보태지 않는다. 천자의 부대로서 지축을 뒤흔드는 위용을 선보이고, 여진족 황후와 칸의 머리를 전리품으로 가져오라고 늠름한 축원을 보낸다. 마지막 구절은 간평의 설명과 마찬가지로 조국을 잃어버린 많은 사람들의 공통된 소원일 것이다. 반드시 장수가 아니더라도 말이다.

〔가을 감회秋懷〕

가을빛이 야인의 집에 먼저 찾아 들었네

가을 감회

(송) 육유

밭 매는 농부는 시렁 옆에서 오이를 따고	園丁傍架摘黃瓜
시골 여인은 울타리 따라 도라지꽃을 따네	村女沿籬采碧花
성 안에는 여전히 삼복더위 남았는데	城市尙餘三伏熱
가을빛이 시골집에 먼저 찾아들었네	秋光先到野人家

* 간평

육유陸游(1125~1210)는 자가 무관務觀이고 호는 방옹放翁이다. 월주越州 산음山陰(지금의 절강성 소흥紹興) 사람. 남송의 애국시인이라 일컬어진다. 중년에 촉蜀 땅에 들어가 군대에 몸을 담았고, 보장각대제寶章閣待制까지 지냈다. 평생 9천 수에 달하는 시를 남겼으며, 양만리楊萬里 · 범성대范成大 · 우모尤袤와 함께 "남송사대가南宋四大家"로 일컬어진다.

* 감상 포인트

이 시는 전원시 느낌이 물씬 풍긴다. 시렁에서 오이를 따는 남자. 울타리를 따라가며 도라지꽃을 따는 여자. 한가로운 늦여름의 정경이 시골집 채마밭에서 펼쳐진다. 그래서 시인은 말한다. 사람 북적이는 도시는 아직도 삼복더위이겠지만 한적한 자연 속 시골집엔 어느새 가을이 찾아왔다고.

〔술 취해 붓 가는 대로 지은 사절. 시구를 완성하고 읽은 이가 혹 야인의 본심을 알지 못할까 두려워 한 수 더 짓다
醉中信笔作四絶. 句既成懼觀者不知野人本心也, 復作一絶〕

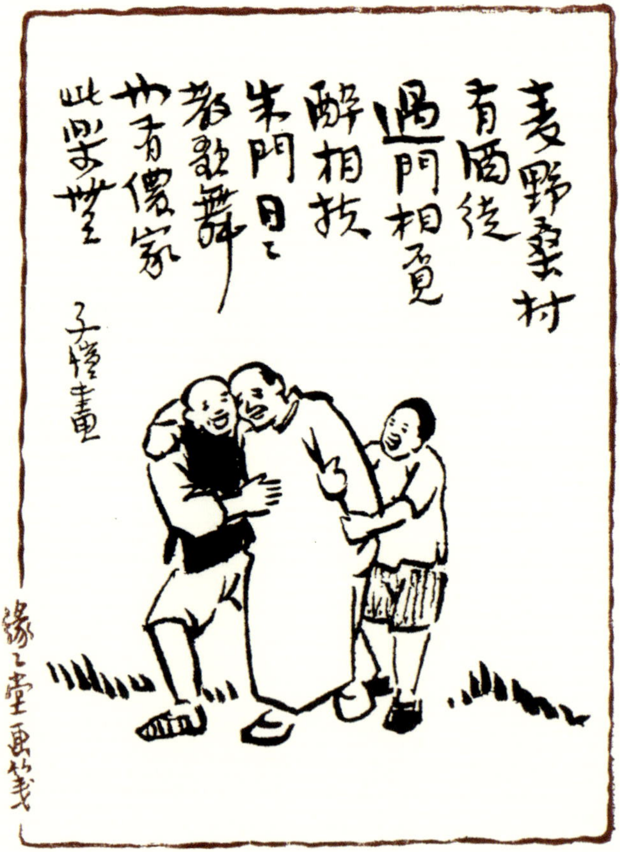

보리 자란 들판, 뽕나무 키우는 마을에 술꾼들이 많아,
이 집 저 집 찾아다니며 술에 취해 서로를 부축하네

술 취해 붓 가는 대로 지은 사절. 시구를 완성하고 읽은 이가 혹 야인의 본심을 알지 못할까 두려워 한 수 더 짓다

(송) 육유

1.

보리 자란 들판, 뽕나무 키우는 마을에 술꾼들이 많아	麥野桑村有酒徒
이 집 저 집 찾아다니며 술에 취해 서로를 부축하네	過門相覓醉相扶
부잣집에선 날마다 가무를 가르칠 테지만	朱門日日教歌舞
우리 같은 이런 즐거움 있을까 모르겠네	也有儂家此樂無

2.

오늘 아침 곡식 팔아 돈을 얻었기로	今朝賣穀得靑錢
저자로 나가 돼지 앞다리 하나 사왔네	自出街頭買彘肩
장작불에 구우니 향기가 집안 가득해	草火燎來香滿屋
젓가락을 들기도 전에 침이 줄줄 흐르네	未容下箸已流涎

* 간평

이 절구 연시는 모두 5수가 있는데, 펑쯔카이 선생이 그린 것은 그중 두 번째 수이다. 첫 번째 수에서는 농부들이 이웃을 찾아가 술을 마시고, 술에 취해 서로 기댄 채 걷고 있는 장면을 표현했다. 두 번째 수에서는 농가의 소박한 즐거움을 그렸다. 곡식 내다 판 돈으로 시장에서 고기를 사와 경축하는데, 조리법

오늘 아침 곡식 팔아 돈을 얻었기로, 저자로 나가 돼지 앞다리 하나 사왔네
장작불에 구우니 향기가 집안 가득해, 젓가락을 들기도 전에 침이 줄줄 흐르네

은 간단해도 원래 그대로의 맛이니 기가 막혔을 것이다.

당송 시인들 중에는 빈천한 집안 출신이 많아 명리를 좇느라 분주히 뛰어다녔는데, 도리어 부유한 집안 출신인 육유는 과거나 벼슬에 큰 관심 없이, 오로지 "말에 올라 미치광이 오랑캐를 치고, 말에서 내려와 군사문서를 작성할" 일만 생각했다. 그러나 관리가 되지 않으면 말에 무게가 없어 조당에 올라 남송을 위해 항금의 목소리를 높일 수 없었다. 그래서 그는 평생을 벼슬과 귀은歸隱 사이에서 방황하면서 수많은 산수전원시를 지었다.

* 감상 포인트

시골생활의 즐거움을 표현한 시 중에서도 손에 꼽히는 수작이다. 제목부터가 참 흥미롭다. 시 한 수를 지었는데, 혹시 읽는 사람이 내 뜻을 몰라 줄까 걱정되어 다시 한 수를 지었다니. 자신이 누리는 시골생활의 즐거움이 억지로 지어낸 것이 아닌 참이었음을 말하고 싶었던 것 같다. 그 노력 덕분인지 읽는 내내 입가에 웃음이 떠나지 않는 수작이 탄생했다.

이웃과 한 집안처럼 지내며 함께 술 마시고 즐기는 농부들이 술에 취해 비틀비틀 어깨동무하고 거리를 활보한다. 빵빵거리는 자동차도 없고, 손가락질하는 사람도 없다. 그 자유로움을 시골 농부들은 실컷 누리고 있다. 육유가 두 번째로 읊은 전가락田家樂은 앞의 그것보다 더 소박하다. 곡식 팔아 돈이 생기자 냅다 시장으로 뛰어가 돼지 앞다리 한 짝을 사온다. 볏과 장작 피워 그 고기를 굽자니, 미처 젓가락을 들기도 전에 먼저 침이 줄줄 흐른다. 아! 이런 즐거움을 도시 사람들이 알려나?

〔법운에서 돌아와自法雲歸〕

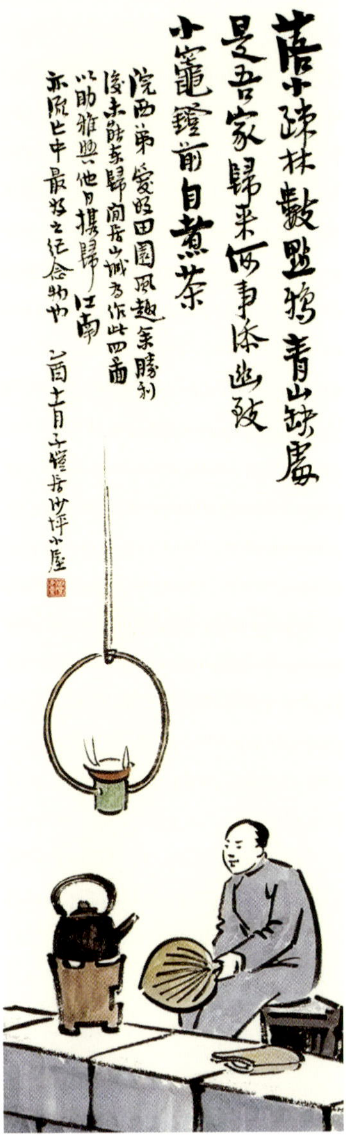

작은 부뚜막 등잔 앞에서 차나 끓여야지

법운[1]에서 돌아와

(송) 육유

지는 해 성근 숲에 까치 몇 마리 날아가는데	落日疏林數點鴉
청산이 끊겨 있는 저곳이 바로 나의 집이라오	靑山闕處是吾家
돌아왔으니 무엇으로 그윽한 흥취를 돋울까	歸來何事添幽致
작은 부뚜막 등잔 앞에서 차나 끓여야지	小竈燈前自煮茶

* 주석

❶ '법운法雲'은 원래 '불법은 구름 같다'에서 나온 불교 용어지만, 여기서는 절을 가리킨다.

* 간평

육유는 젊어서부터 나라를 위해 목숨을 바치겠다 마음먹었지만, 사천四川 전선前線으로 뛰어가 군대에 몸 담은 기간이나 나라를 위해 관리생활을 한 기간은 그의 90에 가까운 일생 중 불과 10여 년에 지나지 않는다. 그는 집안에서 한가로이 기거하던 기나긴 세월 동안 사찰이나 도관道觀 등을 찾아다니기도 하고, 산과 물을 찾아다니며 시간을 보내기도 했다. "지는 해 성근 숲에 까치 몇 마리 날아가는데, 청산이 끊겨 있는 저곳이 바로 나의 집이라오." 이 구절은 마치 그림처럼 경치를 묘사했다.

* 감상 포인트

펑쯔카이 선생의 그림을 보면 테이블에 책이 한 권 놓여 있고 밤이 깊었는지, 천장엔 등불이 매달려 있다. 그 옆 화로에선 주전자에 물이 끓고 있고 한 남자가 부채를 들고 화로에 부채질을 하고 있다. 홀로 마실 차를 끓이고 있는 것이다. 깊은 밤 홀로 마시는 차 한잔. 이때의 차는 나의 대화 상대요, 나의 지기知己이다. 이 평생의 벗은 진하지 않지만 탈속脫俗한 향을 뿜어내고, 두 눈을 감고 찻잔을 손에 꼭 쥔 채 그 향을 음미하는 주인에게서도 풍아風雅 운치가 뿜어져 나온다.

꼭 불법에 심취한 사람이 아니더라도 명승대찰을 찾아다니며 승려들과 교류하는 것은 고대 지식인들의 지향이었다. 그들은 고요한 사찰에 서로 마주 앉아 불교의 교리를 담론하면서 향긋한 차를 즐겼다. 차에 대한 중국인의 사랑은 세계적으로 유명할뿐더러 그 역사 또한 깊어서, 당나라 때 이미 다신茶神 육우陸羽가 《다경茶經》을 지었다. 진하지 않지만 은은한 차의 향기는 심신의 피로를 풀어 주고, 정신을 맑게 한다.

육유는 법운이라는 절에서 얼마간 머물다 다시 집으로 돌아왔다. "청산이 끊겨 있는 저곳이 바로 나의 집이라오." 여기서는 '끊겨 있다'고 번역했지만, 직역하자면 '청산이 빠져 있는 곳, 즉 비어 있는 곳'이다. 푸른 산이 계속 이어지다가 끊어지고 인가가 나타난 곳. 육유는 속세를 이렇게 표현했다. 이제 돌아왔으니 무엇으로 그윽한 흥취를 돋울까? 여기서 말하는 그윽한 흥취는 그간 절에서 만끽하고 돌아온 그런 참선의 분위기를 말한다. 속세의 이야기는 일절 섞이지 않은 고아한 대화. 육조六朝 때 명사들이 나누었던 청담淸談이 이러했을 것이다. 그 아흥雅興을 어떻게 하면 이어갈 수 있을까. 비록 속세로 돌아왔지만 등불 밝혀 놓고 작은 화로 위에서 차를 끓여 마신다면, 아쉬운 대로 절에서의 생활과 비슷하지 않겠는가. 보글보글 끓는 찻주전자, 뭉게뭉게 피어

오르는 수증기. 그 앞에 앉아 차를 따르는 남자. 육유의 표현대로 그윽한 홍취가 방안 가득하다.

육유는 방대한 수량의 시를 남긴 시인으로 유명한데, 이처럼 차에 관한 시도 360편이나 남겼다. 육유의 차에 대한 사랑은 실로 지독한 것이었음을 알 수 있다.

〔야행선夜行船 · 삼월 초이틀에曲水湔裙三月二〕

봄은 꽃 파는 소리에 있었구나

야행선 〈삼월 초이틀에〉

(송) 왕우

술잔 돌리고 치마 적시는❶ 삼월 초이틀❷	曲水湔裙三月二
말들의 행렬은 용처럼 이어지고	馬如龍
화려한 수레❸는 물같이 흐르네	鈿車如水
바람에 아지랑이 날리고	風颺游絲
햇빛 내리쬐어 낮은 환한데	日烘晴晝
사람과 해당화가 함께 취했구나	人共海棠俱醉
타향살이에 세월 가는 줄 몰랐네	客裏光陰難可意
꽃 먼지 쓸어버리니	掃芳塵
옛 놀던 곳❹ 누가 기억하리	舊游誰記
한낮 꿈에서 깨니	午夢醒來
어느새 고요해진 작은 창가	不覺小窗人靜
봄은 꽃 파는 소리에 있었구나	春在賣花聲裏

* 주석

❶ 원문은 '전군湔裙'으로 '전湔'은 씻다, 빨다의 뜻이다. 고대 풍속 중 하나로, 음력 정월에 여성이 물가에 가서 옷을 빨면 재앙을 물리치고 출산할 때도 난산하지 않는다고 한다.《북제서北齊書 · 두태전竇泰傳》에 두태의 어머니가 두태를 임신했을 때 달이 차도 아이가 나오지 않아 걱정이었는데 무당의 말에 따

라 강물을 건너며 옷을 빨았더니 곧 출산했다는 얘기가 전한다. 원문의 '곡수曲水'는 중국 3월 삼짓날 풍속이다. 물을 끌어다가 굽은 물줄기(曲水)를 만들고, 그 옆에 줄지어 앉아 시를 짓고 술을 마셨다. 특히 곡수에 술잔을 띄워 그 술잔이 멈춘 곳에 있는 사람이 그 술을 마셨다고 한다.

❷ 상사절上巳節이다. 음력 3월 첫번째 사일巳日이 헌원軒轅 황제(중국 전설상의 오제五帝 중 하나로 인문시조라 불린다)의 탄신일인데, 이날은 물가에 가서 더러움을 씻어 내고 조상에게 제사 지내며 물가에서 음주와 연회를 즐기고 교외에서 봄놀이를 하기도 한다. 후에는 3월 3일에 이 행사를 열었다.

❸ 원문의 '전거鈿車'는 금은보화로 상감한 수레를 말한다.

❹ 전에 유람했던 장소, 또는 교류했던 친구를 말한다.

* 간평

왕우王嵎(?~1182)는 남송 초의 사 작가로 젊어서는 육유와 함께 수학했다. 북해北海(지금의 산동성 유방濰坊) 사람으로, 정강의 변 때 남쪽으로 내려온 후에는 절강 오흥吳興에 거했다.

"한낮 꿈에서 깨니, 어느새 고요해진 작은 창가, 봄은 꽃 파는 소리에 있었구나."라는 구절은 거리의 꽃 파는 소리로 봄 정경을 묘사했으니, 시선이 참신해 색다른 맛이 느껴진다.

* 감상 포인트

상편에 묘사된 것은 말과 수레가 거리에 흘러넘치고 연회가 벌어지는 상사절, 붉은 해당화처럼 발그레 취한 즐거운 정경이다. 왕희지가 〈난정집서〉에서 묘사했던 유상곡수流觴曲水를 즐기는 떠들썩한 장면이 눈앞을 스친다. 그러나 하편에서는 타지에서 세월 가는 게 서글프고 예전 사람과의 추억 흔적이 사라질까 걱정한다. 세상 모두가 흥겨운 봄놀이에 빠져 있어도 타향살이의 외로움은 어쩔 수가 없는지, 마음으로는 봄을 만끽하지 못하고 꽃 파는 소리를 듣고서야 봄이 왔음을 깨닫는다.

〔영취선사에서 묵다宿靈鷲禪寺〕

앞 시내까지 흘러가면 한 마디 말도 않으면서, 산에서만 이토록 많은 소리를 낸다네

영취선사에서 묵다

(송) 양만리

처음엔 밤비인가 의심했으나 아침에 홀연 개었으니	初疑夜雨忽朝晴
산의 샘물이 밤새도록 울었던 것이었네	乃是山泉終夜鳴
앞 시내까지 흘러가면 반마디 소리도 않으면서	流到前溪無半語
산에서만 이토록 많은 소리를 내다니	在山做得許多聲

* 간평

양만리楊萬里(1127~1206)는 자가 정수廷秀이고 호는 성재誠齋이다. 길주吉州 길수吉水(지금의 강서성 길수) 사람이다. 시로 일가를 이루어 사람들은 그의 시를 '성재체誠齋體'라고 부르는데, 청신하고 활발하며 자연스럽다.

* 감상 포인트

얼핏 보기에는 풍경을 읊은 시 같지만, 행간에 뾰족이 올라와 있는 가시가 보인다. 가파르고 굴곡진 산에 있을 때는 마치 비 오듯 격앙된 소리를 쏟아 내지만 넓고 평평한 시내에 이르면 반마디 소리도 내지 않는 샘물. 두보의 〈가인佳人〉이라는 시가 떠오른다. "산에 있는 샘물은 맑지만 산을 나온 샘물은 탁하다.(在山泉水淸, 出山泉水濁)" 이에 후세 사람들은 '산에 있는 것在山'과 '산을 나온 것出山'으로 재야在野와 재조在朝를 비유하곤 한다. 인지상정이라고 하기엔 얄팍한 인간의 생리를 샘물로 풍자한 솜씨가 사뭇 놀랍다.

〔여름날 전원에서의 갖은 흥취夏日田園雜興〕

아이들은 아직 밭일도 베 짤 줄도 모르지만, 그래도 뽕나무 그늘에서 박 심는 흉내 낸다네

여름날 전원에서의 갖은 흥취

(송) 범성대

낮에는 나가 김매고 밤에는 길쌈하며	晝出耘田夜績麻
촌마을 아녀자들 각자 집안을 책임지네	村莊兒女各當家
아이들은 아직 밭일도 베 짤 줄도 모르지만	童孫未解供耕織
그래도 뽕나무 그늘에서 박 심는 흉내 낸다네	也傍桑陰學種瓜

* 간평

범성대范成大(1126~1193)는 자가 치능致能, 호가 석호거사石湖居士이며, 오군吳郡(지금의 강소성 소주蘇州) 사람이다. 이 시는 범성대의 유명한 연작시 〈사시전원잡흥四時田園雜興〉으로 봄, 늦봄, 여름, 가을, 겨울 다섯 부분으로 나뉘어 있으며, 각각 12수씩 모두 60수로 구성되어 있다. 이 시는 중당 및 만당의 신악부시에 보이는 농민을 동정하는 주제를 이어받음과 동시에 농촌의 풍경과 순박한 인정을 묘사하였다. 이 시는 여름시 중 하나이자, 60수 가운데 가장 많이 인구에 회자되는 작품이다.

* 감상 포인트

이 시는 여름날의 정경을 읊었는데, 대상은 여자와 아이들이다. 농가의 여인네들이 아침부터 저녁까지 쉬지 않고 일하는 고된 모습과 아직 일을 할 줄 몰라 그늘에서 어른들 흉내 내는 아이들의 천진한 모습이 대비를 이루면서 막막하기만 한 농가의 힘겨운 살림살이를 웃음으로 승화시킨다.

〔가을날 전원에서의 갖은 흥취秋日田園雜興〕

가만 보니 처마 밑 거미가 거미줄을 낮게 치고, 까닭 없이 벌레 나는 것을 방해하고 있네

가을날 전원에서의 갖은 흥취

(송) 범성대

가만 보니 처마 밑 거미가 거미줄을 낮게 치고	靜看簷蛛結網低
까닭 없이 작은 벌레 나는 것을 방해하고 있네	無端妨礙小蟲飛
잠자리 거꾸로 매달리고 벌도 갇혔기에	蜻蜓倒掛蜂兒窘
산에 사는 아이 불러 어서 풀어주라 재촉하였네	催喚山童爲解圍

* 간평

이 시는 〈사시전원잡흥〉 중 가을시이다. 펑쯔카이 선생은 생명 보호에 관한 만화를 많이 그렸는데, 이 시의 주제 역시 '생명 보호'이다.

* 감상 포인트

범성대는 나이 58세 되던 해인 1183년에 벼슬에서 물러나 고향인 소주蘇州의 석호石湖 부근에서 거주하였다. 이때 지은 60수에 달하는 〈사시전원잡흥四時田園雜興〉은 그야말로 방대한 규모를 자랑하는 전원시田園詩이다. 펑쯔카이 선생이 앞에 수록한 것은 여름시, 그리고 이 시는 가을시이다. 범성대의 〈사시전원잡흥〉은 중국 전원시를 집대성한 작품이라고 일컬어지며, 심지어 도연명과 나란히 놓은 이도 있다. 그러나 우리나라에서는 남송南宋의 시를 높이 치지 않는 경향이 있어 아쉽게도 많이 알려진 작가는 아니다.

범성대는 〈사시전원잡흥〉에서 농촌의 한적한 풍경, 정겨운 인심, 그리고 농사일과 농촌의 풍속 등 다양한 내용을 다루었는데, 이처럼 순박하고 아름다운 정경만 읊은 것이 아니라 농사의 고달픔이나 사회의 부조리 등 어두운 모습도 과감하게 그려 넣었다.

그래서일까. 풍부하고 성대한 가을의 물상들 중에서, 그는 '거미'를 소재로 택했다. 거미의 심술에 거꾸로 매달린 잠자리와 갇혀 버린 벌을 작가는 그냥 지나치지 못하고서 아이를 불러와 풀어 주게 하였다. 작은 목숨이지만 지켜주고자 하는 마음에서 적잖은 위로를 받는다.

윤동주의 〈위로慰勞〉라는 시 한 편을 곁들여 감상해 보면 좋을 것 같다.

> 거미란 놈이 흉한 심보로 병원 뒷뜰 난간과 꽃밭 사이 사람 발이 잘 닿지 않는 곳에 그물을 쳐놓았다. 옥외요양을 받는 젊은 사나이가 누워서 치어다보기 바르게—
>
> 나비가 한 마리 꽃밭에 날아들다 그물에 걸리었다. 노—란 날개를 파득거려도 파득거려도 나비는 자꼬 감기우기만 한다. 거미가 쏜살같이 가더니 끝없는 끝없는 실을 뽑아 나비의 온몸을 감아버린다. 사나이는 긴 한숨을 쉬었다.
>
> 나이보담 무수한 고생 끝에 때를 잃고 병을 얻은 이 사나이를 위로할 말이—거미줄을 헝클어버리는 것밖에 위로의 말이 없었다.

〈사시전원잡흥〉에서 가을을 읊은 시는 모두 12수인데, 12수가 모두 이처럼 쓸쓸하지만은 않다.

중추절 풍경은 모두 다 내 차지	中秋全景屬潛夫
텅 비어 맑은 물에 배 저어 태호를 보러 가네	棹入空明看太湖
이 몸 밖엔 물과 하늘이 온통 은빛인데	身外水天銀一色
성 안에도 이 달의 찬란함 있을까 없을까	城中有此月明無

다양한 정경과 감성을 읊은 〈사시전원잡흥〉 중 가을시 12수를 읽다 보면 가을날의 풍광이 파노라마처럼 펼쳐진다.

〔보살만菩薩蠻·정자의 가을山亭水榭秋方半〕

오늘 밤 차마 둥글지 못하구나

보살만[1] 〈정자의 가을〉

(송) 주숙진

산의 정자, 물가 누대에 가을 깊어가는데	山亭水榭秋方半
봉황 휘장[2] 안은 적막해 짝할 이 없구나	鳳幃寂寞無人伴
답답한 수심은 날로 새로워지건만	愁悶一番新
눈썹 찌푸린 건 예전 그대로라[3]	雙蛾只舊顰
일어나 수놓은 창에 다가서니	起來臨繡戶
이따금 희미한 반딧불[4]이 지나가네	時有疏螢度
고맙게도 달이 날 불쌍히 여기는지	多謝月相憐
오늘 밤 차마 둥글지 못하구나	今宵不忍圓

* 주석

❶ 당대 교방곡教坊曲 이름으로 후에 사패 · 곡패로 사용되었다. '자야가子夜歌' 혹은 '중첩금重疊金'이라고도 부른다.

❷ 규방의 휘장.

❸ '쌍아雙蛾'는 눈썹이고 '빈顰'은 눈썹을 찡그린다는 뜻이다.

❹ '소형疏螢'은 희미한 반딧불을 말한다.

* 간평

주숙진朱淑眞(생졸년 미상)은 자호를 유서거사幽棲居士라 했으며 결혼생활이 불행했다고 한다. 〈생사자 · 원석〉의 작가로도 추정되는데 "버들가지에 달 오를 때, 우리는 황혼 후를 약속했지."라고 읊었던 낭만적인 여성은 이제는 "고맙게도 달이 날 불쌍히 여기는지, 오늘 밤 차마 둥글지 못하구나."라고 노래할 뿐이다. 주숙진의 사집에는 이렇게 사람 마음을 찢는 사구들이 많아 그녀의 유작을 정리한 위중공魏仲恭은 사집詞集 이름을 《단장사斷腸詞(애끊는 사)》라고 붙였다.

* 감상 포인트

송나라 때 여류사인 주숙진은 전당錢塘(절강성 항주) 사람이며 관료가정 출신으로 시사, 회화에도 능했고 음률에도 밝았다고 한다. 그러나 이청조와 달리, 자신의 넘치는 재주를 알아주는 영혼의 짝을 만나지 못했고 그런 생애 때문인지 작품에 외로움이 배어 있다.

오죽하면 사집의 제목이 《단장사》일까. 애가 끊어지는 심정으로 노래한 글들이라, 읽는 사람의 애간장도 녹는 듯하다. 주숙진의 비극은 결혼생활에서 시작된다. 조혼이 당연시되던 전통시대에 스물이 넘어서야 부모의 강요에 못 이겨 하급 관리와 결혼한 주숙진은 그래도 남편을 의지하며 "관직 따라 동으로 서로 자유롭지 못하게 살았다.(從官東西不自由)"(〈봄날 눈물을 머금고春日懷淚〉) 게다가 기방을 전전하는 남편. 이토록 불행했던 결혼생활은 주숙진의 작품에 어두운 그림자를 드리웠다.

해오라기와 원앙은 같은 연못에서 살아도 鷗鷺鴛鴦作一池
서로의 날갯짓 어울리지 않음을 알아야 하네 須知羽翼不相宜
낭군께서 꽃의 주인 될 줄 모르니 東君不與花爲主
연리지 자라나게 하지 않음이 어떠한가 何似休生連理枝

—〈수심愁懷〉

한 못에 살았어도 서로 어울리지 않았던 해오라기와 원앙처럼, 주숙진은 평생을 외로움 속에서 보내야 했던 것이다.

누대에서 바라본 풍경은 가을이 완연한데 계절이 바뀌자 전과는 다른 새로운 수심이 밀려온다. 어둠 내린 뒤 홀로 창 앞에 서자 반딧불이 간혹 나를 위로해 주는 듯하고 달도 날 불쌍히 여겨 둥글어지는 걸 자제하는 듯하다. 이 작품은 많은 사에서 다루었듯, 외로움이 사무치는 규방의 여인을 읊고 있지만 감정이 이입된 자연물과의 교감으로 인해 전혀 진부하지 않게 느껴진다. 희미한 반딧불이나 이지러진 달처럼 불완전한 정경이 짝 없이 밤을 맞는 화자를 동병상련해 주는 것 같다. 화자는 계절의 추이로 인해 상심이 깊어지지만, 자연물에서 다시 위로를 받는 것이다.

상천효각[1] 〈여정에서 만난 흥〉

(송) 신기질

오나라 머리에서 초나라 꼬리로[2] 吳頭楚尾
한 번 노 저어 사람은 천 리 멀리 떠났네 一棹人千里
묵은 수심, 새로운 한은 말하지 말게 休說舊愁新恨
장정의 나무는 이처럼 자랐으니[3] 長亭樹, 今如此

관리 노릇에 지쳤는데 宦游吾倦矣
고운 님[4]은 나를 붙잡아 취하게 하네 玉人留我醉
내일 꽃 만발한 한식이니 明日萬花寒食
더 머무는 게 좋겠다고[5] 得且住, 爲佳耳

* 주석

❶ 사패 이름으로 '월당창月當窓', '장교월長橋月' 등으로도 부른다.

❷ 강서성 북부와 안휘성 서남부 일대를 말하는데 춘추 시기 오吳와 초楚 두 나라의 경계였으므로 이렇게 불렀다.

❸ 동진 시기의 권신 환온桓溫의 일화를 차용한 것이다.《세설신어世說新語》에 "환공이 북쪽 정벌을 나서 금성을 지나는데, 전에 낭야내사琅琊內史였을 때 심은 나무를 보니 열 아름이나 자라 있었다. '나무도 이렇게 자랐는데 사람이 어찌 (늙지 않고) 견디랴'라고 탄식하며 가지를 잡고 눈물을 뚝뚝 흘렸다.(桓公北征, 經金城, 見前爲琅琊時種柳, 皆已十圍, 慨然曰: '木猶如此, 人何以堪!' 攀枝執條, 泫然流淚)"

〔상천효각霜天曉角 · 여정에서 만난 흥旅興〕

한식날이 가까우니, 더 머무는 게 좋겠다고

는 기록이 전한다.

❹ '옥인玉人'은 대체로 아름다운 여인을 가리키는데 때로는 잘생긴 남자를 가리키기도 한다.《진서 · 위개전衛玠傳》에 "총각 머리(양쪽으로 올려 묶은 머리)를 하고 양 수레를 타고 시가에 들어서니 보는 사람들이 모두 옥인이라 여겼다.(總角, 乘羊車入市, 見者皆以爲玉人)"는 기록이 있다.

❺ 마지막 두 구절은 진대晉代 작자 미상의 첩帖에 "날씨도 안 좋은데 그대는 꼭 가야겠는가? 한식이 가까웠으니 더 머무는 게 좋겠네.(天氣殊未佳, 汝定成行否? 寒食近, 且住爲佳爾)"라는 구절을 떠올리게 한다.

* 간평

신기질辛棄疾(1140~1207)은 문무文武에 다 뛰어났으며, 백만의 적군 속에서 수장의 머리를 베어 가지고 오는 것을 주머니에서 물건 찾듯 손쉽게 했다는 인물이다. 북방으로부터 전승을 거두고 온갖 난관을 넘어 남송에 귀의했으나, 북벌로 중원 땅을 수복할 뜻이 없는 조정은 이 절세 영웅에게 개인적인 삶에 안주하도록 하고 불만 가득한 채로 허송세월을 하게 만들었다.

이 사는 송 효종孝宗 순희淳熙 5년(1178), 신기질이 39세 때 항주에 부임하기 위해 남창南昌으로부터 배를 타고 동쪽으로 내려가면서 지은 것으로, 관직생활에 지쳐 은거를 갈망하는 뜻을 드러내었다.

* 감상 포인트

산동성 제남濟南 출신인 신기질은 21세에 이미 2,000여 명의 의병들을 이끌고 금金나라와 싸웠고 경경耿京의 기의군에 투신해 전공을 세웠다. 그러나 남송에 내려온 후에는 북벌의 뜻을 이루기 어려웠고, 벼슬길에 들었으나 41세에 탄핵된 후 두 차례 관직에 나갔다가 다시 파직되었다(1188). 이후 1194년부터

20여 년의 시간을 본의 아니게 칩거하며 마음속 열망과 울분을 다스려야 했고, 말년(1203년)에는 북벌을 도모하던 한탁주韓侂胄의 청에 의해 다시 중책을 맡았으나 결국 북벌의 꿈을 이루지 못하고 병사했다.(1207년) 그의 북벌의 의지와 고향땅을 수복하지 못한 안타까운 심정과 분노, 애국심은 그의 사에 고스란히 반영되었고 '사중의 용', '애국사인'이자 호방파의 대표 사인으로 기억된다.

그의 대표작은 애국적 열정과 분노를 담은 사이지만 650여 수에 달하는 작품 중에는 지친 나그네의 심정, 은거생활의 여유, 인생에 대한 관조 등 다양한 내용도 볼 수 있다. 위의 작품에는 타향을 떠도는 관직생활에 지친 화자와 한식날 좋은 때를 함께 지내자며 붙잡는 지인이 등장한다. 심신이 지친 상태이지만 조금만 더 있다 가라는 지인에게서 위로를 받는 듯한 모습이다. 펑쯔카이의 그림에서는 아예 한 가족이 나서서 떠나는 사람을 만류하고 있다. 신기질 사의 특징은 예전 인물의 고사나 서적에서 다양하게 인용해 현재의 심정을 나타내는 '전고典故' 수법을 많이 쓴다는 것인데 위에서도 《세설신어》·《진서》 등의 고사가 인용되었다.

청평악[1] 〈산중생활〉[2]

(송) 신기질

구름에 이어진 소나무와 대나무	連雲松竹
이제 만사가 다 족하다	萬事從今足
지팡이 짚고 동쪽 마을에서 제사 고기[3] 나누는데	拄杖東家分社肉
상 위에는 막 익은 백주[4]	白酒床頭初熟
서풍에 배와 대추 익은 산속 정원	西風梨棗山園
아이들은 몰래 장대로 치네	兒童偷把長竿
주위 사람들은 놀라게 하지 마시게	莫遣旁人驚去
이 늙은이가 조용한 데서 지켜보고 있으니	老夫靜處閑看

* 주석

❶ 사패이자 곡패이기도 하다. 한대 악부에 청악淸樂 · 평악平樂이 있었는데 청평악은 여기서 유래한 것이다.

❷ 원래 제목은 '산원의 검교로서 본 바를 쓰다檢校山園書所見'이다. '검교'는 조사하다, 순시하다의 뜻이 있지만, 여기서는 관직명일 가능성이 크다. 남북조부터 시작해서 관원이 원래 직분 이외의 일을 맡게 될 때 '검교'라는 명칭을 벼슬 앞에 붙여 나타냈다. 예를 들면 검교태위檢校太尉 같은 것으로 임시대리에 해당하며 정식 관명은 아니다.

❸ '사육社肉'은 토지신에 제사 지낼 때 바치는 고기를 말한다. 제사를 지낸 후

〔청평악淸平樂 · 산중생활檢校山園書所見〕

서풍에 배와 대추 익은 산속 정원, 아이들은 몰래 장대로 치네
주위 사람들은 놀라게 하지 마시게, 이 늙은이가 조용한 데서 지켜보고 있으니

마을 사람들이 고기를 나누어 집에 가져간다.

❹ 집에서 담근 술이 막 익었다는 뜻으로, '상床'은 술 짜는 도구를 말한다.

* 간평

남송 효종孝宗 순희淳熙 8년(1181) 겨울에, 마흔두 살이 된 신기질은 왕린王藺에게 탄핵당해 면직된 후, 강서江西 상요上饒 북쪽 교외의 대호帶湖 부근 새 거처에서 은거하며 대호의 아름다운 풍경을 찬미하고 시골생활을 가송하는 시사를 대량으로 지었다. 이 〈청평악〉도 그중 하나이다.

"서풍에 배와 대추 익은 산속 정원, 아이들은 몰래 장대로 치네. 주위 사람들은 놀라게 하지 마시게, 이 늙은이가 조용히 지켜보고 있으니."라는 구절은 두보의 〈다시 오랑에게 주다又呈吳郎〉 중 "당 앞에서 대추 따는 서쪽 이웃 그냥 놔두시게, 먹을 것도 자식도 없는 아낙이라네.(堂前扑棗任西隣, 無食無兒一婦人)"라는 시구를 연상시킨다. 여기서는 몰래 대추를 치는 것이 개구쟁이여서 더 활발한 정취가 더해졌고, 나이 든 신기질의 동심이 발해 어린 아이들을 몰래 돕는 모습이 사람들을 웃음 짓게 한다.

신기질의 대호에서의 거처 이름은 '가헌稼軒'으로 후에 사의 사집도 이 이름을 따 《가헌장단구稼軒長短句》라 했다.

* 감상 포인트

정말 만사가 다 만족스러웠을까. 탄핵당해 억울한 심정으로 은거하는 상황에 불만이 없을 수는 없었겠지만 소나무와 대나무, 고기와 술이 있고 배와 대추가 익는 정원, 천진난만한 아이들은 그가 잠시 걱정을 잊기에 족했으리라. 신기질 사에는 장난꾸러기들이 종종 등장하는데 이 사에도 역시 서리하는 아이들이 나온다. 화자는 어린 아이들을 놀라게 하지 말라며 이 모습을 보고 즐기고 있다. 신기질의 소박하고 너그러운 성품이 드러나는 듯하다.

신기질이 지은 〈청평악〉 중 〈촌거村居〉를 소개해 본다. 농촌에 사는 다섯 식구의 재미난 일상을 묘사한 것이 토속적이면서도 생동감 넘친다.

모옥의 처마는 나지막하고	茅檐低小
개울에는 풀이 푸릇푸릇	溪上靑靑草
취기를 띤 오 땅 사투리 듣기 좋구나	醉裏吳音相媚好
저 머리 허연 이, 뉘 집 할아버지 할머니인가	白髮誰家翁媼
큰아들은 개울 동쪽에서 콩밭을 매고	大兒鋤豆溪東
가운데 아들은 마침 닭장을 짜고 있고	中兒正織鷄籠
가장 예뻐하는 막내아들은 제멋대로라	最喜小正亡賴
개울가에서 엎드려 연밥을 까고 있네	溪頭臥剝蓮蓬

〔서강월西江月 · 흥에 겨워遣興〕

어젯밤 소나무 옆에 취해 쓰러져, 소나무에게 물었네, "나 취하니 어떻소?"

서강월 〈흥에 겨워〉

(송) 신기질

취해서 웃고 즐기려고만 하니	醉裏且貪歡笑
어디 근심할 틈이 있겠는가	要愁那得工夫
요즘에야 깨달았네, 옛사람들 책은	近來始覺古人書
믿을 게 하나 없다고	信著全無是處
어젯밤 소나무 옆에 취해 쓰러져	昨夜松邊醉倒
소나무에게 물었네, "나 취하니 어떻소?"	問松我醉何如
소나무가 움직여 부축하러 오는가 싶어	只疑松動要來扶
손으로 밀쳐 내며 "저리 가라."고 했네	以手推松曰去

* 감상 포인트

신기질은 고뇌의 시간 속에서도 위트가 넘쳤고 위와 같은 해학적, 희극적 장면도 읊을 줄 알았다. '즐겁기만 해도 바쁜데 근심에 빠질 틈이 어디 있겠는가'라며 호기도 부려 보고 소나무와 대화하기도 하며 나무에게도 자존심을 지키려 애쓴다. 평생 북벌의 꿈을 꾸면서도 이루지 못했던 신기질의 일생을 생각한다면 이러한 세상을 초월한 듯한 감정도 확실히 이백의 호기, 소동파의 신선 같은 여유와는 다르게 느껴질 것이다.

〔심방초尋芳草 · 얼마나 많은 눈물을有得許多淚〕

편지 없어도 편지 속뜻은 있으니. 줄지어 나는 모습이, 사람 인, 사람 인 자라

심방초[1] 〈얼마나 많은 눈물을〉

(송) 신기질

얼마나 많은 눈물을 흘렸을까	有得許多淚
또 내버렸네	又閑却
그 많은 원앙 이불[2]	許多鴛被
베개를	枕頭兒
어디에 놓아도 다 마음에 안 드니	放處都不是
예전엔 어찌 잤을고	舊家時, 怎生睡
편지도 없으니	更也沒書來
어찌 견디리	那堪被
기러기 농간을[3]	雁兒調戲
편지 없어도	道無書
편지 속뜻은 있으니	却有書中意
줄지어 나는 모습이 사람 인, 사람 인 자라	排幾個, 人人字

* 주석

❶ 사패 이름으로 '왕손신王孫信'이라고도 한다. 이 사패는 신기질의 이 작품이 유일하다.

❷ 주도朱滔(746~785)는 한 젊은이에게 아내에게 부치는 시(〈기내시寄內詩〉)를 짓게 했는데, 그중 "늘 원앙이불을 덮고 잤는데 지금은 안문의 추위에 떤다."

는 구절이 있었다.(《본사시本事詩 · 정감편情感篇》) 이 사는 신기질이 친구 진췌수陳萃叟가 나이가 들었음에도 늘 아내를 그리워하는 것을 보고 놀리려고 지었다고 한다.

❸ 큰 기러기의 희롱을 차마 견딜 수 없다는 것은 기러기가 전하는 소식을 믿을 수 없다는 뜻이다.

* 간평

신기질은 호방파의 대표 사인이지만 여인의 정을 표현한 완약사도 적지 않게 썼다. 이 사는 전체가 다 구어를 사용했는데, 함축적이고 아정雅正한 맛은 부족하지만 민간사의 활발하고 청신한 분위기가 있다.

* 감상 포인트

원앙 이불 적시며 잠자리도 불편한 타지에서 외로움을 달래는 처량한 사람은 집에서 소식이 없는 것을 받아들일 수 없고, 이게 다 편지를 전해 준다는 기러기가 제 임무를 안 한 탓이다. 기러기 몇 마리 줄지어 나는 모습 속에서 '인人'자를 읽어 내고 사람의 정이라도 느껴 보려는 모습이 안쓰럽기만 하다. 이 작품은 원래 작자가 아내 소식만 기다리는 친구의 모습을 희화화해 지은 것이라는데, 펑쯔카이는 여인이 창가에 앉아 뜨개질하며 기러기 나는 모습을 바라보는 정경을 묘사했다. 극히 일상적인 풍경을 그리움과 원망, 애정이 섞인 특별한 의미로 그려 냈으니 화자가 누구이든 신기질의 사와 펑쯔카이의 그림이 묘하게 어울린다.

이별의 눈물을 잘 표현한 작품 중에 송나라 사인 조단례晁端禮의 작품이 있다. 이별하는 날의 모습은 천고토록 한결같았나 보다.

내일 아침 헤어진다 말하니	道著明朝分袂
아침부터 미간에 수심 가득하네	早眉頭攢翠
아무 말도 하지 않고 옆에 기대 앉아	不言不語只偎人
두 눈 가득 고인	滿眼裏
눈물을 떨구네	汪汪地
이별을 이렇게 고하다니요	向道不須如此
소리 죽여 울음을 삼키네	轉吞聲飮氣
아이와도 같은 몸으로 봄을 이기지 못해	一團兒肌骨不禁春
가득 고인 것은	甚有得
허다한 눈물뿐	許多淚

— 조단례晁端禮,

〈일락삭一落索 · 내일 아침에 헤어진다 말하니道著明朝分袂〉

〔자고천鷓鴣天 · 악취 가득한 세상에서掩鼻人間臭腐場〕

사람마다 코를 막는 악취, 예부터 향기로운 것은 오직 술뿐이로다

자고천 〈악취 가득한 세상에서〉

(송) 신기질

사람마다 코를 막는 관장官場[1]의 악취	掩鼻人間臭腐場
예부터 향기로운 것은 오직 술뿐이로다	古來惟有酒偏香
구름 안개 옆에 돌아와 산 이래	自從歸住雲煙畔
지금까지 노래 춤으로 바쁘다네	直到而今歌舞忙
오랜 벗 불러	呼老伴
가을 풍광 함께하니	共秋光
국화는 무슨 일로 중양절을 피하나[2]	黃花何事避重陽
알겠나니 국화 흐드러지게 피는 시절은	要知爛熳開時節
서풍에 밤새 서리 내릴 때까지 기다려야 한다네	直待西風一夜霜

* 주석

❶ 관료들의 정치판을 의미한다.

❷ 이 사의 앞에 "국화를 찾아갔으나 없기에 장난삼아 짓다.(尋菊花無有, 戲作)"라는 서序가 붙어 있다.

* 간평

이 사는 송 영종寧宗 경원慶元 4년에서 6년 사이(1198~1200) 중양절에 신기질이 상요 대호의 장원에서 연산鉛山의 현위縣尉 오자사吳子似 등 친구를 연회에 청했을 때 지은 것이다. 관원인 친구 앞에서 남송 정치인들이 세상의 썩은 악취라고 욕하고 있으니 당시에 그가 얼마나 분노하고 현실에 실망했는지를 보여준다.

* 감상 포인트

신기질은 9월 9일 중양절을 맞이하여 좋은 벗들과 국화를 찾아 나섰다. 그러나 아직 국화 필 때가 되지 않았는지, 국화가 좀체 보이지 않자 이에 '장난삼아(戱作)' 이 사를 지었다. 서문에 적은 이 '장난삼아'라는 글자가 심상치 않다. 첫 구절부터 "사람마다 코를 막는 관장官場의 악취"라니. 두보의 시에 나오는 "붉은 대문에는 술과 고기가 썩어나는데, 길에는 얼어 죽은 시체가 있네(朱門酒肉臭, 路有凍死骨)"가 떠오른다. 이처럼 거침없는 것이 바로 신기질의 풍격이기도 하다. 지방관을 맡고 있을 당시, 병마를 훈련시키다가 투항파投降派들에게 득죄하여 결국 관직에서 쫓겨난 처지였으니, 이런 신랄한 말을 퍼부은 것도 당연하다.

첫 번째 수에서는 '국화'라는 글자를 찾아볼 수 없고, 그저 더러운 관장을 피해 표천瓢川에 귀은한 뒤, 술 마시고 가무 감상하는 자신의 삶을 반쯤은 자조自嘲하듯 노래할 뿐이다. 그러나 함께 국화를 찾아간 친구는 당시 현위縣尉를 맡고 있던 이른바 관료들. 그들 앞에서 '관장의 악취' 운운한 것을 보면 이 작품은 결코 '장난삼아' 지은 글일 수 없다. 그러니 술 마시고 가무나 감상하는 자신은 그들보다 훨씬 고상하고 깨끗한 사람인 것이다. 자조가 아닌 자부自負인 것이다.

'국화'라는 글자는 두 번째 수에 나오는데, 이 국화는 중양절을 어찌하여 피하는 건지, 찾아볼 길 없다. 신기질은 같은 날 지은 또 다른 〈자고천〉에서 말하기를, "악기 연주나 술 마시는 즐거움은 전혀 없고, 도리어 늙은이들이 바빠

글 짓는 모습만 보이는구나.(都無絲竹啣杯樂, 却看龍蛇落筆忙)"라고 하였다. 꽃도 없고, 음악도 술도 없으니, 이날 벗들과 꽤 많은 시사詩詞를 지은 모양이다.

작품은 "국화가 흐드러지게 피는 시절은 서풍에 밤새 서리 내릴 때까지 기다려야 한다네."라는 말로 끝맺음한다. 서풍에 밤새 내린 서리를 맞고서야 피어나는 국화는 아마도 엄동설한 두려워하지 않고 오상고절傲霜孤節을 지닌 자신의 투영일 것이다.

다경루[1]

(송) 유과

동남쪽에 장관을 이룬 이백 개의 고을	壯觀東南二百州
좋은 경치 허다한 곳에 근심도 가장 많아라	景于多處最多愁
강물은 천고토록 영웅의 눈물 흘리는데	江流千古英雄淚
산은 제공[2]들의 부귀의 부끄러움 가렸소	山掩諸公富貴羞
북부[3]에서는 오늘날 오로지 술타령뿐이라	北府如今惟有酒
중원이 보여도 차마 누대에 오르지 못하오	中原在望忍登樓
아직도 서풍 속에 전함이 남아 있건만	西風戰艦今保在
해마다 사신[4] 보낼 배나 마련한다오	且辦年年使客舟

* 주석

❶ 강소성 진강鎭江 북고산北固山 위에 있다. 옛날 이름은 북고루北固樓, 춘추루春秋樓, 상서루相壻樓, 소장루梳妝樓이다. 남조 송나라 때 세웠는데, 당나라 재상이었던 이덕유李德裕가 〈강가 정자에 임해臨江亭〉라는 시를 지어 "허다한 경치가 창에 걸려 있네.(多景懸窓牖)"라고 읊으면서 유명해졌다. 남송의 명장 한세충韓世忠 등이 이 일대에서 금나라 군대를 격파한 바 있다.

❷ 여기서 '제공諸公'은 투항한 자들을 가리킨다.

❸ 전진前秦이 북방을 통일한 후, 동진東晉 왕조의 생사존망이 달린 위급한 순간에 효무제는 태원太元 2년에 양장良將을 모집한다는 조서를 내렸다. 동진의 중신인 사안謝安이 자신의 조카인 사현謝玄을 천거하자 조정에서는 그를 건무

〔다경루多景樓〕

강물은 천고토록 영웅의 눈물 흘리는데, 산은 제공들의 부귀의 부끄러움 가렸소

장군建武將軍 감강북제군사監江北諸軍事에 임명하여 광릉廣陵을 진수하게 했다. 이때 광릉과 경구京口에 남으로 피난 내려온 북방 유민들이 집거하고 있었는데, 사현은 이들 가운데서 유유劉裕, 유뢰지劉牢之 등을 선발하여 새로운 부대를 편성했다. 2년 뒤에 사현은 경구를 진수하게 되었는데 당시 경구를 북부라고 불렀고, 새로운 부대를 북부병이라고 불렀다. 사현은 북부병 덕분에 비수淝水 전에서 소수정예로서 전진의 대부대를 격파할 수 있었다.

❹ 여기서 사신은 화친을 위해 금나라로 파견하는 사신을 말한다.

* 간평

유과劉過(1154~1206)는 자가 개지改之, 호가 용주도인龍洲道人이다. 길주吉州 태화太和(지금의 강서성 태화현) 사람. 네 차례나 과거에 응시했으나 실패하고 강호를 떠돌다 포의로 생을 마쳤다.

다경루는 진강 북고산 풍경 수려한 곳에 위치해 있어서 당송 이래로 수많은 소인묵객騷人墨客들이 위에 올라 시를 지었다. 남송시대에는 이곳에 오르면 저 멀리 중원 땅이 보였다. 저명한 사인詞人 유과는 신기질과 가까운 사이로, 강남으로 밀려난 채 안주하고 있는 상황을 수치스럽게 여기면서 남송에 그 옛날 북부병과 같은 천하무적 부대가 나타나 주길 바랐다.

* 감상 포인트

나라 잃은 한이 어떤 것인지를 잘 보여 주는 시이다. 이 시는 전해지는 판본에 따라 시구가 약간씩 다르며, 작가가 조여급趙汝仮으로 소개되어 있는 곳도 있다.

중국 역사를 보면 북방 이민족의 침입을 받아 황하 유역 땅을 빼앗긴 한족은 장강을 건너 남쪽으로 피난 왔다. 이러한 시대 앞에 '남南' 자를 붙이니, 남조南朝니 남송南宋이니 하는 명칭이 다 그러하다. 장강 이남은 산수가 수려하고 물산도 풍부하지만, 잃어버린 반쪽 땅, 아니 반보도 더 큰 중원 땅을 생각하면서 지식인들은 언제나 절치부심했다. 유과의 이 시도 바로 그러한 정서를 표현하고 있다.

산수 좋은 곳에 자리한 누대에서는 잃어버린 땅, 저 멀리 중원이 바라다보인다. 손을 뻗으면 닿을 듯 가까이 있는 옛 영토이건만, 정치하는 자들은 전쟁에 뜻이 없다. 산과 강이 막아 준 덕분에 남쪽으로 내려와 연명하고 있지만, 영웅들이 흘린 눈물을 뒤로 한 채 귀족대관들이 누리는 부귀는 그저 수치일 뿐이라고 시인은 일갈한다. 그 옛날 북부가 어떤 곳이던가? 전진과 맞서 싸우려 똘똘 뭉친 기지가 아니던가. 그런 곳에서 오로지 술타령뿐이라니, 시인은 비분강개를 금할 수 없다. 전쟁에 쓰일 전함은 가을바람 속에 쓸쓸히 버려져 있고, 해마다 금나라로 사신이나 보내겠다고 배를 마련하는 위정자들을 향해 시인은 부질없는 쓴소리를 내뱉는다.

양주만[1] 〈회수 동쪽 이름난 고을〉

(송) 강기

회수 동쪽 이름난 고을[2]	淮左名都
죽서루 아름다운 땅[3]	竹西佳處
안장 풀고 잠시 첫 여정을 멈춘다	解鞍少駐初程
봄바람 훈훈한 십리 길[4] 지나니	過春風十里
푸릇푸릇 냉이와 보리가 가득	盡薺麥靑靑
오랑캐 말이 강을 넘보고 간 뒤[5]	自胡馬窺江去後
폐허가 된 연못에 버려진 나무들	廢池喬木
아직도 전쟁 얘기를 싫어하네	猶厭言兵
황혼 되니	漸黃昏
맑은 호각 소리에 한기 실려	淸角吹寒
텅 빈 성에 가득 차네	都在空城
두목이 찬탄했던 곳[6]	杜郎俊賞
지금 다시 온다면 깜짝 놀라겠지	算而今, 重到須驚
붉은 두구꽃 노래 아름답고	縱豆蔻詞工
청루의 꿈 좋아도[7]	靑樓夢好
깊은 정을 써내긴 어려우리라	難賦深情
이십사교[8]는 그대로인데	二十四橋仍在
출렁이는 물결에 차가운 달은 소리 없네	波心蕩, 冷月無聲
다리 옆 붉은 작약[9]은	念橋邊紅藥
해마다 누굴 위해 피는 걸까	年年知爲誰生

〔양주만揚州慢 · 회수 동쪽 이름난 고을淮左名都〕

오랑캐 말이 강을 넘보고 간 뒤, 폐허가 된 연못에 버려진 나무들
아직도 전쟁 얘기를 싫어하네

* 주석

❶ 사패 이름으로, 남송 강기姜夔(1154~1221)의 자작곡이다. 이 사의 앞에는 다음과 같은 서가 달려 있다.

> 순희 병신년 동짓날에 나는 양주 땅을 지났다. 밤눈이 막 그치니 냉이와 보리가 눈에 가득했다. 성으로 들어가 사방을 둘러보니 쓸쓸했고 차가운 강물은 파랬다. 점점 저물녘이 되어 호각 소리가 구슬피 울리자, 마음이 서글퍼져 옛날과 오늘을 비교하며 감개에 젖었고 이 곡을 쓰게 되었다. 천암노인은 이 곡에 폐허가 된 옛 고장을 바라보는 슬픔이 표현되었다고 여겼다.(淳熙丙申至日, 予過維揚. 夜雪初霽, 薺麥彌望. 入其城, 則四顧蕭條, 寒水自碧, 暮色漸起, 戍角悲吟. 予懷愴然, 感慨今昔, 因自度此曲. 千岩老人以爲有'黍離'之悲也)

이를 통해 작품을 짓게 된 동기와 당시의 환경을 짐작할 수 있는데, 이러한 설명은 소식이나 장선 같은 작가들도 간략하게만 썼을 뿐, 강기는 좀 더 소상히 그 배경을 밝히고 있다. 천암 노인은 남송의 시인인 소덕조蕭德藻인데 강기는 그의 조카사위로 그에게 시를 배운 바 있다.

❷ 양주(강소성 양주)를 가리킨다. 송대에 회남동로淮南東路와 회남서로淮南西路가 설치되었는데, 양주는 회남동로의 중심도시였으므로 회좌 명도라 한 것이다. 옛사람들이 남쪽을 바라볼 때 동쪽을 왼쪽, 서쪽을 오른쪽으로 불렀다.

❸ 양주의 유명한 고찰인 선지사禪智寺는 죽서사竹西寺라고도 불렸다. 당나라 시인 두목杜牧의 〈제양주선지사題揚州禪智寺〉에 "누가 알랴? 대숲 서쪽 길 나서면, 떠들썩한 노랫소리 들리는 양주 거리라는 것을.(誰知竹西路, 歌吹是揚州)"이라는 구절이 있다. 후에 양주 북문 밖에 죽서정이 세워졌다고 한다.

❹ 두목이 양주를 떠나 장안으로 갈 때(835년) 가기들과 이별하며 지은 〈이별하는 이에게 주다贈別〉 시 중에 "하늘하늘 아리따운 십삼 세, 이월 초 가지 끝

에 핀 두구꽃 같구나. 봄바람 부는 십 리 양주길, 주렴을 걷고 봐도 모두 그만 못하네.(娉娉裊裊十三餘, 荳蔻梢頭二月初. 春風十里揚州路, 卷上珠簾總不如)"라는 구절이 있다.

❺ 금나라 군대가 장강 유역을 침입해 양주를 초토화시킨 일을 말한다. 금나라는 1129년, 1161년, 1164년에 각각 남침을 감행했고 이에 양주는 남김없이 파괴되었다.

❻ 당 문종文宗 대화大和 7년에서 9년 사이, 두목은 양주에서 회남절도사 우승유牛僧孺의 장서기掌書記를 맡고 있으면서 여러 편의 시를 지어 양주와 강남을 찬미했다. 원문의 '준상俊賞'은 뛰어난 식견으로 감상한다는 뜻이다.

❼ 두목의 〈견회遣懷〉 시 중 "십 년 만에 양주의 꿈 깨어나고 보니 얻는 것이라곤 청루에서 박정한 사내라는 이름뿐.(十年一覺揚州夢, 贏得靑樓薄幸名)"이라는 구절이 있다. 두구꽃은 두목이 가기들과 이별하며 지은 〈이별하는 이에게 주다〉에 나오는 시어 중 하나이다. 강기의 이 사로 인해 후에 "두구사공豆蔻詞工"이라는 단어가 생겨났는데, 어떤 사람의 문학적 내공이 매우 깊은 것을 형용하는 말로 사용되었다. 청루는 기방을 가리킨다. "두구 운운한 시어가 아무리 훌륭하고, 기방에서의 꿈 좋았어도"라는 뜻이다.

❽ 양주성 안의 다리인 '오가전교吳家磚橋'를 말하는데 '홍약교紅藥橋'라고도 한다. 양주의 옛 다리를 일반적으로 칭한다고 보기도 한다. 두목의 시 〈양주의 한작 판관에게 부치다寄揚州韓綽判官〉 중에 "이십사교의 달 밝은 밤, 귀한 님은 어디에서 퉁소를 가르치나.(二十四橋明月夜, 玉人何處敎吹簫)"라는 구절이 있다.

❾ 양주가 번화했던 시기의 이름난 꽃이다.

* 간평

송 고종高宗 소흥紹興 31년(1161년), 금나라의 완안량完顏亮이 남침해 남송 강회江淮의 군대가 패했으나 다행히 얼마 후 완안량이 과주瓜州에서 신하에게 피살되어 남송은 가까스로 멸망의 화를 면하게 된다. 15년 후 순희 3년(1176년), 강기가 양주를 지날 때에도 이곳은 황량한 모습 그대로인 채, 수당隋唐 이래 '천하제일주天下第一州'로 번화했던 도시는 더 이상 찾아볼 수 없었다. 강기는 당시에 스무 살 남짓한 젊은이였지만 이 작품을 통해 그의 재능이 매우 뛰어남을 엿볼 수 있으며, 동시에 나라를 근심하는 충정도 읽어낼 수 있다. 특히 서경敍景과 서사敍事가 어우러져 자연스러운 느낌을 자아내며, 역사 전고典故의 인용 없이 과거의 이야기를 쉽게 풀어내고 있어 가독성이 뛰어나다.

* 감상 포인트

강기는 남송 격률사파格律詞波의 대표 사인으로, 음률에 밝아 자신이 작곡한 노래들이 많았으며 '사의 장인詞匠'이라 불릴 정도였다. 과거에 누차 응시했으나 급제하지 못하고 떠돌며 살았지만 뛰어난 문재와 전아한 사로 이름이 났었고, 남송대의 유명 문인들과 교류했다.

이 작품은 그의 대표작 중 하나로 번화했던 도시, 그러나 지금은 금나라의 침략으로 폐허가 되어 쓸쓸하기만 한 양주와 세월이 지난 후에도 전쟁 얘기를 꺼리고 붉은 작약도 더 이상 감상해 줄 여유가 없는 양주 사람들을 그린다. 장강 하류의 번화한 도시였던 양주가 적군의 말발굽에 유린된 처참한 광경을 바라보며 참을 수 없는 서글픈 심경을 노래로 한다. 여기에 번화했던 양주와 양주의 가기들을 찬미한 당대 시인 두목의 시 4수가 인용되어 강기가 목도한 모습과 대조를 이룬다. 과거의 영화와 지금의 처량함이 극명한 대비를 이룬다. 회고의 작품은 대개 화려했던 과거와 황량한 현재의 모습을 대비시키며 역사

흥망의 덧없음을 읊는다. 이제 전쟁의 상처를 입은 양주는 더 이상 두목이 노래했던 아름답기만 한 고장이 아니다.

강기는 전아한 사, 음률에 맞는 노래 부르기 좋은 사를 썼고 경물을 읊는 데 능했지만 시대의 아픔과 전쟁의 고통, 항상 적의 침입 위협에 놓여 있는 위기 상황에 대해서도 인식하고 있었다. 남송 초기의 격렬한 애국사愛國詞와 비교할 수는 없지만, 자기의 방식으로 슬픈 역사와 우국의 심정을 드러내며 양주에 대한 위로곡을 써냈다고 할 수 있다.

장정원만[1] 〈버들개지 날릴 때〉

(송) 강기

점점 흩날리네, 가지 끝의 향기로운 버들개지	漸吹盡, 枝頭香絮
사방의 인가	是處人家
문에는 녹음이 짙고	綠深門戶
멀리 포구를 돌아 나가는	遠浦縈回
저녁 배들 흩어져 어디로 향하는가	暮帆零亂向何許
이별하는 사람 많이 겪기로	閱人多矣
장정[2]의 나무 같은 사람이 어디 있을까	誰得似長亭樹
나무에 정이 있다면	樹若有情時
이렇게 푸릇푸릇하지는 못하리라	不會得青青如此
날 저물고	日暮
높은 성 바라봐도 보이지 않는데[3]	望高城不見
무수한 산들만 어지럽네	只見亂山無數
위랑[4]은 떠났지만	韋郎去也
어찌 잊으랴, 옥가락지 줄 때 당부했던 말[5]	怎忘得, 玉環分付
"첫째로 얼른얼른 돌아오세요	第一是早早歸來
붉은 꽃[6]에 주인 없을까 두려워요"	怕紅萼無人爲主
병주의 잘 드는 칼[7]이 있다 해도	算空有并刀
천 가닥 이별의 수심은 자르기 어려우리	難剪離愁千縷縷

〔장정원만長亭怨慢 · 버들개지 날릴 때漸吹盡枝頭香絮〕

긴 제방의 나무는 늙어, 이별하는 사람 많이도 겪었으리라

* 주석

❶ 사패 이름으로 강기의 자작곡이다.

❷ 옛날에 큰 길을 닦을 때는 5리마다 정자를 세워서 단정短亭이라 했고, 10리마다 정자를 세워서 장정長亭이라고 했는데, 사람들은 이곳에서 쉬어가거나 손님 혹은 벗을 전송하였다.

❸ 당나라 구양첨歐陽詹의 〈태원을 막 나와 가던 길에 태원의 그리운 이에게 부치다初發太原途中寄太原所思〉 시 중에 "높은 성 이미 보이지 않으니, 그 안에 있는 사람임에랴!(高城已不見, 況復城中人)"라는 구절이 있다.

❹ 당나라 시인이자 명신이었던 위고韋皐(746~805)를 말한다. 당대 범터范攄의 《운계우의雲溪友議》 권중卷中의 〈옥소기玉簫記〉 조에 "당의 위고가 강을 거닐다 옥소라는 여인과 눈이 맞았는데, 떠날 때 옥가락지를 정표로 주며 5년에서 7년이 지나면 맞으러 오겠다고 약속했다. 후에 기한이 지나도 위고가 오지 않자 옥소는 절식하여 죽었다."는 이야기가 전한다.

❺ 원문은 '분부分付'로, 뜻을 부친다는 뜻. 송나라 모방毛滂의 〈석분비惜分飛〉 중 "오늘밤 깊은 산속에서, 끊길 듯한 내 영혼을 돌아가는 조수에 부치네.(今夜山深處, 斷魂分付潮回去)"라는 구절이 있다.

❻ 여인이 자신을 가리키는 말이다.

❼ 병주并州는 옛 구주九州 중 하나로 지금은 산서성에 속해 있는데 여기서 생산된 칼, 가위가 예리하기로 유명하다. 두보의 〈왕재가 그린 산수도가에 장난삼아 쓰다戲題王宰畵山水圖歌〉 시에 "어떡하면 병주의 잘 드는 칼과 가위를 얻어, 오송 강물 절반을 잘라 낼까?(安得并州快剪刀, 剪取吳淞半江水)"라는 구절이 있다.

* 간평

강기는 젊었을 때 안휘성 합비合肥에 산 적이 있는데, 당시에 비파를 잘 타는 가녀가 그를 흠모했다고 한다. 강기의 명작들에 이 인연이 많이 등장하는데 이 작품 역시 그녀를 추억하는 것으로 짐작된다.

* 감상 포인트

이 사에는 다음과 같은 서가 붙어 있다. 여기에 인용된 6구는 유신庾信의 〈고수부枯樹賦〉에서 나온 것으로 《세설신어世說新語 · 언어言語》 편에도 같은 내용이 전한다.

> 나는 스스로 작곡하기를 무척 좋아한다. 처음엔 되는대로 장단구 가사를 쓰고 후에 음률을 맞추므로 앞뒤의 결闋(사의 앞 연을 상결, 전결이라 하고 뒤 연을 하결, 후결이라 한다)이 다른 경우가 많다. 환온桓溫 대사마大司馬(312~373)가 말하길 '예전에 심었던 버들이 한남에서 하늘하늘했는데, 이제 흔들리니 강변에서 슬픔에 잠긴다. 나무도 이처럼 자랐으니, 사람이 어찌 견딜까.'라고 했는데 나는 이 말을 참 좋아한다.

이를 통해 강기가 노래를 지은 과정을 볼 수 있는데, 이렇게 음악을 잘 알고 노래를 잘 지으며 시재와 풍류가 넘쳤던 강기는 어디 가든 인기가 많은 사람이었을 것이다. 이 사는 아마도 합비를 떠날 때 가기와 헤어지는 아쉬운 심정을 노래한 것이라 추측한다. 이별의 수심이 너무 질기고 깊어 아무리 잘 드는 가위라도 끊어 낼 수 없다는 표현은 이욱의 "잘라 내려 해도 끊어지지 않고, 정리하려 해도 다시 어지러워지는 것이 이별의 수심.(剪不斷, 離還亂, 是離愁)"이라는 구절을 연상시킨다.

〔소중산小重山 · 깊어 가는 봄에柳暗花明春事深〕

짙은 버들잎, 화사한 꽃, 봄은 깊어 간다

소중산[1] 〈깊어 가는 봄에〉

(송) 장양능

짙은 버들잎, 화사한 꽃, 봄은 깊어 간다	柳暗花明春事深
작은 난간의 붉은 작약은	小闌紅芍藥
벌써 봉오리가 올랐네[2]	已抽簪
비 지나고 부드러운 바람에 새소리 흩어지네[3]	雨餘風軟碎鳴禽
더디 가는 해에	遲遲日
구름 한 조각 왔다 사라졌네	猶帶一分陰
지난 일들 오래 생각지 말게	往事莫沉吟
몸 편하고 시절 좋으니	身閑時序好
또 높은 곳에 오르네	且登臨
옛 놀던 곳 다 찾을 수 있지만	舊游無處不堪尋
찾을 길 없어라	無尋處
젊은 시절 마음만은	惟有少年心

* 주석

❶ 사패 이름으로 '소중산령小重山令'이라고도 한다.

❷ 원문은 '이추잠已抽簪'으로, 비녀를 뽑는다, 즉 싹이 튼다는 뜻이다. 여기서는 옥비녀로 섬세하고 영롱한 꽃봉오리를 형용한 것이다.

❸ 당나라 두순학杜荀鶴의 〈춘궁원春宮怨〉 시에 "따뜻한 바람에 새 소리 흩어

지고, 높이 뜬 해에 꽃 그림자 겹쳐진다.(風暖鳥聲碎, 日高花影重)"라는 구절이 있다. 여기서 '쇄碎'는 새소리가 가늘게 흩어진다는 뜻이다.

* 간평

장양능章良能(?~1214)은 절강浙江 여수麗水 사람으로, 송 효종孝宗 순희淳熙 5년에 진사가 되었고 송 영종寧宗 가정嘉定 6년에는 참지정사參知政事에 이르렀다. 장양능은 남송의 저명한 사인 주밀周密의 외조부였는데, 주밀은《제동야어齊東野語》에서 "틈틈이 소사를 지었는데 생각과 성정이 넘친다.(閒作小詞, 極有思致)"고 평했다.

이 사는 봄날의 감상을 적은 것으로 봄은 가고 또 오지만 젊은 시절의 마음은 존재하지 않음을 말한 것이다.

* 감상 포인트

상편은 버들과 작약, 비 갠 뒤 새소리와 하늘의 구름으로 무르익는 봄 경치를 묘사하고 하편에서는 그렇게 예쁜 봄을 아무 생각 없이 즐길 수 없는 심정을 읊는다. 몸도 편하고 시절도 너무 좋으니 과거 일들 생각지 말라고 하고 있지만, 보는 것마다 옛일을 상기시키는 모양이다.

〈소중산〉 사패로 지어진 사 중에 비교적 유명한 작품은 남송 강기의 작품인데, 가는 봄날을 아쉬워하는 애잔한 정경이 흡사하여 같이 감상해 보면 좋을 듯하다.

상수가 맴돌다 보니 어느덧 달은 지고 人繞湘皐月墜時
비스듬한 매화 가지엔 작은 꽃 매달렸는데 斜橫花樹小
수심 가득히 일렁이는 물결에 잠겨 있네 浸愁漪
이 봄의 그윽한 심정 그 누가 알까 一春幽事有誰知
동쪽에서 부는 바람 차가우니 東風冷
매화 향도 붉은 치마처럼 사라지겠지 香遠茜裙歸

— 강기姜夔, 〈소중산령小重山令 · 담주 홍매를 읊다賦潭州紅梅〉

〔산행山行〕

청산은 내 성과 이름 모르고, 나도 청산의 이름 모르네

산행

(송) 섭인

청산은 내 성과 이름 모르고 青山不識我姓字
나도 청산의 이름 모르네 我亦不識青山名
날아오는 저 흰 새는 마치 아는 사이인 양 飛來白鳥似相識
나 보고 산 보고 두세 번 울음 우네 對我對山三兩聲

* 간평

섭인葉茵(1199~?)은 남송 중기에 살았으며, 고향은 소주이다. 출사하여 낮은 관직을 맡았으나 승진할 희망이 안 보이자 사직하고 고향으로 돌아와 벗들과 시를 주고받으며 유유자적 살았다. 이 시에서 묘사하고 있는 것도 바로 그러한 한적한 일상의 정취이다.

* 감상 포인트

'이름'이 생기는 순간 '구분'이 생기고, '구분'이 생기는 순간 '물아物我'가 나뉜다. 인류가 발전할수록 이 이름은 더욱 구체화되고 구분은 촘촘해진다.

평생을 욕심 없이 살다 갔다던 시인 섭인이 산길을 걸으며 느낀 것은 바로 이름도 구분도 없애고 자연만물과 더불어 하나 되는 일. 청산은 나의 이름 모르고, 나도 청산의 이름을 모른다. 그러나 그 산을 나는 걷고 있고, 산은 나를 맞이해 준다. 낯익은 새 한 마리가 나를 보고 두어 번, 산을 보고 두어 번 울음 운다. 새가 보았던 산이 '저 산'이었던, 새가 보았던 사람이 '나'였던 건 중요하지 않다.

〔동풍제일지東風第一枝 · 봄눈을 맞으며詠春雪〕

파란 풀 밟으며 채소를 뜯네

동풍제일지[1] 〈봄눈을 맞으며〉

(송) 사달조

어여쁘게 난초 꽃심에 스며들고 　巧沁蘭心
몰래 풀싹[2]에 들러붙어 　偷黏草甲
동풍이 실어온 따스함 막으려 하네[3] 　東風欲障新暖
푸른 기와에 엉겨 붙어도 머무르긴 어려우니 　謾凝碧瓦難留
저녁 한기 옅어졌음을 확실히[4] 알겠구나 　信知暮寒較淺
하늘가 지나 거울 같은 강으로 들며[5] 　行天入鏡
가볍고 고운 자태를 지어 낸다 　做弄出, 輕松纖軟
생각건대 고향에선 겹 주렴 걷지 않아서 　料故園, 不卷重簾
갑자기 날아든 제비 한 쌍 길을 잃고 말겠네 　誤了乍來雙燕

아직 다 푸르러지지 않았는데, 버들잎은 다시 하얘지고 　青未了, 柳回白眼
붉은 빛 지려 하니, 살구꽃 하얀 얼굴 내미네 　紅欲斷, 杏開素面
예전 놀던 곳 산음이 생각난다[6] 　舊游憶著山陰
굳게 맹세한 상원에 늦어지게 방해도 했었지[7] 　厚盟遂妨上苑
식은 향로 다시 데우고 　寒爐重暖
봄 적삼 지을 바느질을 늦추네 　便放慢, 春衫針綫
봉황 수놓인 신발 신고 풀 캐고[8] 돌아오다 　恐鳳靴, 挑菜歸來
혹시라도 파교[9]에서 너를 만날까 두렵구나 　萬一灞橋相見

* 주석

❶ 사패 이름. 당나라 여위노呂謂老가 처음 지었는데 원래는 매화를 읊기 위해 지었다고 한다. '경림제일지瓊林第一枝'라고도 한다.

❷ '초갑草甲'은 초목의 껍질을 말한다.

❸ 동풍이 막 싹 튼 난초의 초피를 보호하려고 봄눈을 불어 날린다는 뜻이다.

❹ 원문은 '신信'으로, 깊이, 확실히라는 뜻이다.

❺ 원문은 '행천입경行天入境'으로, 당나라 한유韓愈의 〈춘설春雪〉 중 "거울에 들어가니 난새가 못을 엿보고(난새는 거울 뒤에 조각된 새), 하늘을 지나니 말이 다리를 건너네.(入鏡鸞窺沼, 行天馬度橋)"라는 구절에서 온 표현이다.

❻ 왕휘지王徽之(338~386)가 눈 오는 밤에 대규戴逵를 방문한 고사를 인용하고 있다. 왕휘지의 자는 자유子猷로 왕희지王羲之의 다섯 번째 아들이다. 그가 눈 오는 밤에 산음山陰에서 배를 타고 섬현剡縣으로 대규를 찾아갔다가 문 앞에 이르러 다시 돌아왔는데, 사람들이 그 연유를 물으니 "흥이 나서 왔다가 흥이 다해 돌아왔는데 왜 꼭 만나야 하겠는가.(乘興而來, 興盡而返, 何必見)"라고 답했다는 이야기가 《세설신어》에 전한다.

❼ 사마상여司馬相如가 양왕梁王의 토원兎園 연회에 가다가 눈을 만나 늦게 도착했다고 한다. 여기서 '상원上苑'은 토원을 말한다.

❽ 원문은 '도채挑菜'로, 도채절挑菜節을 말한다. 화조절花朝節, 혹은 화신절花神節이라고도 한다. 남쪽과 북쪽의 기후가 달라 날짜가 일정치 않으나 대체로 음력 2월 2일, 2월 12일, 또는 15일이다. 이 날은 화신의 생일로, 사람들이 짝을 이루어 교외에 나가 꽃을 감상하거나 채소를 딴다고 한다.

❾ 파릉교灞陵橋를 말한다(파릉은 장안성 동쪽 백록원白鹿原에 있는 한나라 문제文帝 유항劉恒의 능이다). 파교는 파하灞河(위수渭水로 흘러 들어가는 섬서성의 강)의 다리로 이곳에서 버들가지를 꺾어 주며 길 떠나는 사람을 전송했다고 한다.

* 간평

사달조史達祖(1163~1220?)는 남송 때의 사인으로 호는 매계梅溪이며 변경汴京(지금의 개봉開封) 사람이다. 과거에 급제하지 못하고 생계를 위해 남송의 권신인 한탁주韓侂冑의 당리堂吏를 맡았는데, 한때 권력을 누렸으나 사림士林들에게 멸시를 당했다. 한탁주의 실각과 더불어 묵형墨刑(黥刑)을 받은 후 빈곤 속에 생을 마쳤다고 한다. 그러나 그의 문학 재능은 부인할 수가 없었으니 봄에 내린 눈을 읊은 이 사는 그의 사중 가장 유명한 영물사詠物詞로, 묘사가 섬세하고 청려해 세상을 벗어난 느낌이다.

* 감상 포인트

이 시의 묘미는 봄눈을 읊으면서 '눈(雪)'이라는 글자를 한 번도 사용하지 않았지만, 또한 단 한 구절도 봄눈을 묘사하지 않은 게 없다는 데 있다. 제목을 염두에 두지 않으면 자칫 맥락을 놓칠 수 있는 이유도 바로 여기에 있다.

초봄에 내리는 느닷없는 눈은 난초에도, 파란 기와에도, 푸른 버들에도, 붉은 꽃에도 들러붙지만 너무 여리고 고와서 쌓이지도 못한 채 녹아 버린다. 사달조는 사물을 아름답고 섬세하게 그리는 데 능했는데, 이처럼 하얀 눈을 색감 있게 특이하게 표현한 경우는 드물 것이다. 또한 한식절과 청명절을 읊은 사는 많지만 도채절이 등장하는 사도 많지 않다. 봄눈 때문에 제비가 길을 잘못 들까 걱정하고, 눈 오는 밤에 친구를 만나러 갔다가 흥이 다해 그냥 돌아왔다는 왕휘지, 눈 때문에 연회에 늦었다는 사마상여의 고사를 인용한 것은 눈 때문에 누군가와의 만남이 늦거나 이루어지지 않을까 봐 걱정하는 게 아닐까.

〔청평악淸平樂 · 춤은 틀려도宮腰束素〕

소랑과 눈짓하는 데 정신이 팔려서, 춤곡 틀린 것도 알지 못하네

청평악 〈춤은 틀려도〉

(송) 유극장

궁중풍 허리는 흰 명주 한 묶음❶ 宮腰束素
가벼워 날아갈까 그것이 걱정일세 只怕能輕擧
바람 막는 누대❷ 지어 잘 보호해야지 好築避風臺護取
놀란 기러기❸ 날아가게 해서는 안 될 것이네 莫遣驚鴻飛去

향기로운 옥은 메끄럽고 부드러워 一團香玉溫柔
웃어도 찡그려도 풍류가 넘치네 笑顰俱有風流
소랑❹과 눈짓하는 데 정신이 팔려서 貪與蕭郎眉語
춤곡❺ 틀린 것도 알지 못하네 不知舞錯伊州

* 주석

❶ 원문은 '궁요속소宮腰束素'로, 허리가 비단 한 묶음처럼 가늘고 곱다는 뜻이다. 송옥宋玉(298?~222?)의 〈등도자호색부登徒子好色賦〉 중 "피부는 흰 눈 같고, 허리는 흰 명주묶음 같다.(肌如白雪, 腰如束素)"라는 구절에서 나온 표현이다.

❷ 한나라 때 조비연趙飛燕이 가벼워 바람을 이길 수 없자 성제成帝가 칠보七寶 피풍대避風臺를 만들어 주었다고 한다.

❸ 조식曹植(192~232)의 〈낙신부洛神賦〉에서 낙신洛神을 묘사한 구절 중 "놀란 기러기처럼 퍼득이네.(翩若驚鴻)"라는 구절이 있다.

❹ '소랑蕭郎'은 춘추시대의 소사蕭史를 말하는데 그는 통소를 잘 불어 봉황 울

음소리를 낼 수 있었다고 한다. 진秦나라 목공穆公의 딸 농옥弄玉이 그에게 시집가 퉁소를 배웠는데, 그 소리에 봉황이 모여들었으며 후에 농옥은 봉황을 타고, 소사는 용을 타고 신선이 되어 날아갔다는 얘기가 유향劉向의《열선전列仙傳》에 전한다. 여기서 소랑은 무희를 사랑하는 남자를 말한다.

❺ 원문은 '이주伊州'로 춤곡 이름이다.

* 간평

유극장劉克莊(1187~1269)은 남송 후기 문단의 영수로 "시를 말하는 자는 그를 종주로 삼고, 문장을 말하는 자도 그를 종주로 삼고, 사륙문을 말하는 자도 그를 종주로 삼았다.(言詩者宗焉, 言文者宗焉, 言四六者宗焉)"고 칭해졌다. 이 사는 그의 친구인 양사문楊師文 집의 무희에 대해 묘사한 것이다. 이 무희는 한편으로는 나풀나풀 춤을 추고 또 한편으로는 정인과 남몰래 눈길을 주고받으면서 춤추는 걸음이 틀린 것도 모른다. 그 사랑스러운 모습이 당대 시인 이단필李端筆의 시구 "주랑이 돌아보게 하려고, 때때로 현을 잘못 타곤 한다네.(欲得周郎顧, 時時誤拂弦)"라는 시구 속 쟁 타는 여인을 상기시킨다. 주랑은 삼국시대 오나라의 주유周瑜를 말하는데, 그는 음악에 밝아 연주 때 틀린 것을 잘 알아보았으므로 '곡이 틀리면 주랑이 돌아본다'는 말이 있었다고 한다. 여기서는 무희가 마음에 둔 사람을 말한다.

* 감상 포인트

유극장은 신기질辛棄疾 파에 속하는 사인으로, 주로 애국적 열정이 넘치는 비분강개한 사를 지었고 항상 북쪽 중원 땅을 바라보며 수복하지 못하는 한을 토로했지만, 위와 같이 정인 때문에 실수를 하고도 깨닫지 못하는 무희의 사랑스러운 모습을 흥미롭게 그려 낼 줄도 알았다.

사 앞에 다음과 같은 서序가 달려있다.

> 얼마 전 유양(양주揚州의 다른 이름)의 참의 진사문 집에 매우 빼어난 무희가 있어 이 사를 지었다.(頃在維揚陳師文參議家舞姬絶妙, 賦此)

남송 때는 상류층 집안에 무희를 두는 것이 유행하였다고 하는데 그 관례는 이 사를 통해서도 확인할 수 있으며, 가는 허리라느니 매끄럽고 부드러운 향옥이라느니 등의 묘사를 통해 마른 몸매에 매끄러운 피부를 지닌 여인이 당시 미인의 기준이었음을 알 수 있다. 무희에 대한 묘사를 마친 뒤 역동적인 움직임을 묘사하던 중 웃어도 찡그려도 멋진 여인이 소랑에게 정신이 팔려 춤동작도 잊었다고 표현했는데, 어쩌면 무희에게 정신이 나가 있는 자신의 모습을 도리어 무희에게 뒤집어씌웠는지도 모를 일이다.

〔세모에 적은 시 열 수 중의 첫 번째歲晩書事十首之一〕

계집아이와 시녀는 분칠하느라 바빠, 선생의 벼루에 물 흐려진 것도 상관하지 않네

세모에 적은 시 열 수 중의 첫 번째

(송) 유극장

매일매일 책 베끼느라 외출도 게을리한 채	日日抄書懶出門
작은 창에서 붓 놀리다 황혼에 이르렀네	小窗弄笔到黄昏
계집아이와 시녀는 분칠하느라 바빠	丫頭婢子忙匀粉
선생의 벼루에 물 흐려진 것도 상관하지 않네	不管先生硯水渾

* 간평

남송 유극장과 유과는 유진옹劉辰翁과 함께 신기질의 호방사풍을 계승해 '신파삼류辛派三劉'로 불린다.

이 시에 등장하는 시녀는 단장하느라 바빠 자기 할 일을 잊었고, 주인은 책망할 마음이 없다. 예뻐지고픈 활달한 시녀와 책벌레 주인의 이미지가 유쾌한 대비를 이루면서 삶 속의 활기가 지면을 뚫고 나올 것만 같다.

* 감상 포인트

외출도 하지 않고 종일 책만 베끼는 주인과 그런 주인은 아랑곳 않고 분칠하느라 여념이 없는 계집아이들. 참으로 재미난 대비가 아닐 수 없다. 한쪽에선 지루하기 짝이 없는 일상에 기운이라곤 하나도 없는 주인이 글씨를 쓰고, 한쪽에선 거울 보고 화장하고 깔깔거리는 소녀들이 수다 떠느라 정신이 없다. 시녀의 본분을 잊고 선생 벼루에 물 갈아줄 줄도 모른다는 표현에서 원망이나 다그침이 아닌, 인자하고 너그러운 장자長者의 여유가 엿보인다.

〔복산자卜算子 · 서호에 인재와 배를 띄우고泛西湖坐間寅齋同賦〕

봄을 붙잡으려

복산자 〈서호에 인재[1]와 배를 띄우고〉

(송) 고관국

손꼽아 기다린 봄 屈指數春來
손가락 튕기는 사이[2] 놀라 지나간 봄 彈指驚春去
처마 밖 거미줄에 지는 꽃 걸렸으니 檐外蛛絲網落花
가는 봄을 붙잡기 위함이라네 也要留春住

며칠 낮은 맑은 봄에 기뻐하고 幾日喜春晴
며칠 밤은 봄비에 근심하네 幾夜愁春雨
조각한 열두 개 창과 여섯 폭 병풍엔 十二雕窓六曲屛
온통 봄을 아파하는 시구뿐 題遍傷春句

* 간평

고관국高觀國(생졸년 미상)은 남송 사람으로 영물사詠物詞를 잘 썼다. 이 사는 관찰이 세심하고 구상이 특이한데 지는 꽃이 거미줄에 걸린 것을 빌려 봄을 붙잡고 싶은 마음, 가는 세월을 아쉬워하는 마음을 잘 표현했다.

* 감상 포인트

고관국은 강기의 영향을 많이 받아 백석(강기의 호)의 날개(羽翼)라고 불렸다. 꽃 지고 봄 가는 걸 아파하는 심정은 사에서 흔히 다루지만, '손꼽아 간절히 기다린 봄을 손가락 튕기는 사이 허망하게 보낸다'는 구절은 아쉬운 심경을 매우 형상적으로 잘 표현했다.

〔정원에 놀러 갔으나 주인을 만나지 못하고遊園不値〕

붉은 살구나무 가지 하나가 담장 밖으로 나왔네

정원에 놀러 갔으나 주인을 만나지 못하고

(송) 섭소옹

나막신 자국이 푸른 이끼에 찍힐까 아까웠는지	應憐屐齒印蒼苔
사립문 살짝 두드려도 오래도록 열리지 않네	小扣柴扉久不開
그러나 춘색은 정원에 가둬둘 수 없어	春色滿園關不住
붉은 살구나무 가지 하나가 담장 밖으로 나왔네	一枝紅杏出墻來

* 간평

섭소옹葉紹翁(1194~?)은 남송 말 강호파江湖派 시인이다. 강호시파는 남송 말에 일어난 시파로서, 항주의 서상 진기陳起가 간행한《강호집》으로 인해 이러한 이름을 얻었다. 대표 작가로는 유과, 강기, 유극장 등이 있다.

* 감상 포인트

문을 두드려도 주인이 나오지 않는다. 시인은 자신의 나막신이 정원의 이끼를 짓밟을까 주인이 아까워해서라고 적었다. 그러나 농익은 춘색을 인위적인 담장으로 가 둘 수 없는 법. 발그레한 꽃송이 가득한 살구나무 가지 하나가 담장 밖으로 고개를 비죽 내밀고 말았다. 현대 중국어에서 '홍행출장紅杏出墻'은 바람난 여자를 비유하는 성어로, 집안에 얌전히 있지 못하고 담장 밖을 기웃거린 조신하지 못한 여자라는 뜻이다. 그러나 춘색에 겨운 것은 여심도 살구나무 못지않았을 터이거늘, 자연의 법칙을 어찌 거스른단 말인가?

〔풍입송風入松 · 빗소리, 바람소리聽風聽雨過清明〕

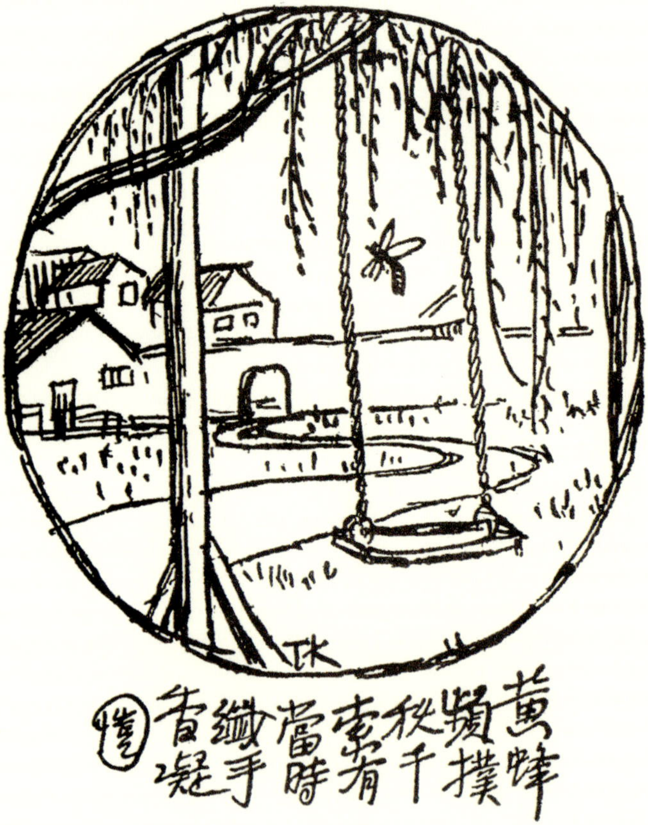

노란 벌 그넷줄에 자꾸 부딪치니, 그때 그대의 고운 손 향기가 엉겨서라네

풍입송[1] 〈빗소리, 바람소리〉

(송) 오문영

바람소리 빗소리 들으며 청명절 보내지만　　聽風聽雨過淸明
예화명 쓰기에 시름겹네[2]　　愁草瘞花銘
누각 앞 짙은 녹음 속 우리 헤어진[3] 길엔　　樓前綠暗分携路
실버들 가지 하나　　一絲柳
따스한 정 한마디　　一寸柔情
쓸쓸한[4] 봄 한기에 술 취하니[5]　　料峭春寒中酒
어지러이 새벽꿈 깨우는 꾀꼬리　　交加曉夢啼鶯

서원에서 날마다 숲속 정자 쓸며　　西園日日掃林亭
예전처럼 맑은 날 즐기네　　依舊賞新晴
노란 벌 그넷줄에 자꾸 부딪치니　　黃蜂頻扑鞦韆索
그때 그대의 고운 손 향기가 엉겨서라네　　有當時, 纖手香凝
사무치는 슬픔, 원앙 수놓은 신발[6] 이젠 오지 않고　　惆悵雙鴛不到
깊은 계단엔 밤새 이끼가 자라네　　幽階一夜苔生

* 주석

❶ 사패 이름으로, 서진西晉의 혜강嵇康(224~263)이 지은 거문고 곡 〈풍입송〉에서 전해져 온 것이라 한다.

❷ '예화瘞花'는 꽃을 장사 지낸다는 뜻으로 남북조 때 유신庾信이 〈예화명瘞花

銘〉을 쓴 바 있다. 예瘞는 매장한다는 뜻이고 명은 명문銘文으로 문체의 일종이다. 청동기나 돌에 사람을 기리거나 기념, 경계의 뜻을 새겨 쓴 글이다. 원문의 '수초愁草'는 쓸 마음이 없다는 것이고 '초'는 초안을 잡는다는 뜻이다.

❸ '분휴分携'는 헤어지다, 이별하다의 뜻이다.

❹ '요초料峭'는 봄의 한기를 말한다.

❺ '중주中酒'는 술에 취한다는 뜻으로 두목杜牧의 〈목주사운睦州四韻〉시에 "늦봄 두릉의 나그네, 지는 꽃 앞에서 술에 취하네.(殘春杜陵客, 中酒落花前)"라는 구절이 있다.

❻ '쌍원雙鴛'은 원앙 한 쌍을 말하는데 여기서는 원앙새를 수놓은 여인의 신발, 나아가 여인을 가리킨다.

* 간평

오문영吳文英(1200?~1260)은 젊은 시절 소주에서 막료幕僚를 지낸 적이 있는데 그때 한 여자를 좋아해 그녀를 데리고 항주로 돌아왔다. 그런데 그녀는 항주 생활에 적응하지 못하고 작별 인사도 없이 고향으로 돌아갔고 그 후로 소식이 없었다고 한다. 오문영은 이를 평생 한스러워 했다.

"노란 벌이 자꾸 그넷줄에 와서 부딪치니, 그때 그대의 고운 손 향기가 엉겨 서라네."라는 구절은 노란 벌이 부딪치는 것을 보고 그네에 남은 여인의 향기를 연상한 것으로, 표현이 아름답고 깊은 정을 함축하고 있다. 진정작陳廷焯은 《백우재사화白雨齋詞話》에서 "정이 깊고 표현이 너무나 순수하고 고아하니, 사 중의 높은 경지이다.(情深而語極純雅, 詞中高境也)"라고 평했다.

* 감상 포인트

오문영은 평생 급제하지 못한 채 소주蘇州 · 항주杭州 · 월주越州 등을 떠돌며 지냈다고 한다. 그는 음률에 밝아 듣기 좋은 사를 지었고 함축적이고 전아한 언어, 참신한 표현을 잘 구사해 환영받았다. 위의 사는 비바람에 지는 봄꽃을 안타까워하는 동시에 돌아오지 않는 여인, 다시 올 수 없는 시절에 대한 그리움을 읊은 사로, 특히 '벌이 그넷줄에 부딪치는 이유가 거기에 배어 있는 여인의 손 향기 때문'이라는 표현으로 유명한 작품이다.

쓸쓸함과 아쉬움을 술로 달래며 이럭저럭 봄을 보내던 화자에게 벌의 등장은 잊고 있던 그녀의 존재를 문득 일깨우면서 그리움과 외로움을 배가시킨다.

〔잠부음蠶婦吟〕

두견새가 밤새 울어 사경이 되니, 일어나 빼곡한 누에 보고서 뽕잎 적을까 걱정하네

잠부음

(송) 사방득

두견새가 밤새 울어 사경이 되니	子規啼徹四更時
일어나 빼곡한 누에 보고서 뽕잎 적을까 걱정하네	起視蠶稠怕葉稀
믿을 수 없어라, 누대 위 버드나무에 달이 걸렸는데	不信樓頭楊柳月
옥 같은 사람 춤추고 노래하며 아직 돌아가지 않았다니	玉人歌舞未曾歸

* 간평

사방득謝枋得(1226~1289)은 남송 사람으로, 애국시인이라고 일컬어진다.

이 시는 누에 치는 여인의 수고로움을 묘사하였는데, 주제는 북송 장유張兪가 지은 〈누에 치는 여인蠶婦〉과 마찬가지로 "온몸에 비단을 휘감은 자는, 누에 치는 사람이 아닌" 것에 대한 비판이지만, 표현 수법은 보다 함축적이고 부드럽다.

* 감상 포인트

이 시에서 두드러지는 것은 대조법이다. 시에 등장하는 두 여인은 모두 깨어 있다. 한 여인은 누에가 걱정되어 잠 못 이룬다. 동이 트면 뽕잎을 따러 나갈 요량이다. 그러던 이 여인은 길 건너 누대에서 들려오는 새벽 가무 소리에 깜짝 놀란다. 누대 위의 옥 같은 기녀는 연회를 즐기느라 깨어 있다. 같은 시간, 다른 세상. 딱 네 줄에 보이는 고락의 대비가 몹시 서늘하다.

〔일전매一剪梅 · 오강을 건너며舟過吳江〕

흐르는 세월은 쉽게도 사람 져버리고, 앵두는 붉어지고, 파초는 푸르렀네

일전매 〈오강[1]을 건너며〉

(송) 장첩

한 조각 봄의 수심, 술로 씻어 내련다　一片春愁待酒澆
강 위의 배는 흔들흔들　江上舟搖
누각 위 주렴은 날 부르는 듯　樓上簾招
추낭의 나루터[2] 태낭의 다리[3]에　秋娘渡與泰娘橋
바람은 또 휘이휘이　風又飄飄
비는 또 쏴쏴　雨又蕭蕭

언제나 집에 돌아가 도포를 빨까　何日歸家洗客袍
은자생[4] 튕기며　銀字笙調
심자향[5] 태울까　心字香燒
흐르는 세월은 쉽게도 사람을 저버려서　流光容易把人抛
앵두는 붉어지고　紅了櫻桃
파초는 푸르렀네　綠了芭蕉

* 주석

❶ 현 이름으로 소주蘇州의 남쪽에 있으며 현재의 소주 오강구이다.

❷ 오강의 나루터를 말한다. 추낭은 두추낭杜秋娘으로 중당中唐 시기 금릉金陵의 가기였는데 덕종德宗 때 진해군鎭海軍 절도사節度使 이기李錡의 시첩이 되었다. 이기의 반란 실패 후, 두추낭은 궁중에 들어가 헌종憲宗의 총애를 받았고 만

년에는 고향 금릉에 돌아왔다고 한다. 〈금루의金縷衣〉의 작자라고도 전한다.

❸ 오강에 있는 다리이다. 태낭은 당나라 소주의 가기였다. 당대 시인 유우석劉禹錫(772~842)은 〈태낭가泰娘歌〉를 지어 "태낭의 집은 본래 창문(소주蘇州의 서쪽 성문) 서쪽, 문 앞의 푸른 물은 금빛 제방 감돌고, 가끔씩 날씨 좋으면 한껏 치장하고서, 다리에 올라서는 꽃 꺾어 장난친다.(泰娘家本閶門西, 門前綠水環金堤. 有時妝成好天氣, 走上皐橋折花戲)"라고 표현한 바 있다.

❹ '은자생銀字笙'은 고생古笙의 일종으로 관 위에 음조의 높낮이를 표시하는 은자가 있다.

❺ 심心 자 모양으로 생긴 향이다.

* 간평

장첩蔣捷(1245?~1305 이후)은 송말원초 사람으로 1274년에 진사가 되었으나 송나라가 망한 뒤에는 강호를 떠돌며 조정의 부름을 거절하고 은거했다. 이 사는 배를 타고 소주 오강현을 지날 때 보고 느낀 것을 쓴 것으로, 봄이 오고 가는데 집에 돌아갈 기약이 없고 세월은 부질없이 흐르니 모든 것이 쓸쓸하게만 느껴짐을 읊은 것이다.

* 감상 포인트

1276년 봄 원나라 군대가 임안臨安(항주)을 공격하자 작자의 유랑이 시작된다. 이 사는 오강현의 오송강吳淞江을 지날 때 고향(강소성江蘇省 의흥宜興)에 대한 그리움과 나라의 위기에 대한 상심을 써낸 것이다. 배를 타고 떠도는 나그네 생활, 비바람은 '또' 몰아치는데 집에 돌아갈 날은 언제일지 기약이 없다. 집에 돌아갈 기약이 없는 화자는 '옷을 제때 빨고 생황을 연주하고 향을 피우는' 평범한 고향집의 일상이 너무도 그립다. 그러는 사이 앵두는 '다시' 붉어지고 파초는 푸르러지며, 나의 수심과는 상관없이 세월은 흘러가 버린다. 두 개의 '우又'자(또, 다시)와 두 개의 '료了'자(이미 어떤 상황이 되어 버렸다)는 어김없는 자연의 변화와 시간의 흐름을 부각시킨다. '봄 시름을 술로 잊는다'는 설정은 사에서 자주 등장하지만, 여기서 화자의 수심은 전란 통에 고향에 돌아갈 수 없는 참담한 심정을 포함하고 있으니 그저 옛날을 그리워하고 세월이 가는 걸 아쉬워하는 게 아니다.

〔하신랑賀新郎 · 가을 새벽에秋曉〕

대나무 책상, 등불 밑에서 꿈을 꾸었네

하신랑 〈가을 새벽에〉

(송) 장첩

아득히 까마귀 울음 그치고	渺渺啼鴉了
밝아 오는 드넓은 하늘[1]	亘魚天
우뚝 솟은 섬들 한기로 덮이니	寒生峭嶼
오호[2]의 가을 새벽이로다	五湖秋曉
대나무 책상, 등불 밑에서 꿈을 꾸었네	竹几一燈人做夢
힝힝 우는 말 타고 누가 옛길을 지났던가	嘶馬誰行古道
일어나 머리 긁적이며 하늘 보며 별을 센다	起搔首, 窺星多少
달빛 희미해 울타리엔 그림자 지지 않고	月有微黃籬無影
푸른 나팔꽃 작은 꽃송이만 걸렸구나	挂牽牛數朵靑花小
가을이 너무 담담해	秋太淡
붉은 대추가 더해졌네	添紅棗
아픈 상처 서풍 덕에 쓸려 가길 바랐건만	愁痕倚賴西風掃
서풍은 도리어 귀밑머리만 재촉하여	被西風, 翻催鬢鬢
가을과 함께 늙고 말았네	與秋俱老
서리 내린 옛 정원, 주렴도 걷지 않고	舊院隔霜簾不卷
금가루 병풍 곁에 취해 쓰러지니	金粉屛邊醉倒
알 길 없었네, 중년의 회포가 이럴 줄은	計無此, 中年懷抱
만 리 강남에서 오자서 퉁소로 한을 연주하며[3]	萬里江南吹簫恨
앞서거니 뒤서거니	
하늘 끝[4] 가로지르는 흰 기러기 떼 원망하네	恨參差白雁橫天杪
안개 아직 자욱하니, 남쪽 산[5]은 아득하구나	煙未斂, 楚山杳

* 주석

❶ 원문은 '긍어천亘魚天'으로, 하늘이 물고기 배처럼 하얗게 밝아 온다는 뜻이다. '긍亘'은 옆으로 펼쳐 있다는 뜻이다.

❷ 태호太湖(강소성과 절강성에 걸쳐 있는 호수로 소주의 서쪽에 위치)를 말하는데 장첩은 주로 이 주변에서 활동했다. 사마천의 《사기》에서도 오호는 태호만을 가리킨다.

❸ 오자서伍子胥(BC.559~BC.484. 초楚나라 사람으로 오왕吳王 합려闔閭의 중신이었으며 후에 부차夫差를 도왔으나 반란죄로 몰려 자결하라는 명을 받고 죽었다)가 초 평왕平王에 의해 아버지와 형을 잃고 도망 다니던 때의 고사를 인용하고 있다. 《사기 · 범수채택열전范雎蔡澤列傳》에 "오자서가 보따리를 메고 소관昭關을 나서서 낮엔 엎드려 숨어 있고 밤에 길을 가면서 능수에 이르렀다. 입에 풀칠을 할 수가 없어 무릎으로 기고 포복하며 머리를 조아리고 웃통을 벗은 채, 배를 두드리고 퉁소를 불면서 오땅의 거리에서 걸식했다.(伍子胥橐載而出昭关，夜行昼伏，至于陵水，無以糊其口，膝行蒲伏，稽首肉袒，鼓腹吹箫，乞食于吳市)"라는 내용이 있다. '오시취소吳市吹簫(오나라 거리에서 퉁소를 불다)'라는 성어로 유명한 고사이다.

❹ 원문은 '천초天杪'로, 초杪는 가지 끝의 잔가지를 말한다. 왕유의 〈송재주이사군送梓州李使君〉 시에 "산중에 밤새도록 비, 나뭇가지 끝에선 마구 샘물이 솟네.(山中一夜雨, 樹杪百重泉)"라는 구절이 있다.

❺ 원문은 '초산楚山'으로, 여기서는 태호 부근의 산을 말한다.

* 간평

남송이 멸망하기 전, 장첩은 악비의 후손들과 친밀하게 지냈다. 중년 이후 강호에 떠돌며 집으로 돌아가지 못한 것은 몽고에 저항하는 활동에 참여해 가족들이 이 때문에 연루될까 걱정해서였을 가능성이 크다. 이 사는 드러나지 않게 망국의 한을 기탁해 침울하고 의경이 넓고 아득하다.

* 감상 포인트

이 사는 태호 주변의 가을 새벽 풍경을 읊은 것이다. 서리와 한기가 뒤덮인 태호에서 허망한 꿈을 깬 새벽, 세월과 수심을 이길 수 없어 취해도 보지만 늙고 수척한 스스로의 모습에 처량한 심정을 어찌할 수 없다. 내 신세가 타향을 떠돌며 퉁소 불어 연명했던 오자서 같고, 안개도 걷히지 않아 산도 희미해 보이니 나라도 잃고 아무 계책이 없는 게 내 인생 같다. "대나무 책상, 등불 밑에서 꿈을 꾸었네.(竹几一燈人做夢)"라는 구절은 명구로 칭송되었다.

〔청옥안靑玉案·해마다 제삿날이면年年社日停針綫〕

저물녘 풀언덕에 안장 풀지만, 꽃은 꽂는 이 없고, 술은 권하는 이 없고,
취해도 상관하는 이 없네

청옥안[1] 〈해마다 제삿날이면〉

(송) 황공소

해마다 제삿날, 바느질 멈추고[2]　年年社日停針綫
제비 쌍쌍이 나는 모습 차마 어찌 볼까　怎忍見, 雙飛燕
오늘 강가 성에는 봄이 반이나 들었는데　今日江城春已半
이 한 몸은 아직도　一身猶在
첩첩산중 깊은 곳　亂山深處
적막한 냇가 다리에 있네　寂寞溪橋畔

봄 적삼 해져도 누가 꿰매어 줄까　春衫着破誰針綫
뚝뚝 줄줄 눈물 자욱만 가득　點點行行淚痕滿
저물녘 풀언덕에 안장 풀지만　落日解鞍芳草岸
꽃은 꽂는 이 없고　花無人戴
술은 권하는 이 없고　酒無人勸
취해도 상관하는 이 없네　醉也無人管

* 주석

❶ 사패 이름. 동한東漢 장형張衡의 〈사수시四愁詩〉 중 "미인이 나에게 수놓은 비단조각 주시니, 무엇으로 보답할까, 푸른 옥 책상(美人贈我錦繡段, 何以報之青玉案)"이라는 구절에서 취한 것이다.

❷ '사일社日'은 고대에 토지신에게 제사 지내는 날로, 당송대에는 봄제사(春社)

때 부녀자들이 바느질을 하지 않는 풍속이 있었다고 한다.

* 간평

황공소黃公紹(생졸년 미상)는 송나라 도종度宗 함순咸淳원년(1265년)에 진사가 되었으며 남송 멸망 후에는 초계樵溪에 은거했다. 이 사는 돌아가고 싶은 마음과 사람에 대한 그리움을 담은 작품으로, "말은 담담한데 정은 짙다.(語淡而情濃)"고 할 수 있다. 이에 대한 펑쯔카이의 그림은 특히 뛰어나 그리움의 정을 구체적인 사물에 체현해 내었으니 정감이 넘쳐흐르고 곡진하게 표현되었다.

* 감상 포인트

이 작품은《양춘백설陽春白雪》,《화초수편花草粹編》 등에는 작자 미상으로 되어 있고,《역대시여歷代詩餘》,《사림만선詞林萬選》에는 황공소의 작품으로 되어 있다. 화자는 고향의 여인이 떠난 자신을 그리워할 모습을 상상하며 가슴 아파한다. '그녀는 제삿날이 되어서야 바쁘게 바느질하던 손을 놓고 하늘을 볼 여유가 생기겠지, 그러면 쌍쌍이 날아 돌아오는 제비가 눈에 들어올 것이고 나를 생각하며 견디기 힘들겠지'라고. 그러나 화자는 여전히 옷 꿰매줄 사람도, 술 한잔 나눌 이도 없는 타향을 떠돌고 있다. 상하편의 첫 구가 모두 바느질로 시작하는데 여기서 바느질은 그녀를 상기시키고 그립게 만드는 매개체가 된다.

〔시골밭에서의 즐거움村田樂〕

촌로가 잔뜩 취해 춤추듯 몸을 흐느적거리자, 두 명의 아이가 부축하여 배에 태우네

시골밭에서의 즐거움

(송) 송백인

1.

벼 타작 하는 날은 마치 이월의 날씨 같아	打稻天如二月天
온 마을에 화락한 기운 돌며 풍년을 즐거워하네	滿村和氣樂豊年
촌로가 잔뜩 취해 춤추듯 몸을 흐느적거리자	田翁爛醉身如舞
두 명의 아이가 부축하여 배에 태우네	兩個兒童策上船

2.

세 칸짜리 띠집에 무궁화 울타리 둘렀는데	茅屋三間槿作籬
머리 허연 할머니가 겨울옷을 깁네	白頭婆子葺冬衣
아이들은 황혼 지나 배불리 먹고서	兒童飽飯黃昏後
단소를 옆으로 불며 불러도 돌아오지 않네	短笛橫吹喚不歸

* 간평

송백인宋伯仁은 남송후기 강호시파江湖詩派 시인으로, 벼슬길이 순조롭지 않아 장기간 시골에 은거했다. 이 두 수의 시에서는 농촌의 노인과 아이를 묘사하고 있는데, 도연명의 〈도화원기〉에 나오는 "머리 누런 늙은이나 머리 땋은 아이나, 모두 흡족하니 즐거운 모습이었다."를 연상케 한다.

* 감상 포인트

노인과 아이가 행복한 곳이야말로 무릉도원이다. 이 시에는 오직 노인과 아이만 등장한다. 풍년 들어 기분 좋은 나머지 술에 잔뜩 취해 춤추듯 비틀대는 할아버지를 두 아이가 양옆에서 부축해 배로 모신다. 머리 허연 할머니는 작은 집 무궁화 울타리 안에서 겨울옷을 깁는데, 손주 녀석들은 저녁을 배불리 먹고 나가서 피리를 불며 노느라 불러도 돌아올 생각을 않는다. 할아버지가 속 썩여 손주들은 미간을 찌푸리며 부축했을 수도 있고, 손주가 속 썩여 할머니는 바느질을 놓고 한바탕 잔소리를 했을 수도 있다. 그러나 누구 하나 진정으로 화난 이 없고, 누구 하나 미운 이 없다. 노인과 아이가 한데 어우러져 정겹게 사는 세상. 모두가 꿈꾸는 대동사회大同社會가 퍼뜩 떠오른다.

> 대도가 행해지면 천하가 공公이 된다. 어질고 능력 있는 자가 등용되고, 신의와 화목을 중시한다. 그래서 사람들은 자기 부모만 부모로 여기지 않고, 자기 자식만 자식으로 여기지 않는다. 늙은이들은 여생을 편안히 마칠 곳이 있고, 젊은이는 쓰일 곳이 있으며, 어린이는 성장할 곳이 있다. 홀아비와 홀어미, 부모가 없는 아이와 자식이 없는 노인, 의지할 데 없는 사람과 병든 사람도 봉양을 받을 수 있다. 남자에겐 할 일이 있고 여자에겐 돌아갈 집이 있다. 재물이 땅에 버려지는 것을 싫어하지만 자기 집에 감춰 놓지 않으며, 힘이 몸에서 나오지 않는 것을 미워하지만 자기만을 위해서 쓰지 않는다. 이런 까닭으로 음모는 폐하여 일어나지 않고 도둑과 절도범, 난신적자가 생겨나지 않으므로 문을 닫지 않는다. 이를 이르러 대동이라 한다.
>
> —《예기禮記 · 예운禮運》 중에서

아이들은 황혼 지나 배불리 먹고서, 단소를 옆으로 불며 불러도 돌아오지 않네

〔시골살이에 관해 적다題村居〕

풍년 들자 시골살이가 더욱 좋게 느껴지나니, 대숲에 술 파는 집이 새로 생겼기 때문이지

시골살이에 관해 적다

(송) 장위

띠풀로 지은 집들이 물가에 모여 있는데	數舍茅茨簇水涯
집 옆 처마에 이른 매화꽃이 피었네	傍檐一樹早梅花
풍년 들자 시골살이가 더욱 좋게 느껴지나니	年豊便覺村居好
대숲에 술 파는 집이 새로 생겼기 때문이지	竹里新添賣酒家

* 간평

장위張煒는 절강성 항주杭州 사람이며, 역시 강호파 시인이다. 이 시 역시 풍년 든 농촌의 풍경을 읊고 있다. 의식이 풍족하니 대나무 숲속에 술을 받아다 마실 수 있는 가게도 생겨나, 술 좋아하는 시인의 농촌생활에 즐거움을 하나 더 했다.

* 감상 포인트

이 시의 지은이는 장위라고도 알려져 있고, 섭인葉茵이라고도 알려져 있다. 술 좋아하는 사람에게 새로 생긴 술집만큼 반가운 존재가 어디 있겠는가? 물가에 옹기종기 모여 있는 집들이 보이고, 그 옆엔 매화나무가 이른 꽃망울을 터뜨렸다. 해가 바뀌었으니 작년에 풍년이 들어서 아직 양식이 넉넉해, 저기 대나무 숲엔 술 파는 집까지 생겨났다. 부족한 것 하나 없는 흡족한 시골살이. 좋구나! 그러나 흉년 들면 그 어디보다 견디기 어려운 것이 시골살이일 터. 해마다 풍년 들길 기원해 본다.

제4부

차례대로 봄바람이 초가집에 불어오겠지

次第春風到草廬

〔본 바를 적다賦所見〕

마름풀 반쯤 떠 있고 이끼는 반쯤 젖은 걸 보니, 비단옷 빤 사람 떠난 지 오래되지 않았구나

본 바를 적다

(금) 유첨

비스듬히 누운 바위 물결 속에 꽂혀 있고	傾欹石片插漣漪
그 위 쓸쓸히 수양버들가지 늘어졌네	上有蕭蕭楊柳枝
마름풀 반쯤 떠 있고 이끼는 반쯤 젖은 걸 보니	藻荇半浮苔半濕
비단옷 빤 사람 떠난 지 오래되지 않았구나	浣紗人去不多時

* 간평

유첨劉瞻은 자가 암로岩老이며 앵녕거사櫻寧居士라는 자호를 썼다. 이 시는 비단옷 빠는 여인이 막 떠난 후의 정경을 묘사하고 있다. 혹시 서시처럼 경국지색을 지닌 여인이었을까? 시에 드러나는 담담하고도 아름다운 감상은 하주賀鑄의 사 "사뿐사뿐한 걸음걸이 이제 횡당로를 건너오지 않을 테니, 말없이 바라만 보았네, 그대 떠난 뒤.(凌波不過橫塘路, 但目送, 芳塵去)"와 다른 듯 비슷한 묘미를 지녔다.

* 감상 포인트

시인의 발걸음이 머문 곳은 버들가지 늘어진 한 시냇가. 마름풀과 이끼가 보이는 이곳에서, 어느 여인이 빨래하고 간 흔적이 보인다. 얼굴도 본 적 없는 여인을 상상하며 봄날 상념에 빠진 시인의 모습이 보이는 듯하다.

〔봄밤에 느끼는 갖은 흥취 열두 수 중의 여섯 번째春晩雜興十二首之六〕

앵두와 완두를 아이들에게 나눠 주고 나니, 어느새 불어온 춘풍에 또 한 해가 가는구나

봄밤에 느끼는 갖은 흥취 열두 수 중의 여섯 번째

(원) 방회

약야계 부로에게 돈 받은 적 어찌 있으리❶	豈有耶溪父老錢
아침이고 저녁이고 술동이만 끼고 살았으니	無朝無暮在樽前
앵두와 완두를 아이들에게 나눠 주고 나니	櫻桃豌豆分兒女
어느새 불어온 춘풍에 또 한 해가 가는구나	草草春風又一年

* 주석

❶ 이 전고는 동한 회계태수會稽太守였던 유총劉寵의 고사에서 나왔다. 《수경주水經注》에서는 다음과 같은 기록이 보인다. "마담은 약야계로 흘러 들어간다. 물이 지극히 맑아서 뭇 산의 그림자를 다 거꾸로 비추는데, 바라보면 마치 그림 같다. 한나라 유총이 이 군을 다스렸는데, 훌륭한 정적을 남겼다. 임기가 차서 이곳을 떠나게 되자 약야계의 부로들이 백 전씩을 보내왔는데, 유총은 각각 1문씩만 받았다.(麻潭下注若耶溪. 水至淸, 照衆山倒影, 窺之如畵. 漢世劉寵作郡有政績, 將解任去治, 此溪父老將持百錢出送, 寵各受一文)"

* 간평

방회方回(1227~1305)는 휘주徽州 흡현歙縣 사람으로, 자는 만리萬里이다. 《영규율수瀛奎律髓》의 저자로, 남송 이종理宗 때 과거에 급제했다. 처음에는 〈매화백영梅花百詠〉을 지어 권신 가사도賈似道에게 아부하더니 가사도가 실세하자 그를 참하라고 주청했으며, 나중에는 또다시 변절하여 원나라를 섬겼다.

강절江浙 일대에는 입하立夏를 쇤다. 입하 때면 땅에서 완두가 막 익기 시작하는데, 신선한 완두를 따다가 온 가족이 함께 앉아 먹는 풍습이 있다. 이 시에서 묘사한 것이 바로 이 풍습으로, 청신하고 간결한 것이 일상 중 아름답게 빛나는 순간을 잘 표현하였다.

* 감상 포인트

인격과 시격詩格을 동일시하는 습성이 배어 있어 절조니 충심이니 하는 단어로부터 자유롭지 못한 시인의 시를 읽을 때면 선입견이 든다. 그러나 방회가 당송 양대의 시를 합하여 편찬한 책《영규율수瀛奎律髓》49권은 중국 시가비평사상 길이 남을 역작으로, 시를 보는 그의 혜안이 돋보이는 책이다. 남의 시를 비평하는 사람이었으니, 본인 역시 시작에 남다른 심혈을 기울였을 것이다.

이 시에서 읊고 있는 것은 입하의 풍경이다. '약야계 부로' 운운한 것으로 보아 아마도 지방관으로 재임하고 있을 당시에 지은 시인 듯싶다. 훌륭한 정적을 남겨 약야계의 부로들이 백 전씩이나 모아 주며 송별했다던 유총의 업적 같은 것은 없고, 그저 아침저녁으로 술만 마시며 살았다는 말은 겸손인지, 자조인지 모르겠다. 3행과 4행에서의 탄식은 쉽게 공감할 수 있다. 명절이 되어 으레 있는 풍습을 행하고 나니, 그렇게 또 한 해가 가는구나! 문틈으로 바라볼 때 순식간에 지나치고 마는 말 한 마리. 극구광음隙駒光陰에 불과한 인생을, 명절이 되면 더욱 절실히 느끼는 건 예나 지금이나 변함이 없었나 보다.

이 시는 모두 12수로 이루어져 있는데, 봄밤의 흥취를 잘 나타낸 다른 한 수도 곁들어 읽어 보겠다.

야들야들한 방초에 신발 깊이 빠지고	芳草茸茸沒屨深
맑고 온화한 날씨가 원림을 윤택하게 하네	淸和天氣潤園林
보슬비 이제 막 갠 곳에	霏微小雨初晴處
남몰래 청매를 세어 보며 나무 그늘에 서 있네	暗數靑梅立樹陰

잠시 내린 봄비에 말갛게 씻긴 청매. 화창한 오월의 풍경을 더없이 청신하게 읊었다. 시 비평의 귀재다운 시재詩才이다.

〔사계절 독서의 즐거움四時讀書樂 · 봄春〕

나뭇가지 위 예쁜 새도 나의 벗이요

사계절 독서의 즐거움〈봄〉

(원) 옹삼

산빛이 난간을 비추고 물은 회랑을 휘감는데	山光照檻水繞廊
무오에서 돌아와 읊조리니❶ 춘풍도 향기롭네	舞雩歸詠春風香
나뭇가지 위 예쁜 새도 나의 벗이요	好鳥枝頭亦朋友
물 위에 떨어진 꽃도 모두 문장이라	落花水面皆文章
좋은 시절 헛되이 보내면서❷ 늙어 가지 말지니❸	蹉跎莫遣韶光老
인생사 즐거움은 오직 독서뿐이라네	人生惟有讀書好
독서의 즐거움이 어떠하냐면	讀書之樂樂何如
창 앞에 가득한 푸른 풀 뽑을 틈도 없다네	綠滿窓前草不除

* 주석

❶ 《논어 · 선진先進》에 무오와 관련된 이야기가 나온다. 공자가 제자들에게 각자의 포부를 묻자 증점이 대답했다. "늦봄에 봄옷이 만들어지면 관 쓴 사람 대여섯과 아이들 예닐곱과 더불어 기수에서 목욕하고 무오에 올라 바람을 쐬고 노래하며 돌아오겠습니다.(莫春者, 春服旣成, 冠者五六人, 童子六七人, 浴乎沂, 風乎舞雩, 詠而歸)" 그러자 공자가 탄식하며 말했다. "나는 점과 함께하겠다.(吾與點也)" 여기서 '무오영귀舞雩詠歸'라는 고사가 탄생했는데, 시인은 이를 살짝 변형시켜 '무오귀영舞雩歸詠'으로 표현했다.

❷ '차타蹉跎'는 세월을 헛되이 보낸다는 뜻이다.

❸ '소광韶光'은 아름다운 봄 시절을 뜻하기도 하고, 그냥 세월을 뜻하기도 한다.

* 간평

옹삼翁森은 자가 수경秀卿이고 호가 일표一瓢이다. 지금의 절강성 선거현仙居縣 사람. 주로 남송 말에서 원나라 초기에 활동하였으나, 자세한 행적은 알려져 있지 않다.

옹삼은 남송이 멸망한 후에 고향으로 돌아와 은거하였다. 그는 주희朱熹의 백록동서원白鹿洞書院의 규장제도를 따라 고향에 학교를 세우고 공부를 가르쳤는데, 학교는 바로 자기 집 안에 있었다고 한다. 〈사계절 독서의 즐거움〉에서는 봄여름가을겨울 느끼는 독서의 정취에 대해 적고 있어서 많은 사람들에게 회자되어 왔으며, 민국 시기에 들어서는 중학교 교과서에 실리기도 하였다. "나뭇가지 위 예쁜 새도 나의 벗이요, 물 위에 떨어진 꽃도 모두 문장이라." 그는 자신이 가르치는 학생들에게 산수화조山水花鳥와 가까이 지내며 아름다운 대자연 속에서 벗을 찾으라고 가르치고 있다.

* 감상 포인트

"소년은 쉬이 늙고 학문은 이루기 어려우니, 순간의 세월도 가벼이 보내서는 안 된다.(小年易老學難成, 一寸光陰不可輕)" 송나라의 대학자 주희朱熹가 젊은이들에게 신신당부한 말이다. 하지만 그 말이 젊은이들 귀에 잘 들어갈 리 없다. 어느새 나이가 들고 나서야 뒤늦은 후회를 하게 되더라도 말이다.

이 시에서는 책 읽는 즐거움에 대해 읊고 있는데, 주희처럼 '공부'하라고 가르치는 대신 대자연도 책이라고 이야기하고 있다. 매화꽃 몇 송이를 보고서 천지의 마음을 터득할 수 있으면 그것이 진정한 인생 공부가 될 수 있다면서. 지저귀는 새도 나의 벗이 될 수 있고, 냇물 위에 떨어진 꽃잎도 한 편의 문장이라니, 탁 트인 식견이 독자의 마음까지 편하게 해 준다.

조선시대 학자 정약용은 10대 시절에 형님과 함께 전라도 화순에 있는 동림사에 머물며 글을 읽은 적이 있는데, 그때 〈동림사독서기東林寺讀書記〉라는 글을 지어 독서의 즐거움을 표현한 바 있다.

> 아버님이 이 고을 현령으로 온 다음 해 겨울에 나는 둘째 형님과 함께 동림사에 머물면서 둘째 형님은《상서尙書》를 읽고 나는《맹자孟子》를 읽었다.
>
> 이곳에 올 때는 첫눈이 가루처럼 뿌리고 산골 물은 얼어붙을 듯하였으며, 나무와 대나무 빛도 새파란 것이 추워서 움츠린 것 같았다. 아침저녁으로 이곳을 거닐면 정신이 맑아졌다. 자고 일어나면 시냇물로 달려가서 양치질하고 얼굴을 씻고, 식사 알리는 종이 울리면 여러 비구니들과 늘어앉아 밥을 먹었다. 날 저물어 별이 보이면 언덕에 올라 휘파람 불며 시를 읊조리고, 밤이면 중들이 게송偈頌 읊고 불경 외는 소리를 듣다가 다시 책을 읽었다. 이렇게 하기를 40일 동안 하고 나서 내가 말했다.
>
> "스님들이 중노릇을 하는 이유를 이제야 알았습니다. 부모 형제 처자의 즐거움이 없고, 술 마시고 고기 먹고 음탕한 노래도 여색의 즐거움도 없는데, 저들이 어찌하여 고통스럽게 중노릇을 하겠습니까? 진실로 이와 바꿀 수 있는 즐거움이 있기 때문입니다. 우리 형제가 학문한 지 이미 여러 해 되었지만 일찍이 동림사에서 맛본 것 같은 즐거움이 또 있었습니까?"
>
> 둘째 형님도 말씀하셨다.
>
> "그렇다. 그것이 중노릇하는 까닭인 것이다."

대자연이 주는 즐거움, 그 속에서 독서하는 즐거움은 '중이 중노릇하는' 이유가 될 만큼, 다른 욕망을 기꺼이 포기하게 만들 만큼 위대한 것이다.

경직도[1]에 쓰다

(원) 조맹부

솥 아래에 뽕나무를 지피고	釜下燒桑柴
고치를 골라 솥 안으로 던져 넣더니	取繭投釜中
여자아이의 섬섬옥수가	纖纖女兒手
질풍처럼 실을 뽑아 낸다	抽絲疾如風
농가의 오뉴월은	田家五六月
푸른 나무 그늘이 어지러이 드리워지고	綠樹陰相蒙
오직 들리는 물레[2] 소리가	但聞繅車響
멀리 마을 동쪽과 서쪽으로 이어지는데	遠接村西東
열흘이면 피륙을 짤 수 있으니	旬日可經絹
베틀이 빌까 걱정할 일 없고	弗憂杼軸空
부인이 양잠에 능하니	婦人能蠶桑
살림살이 궁핍하지 않도다	家道當不窮
또 바라기는 단비가 흡족히 내려	更望時雨足
보리와 밀도 조금이나마 풍년 들기를	二麥亦稍豐
술 받아 와 시골집에서 마시고	酤酒田家飮
취해 쓰러진 할미와 늙은이	醉倒媼與翁

〔경직도에 쓰다題耕織圖〕

술상 마련해 풍년을 축하하고, 취해 쓰러진 할미와 늙은이

* 주석

❶ 경직도는 농사일과 잠직蠶職의 광경을 그린 도첩圖牒을 말한다.

❷ 소거繅車를 조거繰車라고 한 판본도 있는데, 둘 다 고치로 실을 켜는 기구를 말한다. 바퀴가 달린 모습이 수레 같다 하여 이런 이름이 붙었다.

* 간평

조맹부趙孟頫(1254~1322)는 자가 자앙子昂이고 호는 송설도인松雪道人이다. 송 태조의 아들 진왕秦王 조덕방趙德芳의 후손으로, 호주湖州(지금의 절강성 호주) 땅을 하사받아 절강 사람이 되었다. 원나라가 들어선 후 한림학사승지翰林學士承旨를 지냈으며, 위국공魏國公에 봉해져 문민文敏이라는 시호를 받았다. 서화로 명성을 얻었으나 시문도 뛰어나다.

원나라 세조 쿠빌라이忽必烈는 인심을 얻기 위해 조맹부를 특히나 예우하였다고 한다. 그는 박학다식하고 서예, 그림, 인장, 시 모두에 빼어난 사절四絶이었다. 특히 그의 서법은 힘차고 수려하여 '조체趙體'라고 불리며, 구양순, 안진경, 유공권과 함께 '해서 사대가'로 일컬어진다. 그의 회화는 원대 새로운 화풍을 열어 '원나라 으뜸'으로 추앙된다.

이 시는 〈경직도에 쓰다 24수—어지를 받들고 쓰다題耕織圖二十四首—奉懿旨撰〉 중 하나인데, 2월 봄갈이를 시작할 때 농촌의 일상을 묘사하였다. 조맹부는 초년에 절강 호주에서 살았는데, 시의 묘사로 볼 때 그가 강절 일대 농촌의 풍토와 일생에 대해 상당히 잘 알고 있었음을 알 수 있다.

* 감상 포인트

서예가로 이름 높은 조맹부의 시이다. "어지를 받들어 지었다"는 제목으로 볼 때, 가슴으로부터 우러난 창작이 아닌 어명에 의한 창작임을 알 수 있다.

임금이야 백성들이 밭 갈고 베 짜는 게 여간 흐뭇했을까마는 허리 필 새도 없이, 편히 누울 틈도 없이 고생해야 했던 농부農夫 · 농부農婦들을 생각하면 가슴 한 켠이 시려 오는 것은 어쩔 수 없다. 이 시는 화첩에 직접 적어 넣은 시이다. 따라서 그림을 보며, 그림에 그려진 상황에 맞게 시를 지었을 것이다. 그러니 시에서 묘사하고 있는 것은 조맹부가 보고 있는 화첩 속 그 장면이다. 불에 솥을 달구고 그 안에 고치를 던져 넣은 다음 섬섬옥수로 잽싸게 실을 뽑은 여자아이 그림이 한 폭 있었는가 보다. 그 그림을 보고 조맹부는 농가의 오뉴월을 상상한다. 푸른 나무가 그늘을 드리운 마을에 오직 물레 돌아가는 소리만이 동쪽부터 서쪽 저 멀리까지 들린다. 피륙 짜느라 정신없는 여인네들. 열흘이면 피륙 하나는 거뜬히 짜니 베틀은 쉴 날이 없고, 양잠 또한 잘하니 집안이 배곯을 일 없다. 거기에 단비마저 흠뻑 내려 준다면, 보리며 밀이며 풍년이 들 테니, 한 고을 노인들이 술에 취해 즐거워하겠지.

풍요로운 삶에 대한 찬송이지만, 기실은 염원일 뿐. 그림 속 정경이 현실이 된 적이 몇 번이나 있었겠는가!

〔장난삼아 적다戲題〕

엄동설한도 뜨거운 여름도 다 겪었으니, 차례대로 봄바람이 초가집에 불어오겠지

장난삼아 적다

(원) 여사성

봄 적삼을 전당 잡혀[1] 아침상 마련하면 되는데	典却春衫辦早廚
늙은 처는 어이하여 망설인단 말인가	老妻何必更躊躇
병에 술 남아 있으니 채소야 볶을 수 있겠으나	甁中有醋堪燒菜
주머니 속에 돈이 없어 물고기는 못 사겠네	囊裏無錢莫買魚
감히 나쁜 짓일랑은[2] 함부로 못하겠나니	不敢妄爲些子事
몇 줄이나마 글을 읽었기 때문일세	只因曾讀數行書
엄동설한도 뜨거운 여름도 다 겪었으니	嚴霜烈日皆經過
차례대로 봄바람이 초가집에 불어오겠지	次第春風到草廬

* 주석

❶ 봄 적삼, 즉 '춘삼春衫'은 고대 아직 출세하지 못한 서생이나 학자들이 입던 옷이다. 옷을 전당 잡힌다는 고사는 두보의 시 〈곡강曲江〉에 보인다. "조회에서 돌아오면 하루같이 봄옷을 전당 잡혀, 매일매일 강가에서 술 취해 돌아왔네.(朝回日日典春衣, 每日江頭盡醉歸)"

❷ 원시의 '사자사些子事'는 그런 일들, 또는 어떤 일들을 뜻하는데, 여기서는 기강을 어지럽히는 행위를 가리킨다.

* 간평

여사성呂思誠(1293~1357)은 산서山西 평정平定 사람으로, 원나라 때 유명한 대신이다. 감히 직간을 올리고도 중서좌승中書左丞에 오른, 명실공히 당시 가장 권위 있던 대신이었다. 그는 빈한한 가문 출신인데, 이 시도 그의 어릴 적 빈곤함과 관계가 있다. "엄동설한도 뜨거운 여름도 다 겪었으니, 차례대로 봄바람이 초가집에 불어오겠지." 견디기 어려운 추위와 더위가 지나간 후, 봄바람이 곧 자신이 사는 초가집에 불어올 것이라는 뜻이다. 전하는 바에 따르면 여사성이 이 시를 짓고 나서 얼마 후에 과거에 급제했다고 한다.

* 감상 포인트

학창 시절 교과서에서 배웠던 〈가난한 날의 행복〉이라는 글이 떠올랐다. 서로 사랑하기에, 아직 젊기에, 가난이 행복이 될 수 있었다는 그 글을 읽으면서 막연히 동경했던 시절이 나에게도 있었다.

시인도 가난한 날의 고달픔을 웃음으로 승화시킨다. 옷을 전당포에 맡기면 될 텐데, 집사람은 왜 이렇게 망설이지? 아직 남은 술이 있는데, 보아 하니 채소는 몇 가지 볶아 낼 수 있겠으나 이 정도 돈으로 생선을 사오는 건 불가능한 일이로다! 그다음 이어지는 시구는 "감히 나쁜 짓일랑 함부로 못하겠나니, 몇 줄이나마 글을 읽었기 때문일세."이다. 줄 하나로 뛰어넘었지만, 그 줄 하나를 뛰어넘는 동안 시인의 가슴속에 번졌던 번뇌를 읽을 수 있다. 이럴 바엔 차라리 밥상에 고기 하나 올릴 수 없는 가난이 지긋지긋해 다른 생각을 품어 볼 수도 있었을 것이다. 그러나 시인은 몇 줄 글이나마 읽은 학자의 양심으로 자질구레한 나쁜 짓은 차마 할 수 없다고 고개를 젓는다. 평생 글을 읽어 얻은 것이라곤 백발뿐이지만, 그래도 양심 하나는 지켰지 않은가! 시인은 위로해 본다. 엄동설한의 혹한도 한여름의 더위도 다 지나갔으니, 이제는 가난한 나의 집에 봄바람이 불어오겠지.

비극태래否極泰來(안 좋은 운이 극에 달하면 좋은 운이 찾아온다.)라고 하지 않았던가. 세상풍파 다 겪은 시인이 품은 이 희망 한 자락이 서글프게 다가온다.

나중에 큰 벼슬자리에 오른 시인은 이 시를 지었을 때를 기억하고 있었을까? 가난한 날의 꿈을 간직하고 있었을까?

〔천정사天淨沙 · 가을 나그네秋思〕

마른 등나무, 고목, 저녁 까마귀, 작은 다리, 흐르는 물, 인가, 옛길, 서풍, 앙상한 말,
석양은 지는데, 애끓는 마음으로 세상 끝 떠도는 이

천정사 〈가을 나그네〉

(원) 마치원

마른 등나무, 고목, 저녁 까마귀	枯藤老樹昏鴉
작은 다리, 흐르는 물, 인가	小橋流水人家
옛길, 서풍, 앙상한 말	古道西風瘦馬
석양은 지는데	夕陽西下
애끓는 마음으로 세상 끝 떠도는 이	斷腸人在天涯

* 간평

마치원馬致遠(1250?~1321?)은 관한경關漢卿 · 백박白樸 · 정광조鄭光祖와 더불어 원곡 사대가로 칭해진다. 이 사는 '추사의 원조'라 불렸으며, 왕국유王國維로부터 "자연 그대로의 소리(天籟)이며 당나라 절구絶句의 오묘한 경지를 깊이 체득하고 있다."는 평을 얻었다.

* 감상 포인트

위의 작품은 원대에 유행한 산곡이라는 노래 형식으로 쓴 것이다.

앞의 세 행은 말라비틀어진 나무, 석양에 둥지를 찾아 날아가는 새, 인가, 앙상한 말 등 명사만을 나열해 가을의 쓸쓸한 이미지를 툭툭 던지면서 정처 없이 떠도는 길 위의 나그네를 클로즈업한다. '천정사'라는 곡조의 다른 작품들도 이러한 수법으로 가을 나그네의 심정을 읊었지만 이 작품처럼 절절한 울림을 주지 못했기에 '추사의 원조'(원대 주덕청周德淸의 평)라 불렸던 것 같다.

〔강촌江村〕

우리 집은 석양 물든 강촌에 있나니, 굽이진 강물이 사립문을 휘감아 도네

강촌

(명) 섭당부

우리 집은 석양 물든 강촌에 있나니	家住夕陽江上村
굽이진 강물이 사립문을 휘감아 도네	一彎流水繞柴門
손수 심은 소나무가 지붕보다 높기에	種來松樹高于屋
봄새들에게 자손 키우라 빌려 주었네	借與春禽養子孫

* 간평

섭당부葉唐夫의 집은 소주蘇州 원화현元和縣 강촌교에 있었다. 원화현은 청나라 옹정 때에 잠시 존재했다가 민국 초기에 없어졌다.

〈강촌〉은 사람과 짐승의 평화로운 공생이라는 사상을 나타내고 있는데, 이는 펑쯔카이 만화의 영원한 주제이기도 하다.

* 감상 포인트

저 멀리서 바라본 시인의 집은 한 줄기 강물이 크게 굽이져 흐르는 곳에 있다. 집 옆에 자라난 소나무는 집보다 한참 키가 크다. 시인은 그렇게 멀리서 조금씩 다가가는 방식으로 묘사를 진행하다가 마지막에는 화면을 한곳으로 집중시키는데, 그 대상은 바로 새 둥지이다. 키 큰 소나무 가지 위에는 새 둥지가 있다. 마음씨 좋은 주인은 저 봄새들이 새끼들을 잘 키울 수 있도록 인심 좋게 소나무 가지를 새들에게 내주었다. '새끼' 대신 '자손'이라는 단어를 사용한 것에서 시인의 인자한 품성을 엿볼 수 있다.

〔시냇가의 집溪家〕

시냇가 집 노파는 한가로이 일이 없어, 지는 해에 얼룩 돼지 불러 집으로 돌아가네

시냇가의 집

(명) 장기

자줏빛 버들솜 하얀 띠풀꽃이 문 안으로 날아 들어오고	紫絮茅花飛入門
졸졸졸 얕은 시냇물이 울타리 아래에서 흘러 나가네	淺溪幽響出籬根
시냇가 집 노파는 한가로이 일이 없어	溪家老婦閑無事
지는 해에 얼룩돼지 불러 집으로 돌아가네	落日呼歸白鼻豚

* 간평

장기張琦는 절강 영파寧波 사람으로, 거듭 과거에 실패해 빈궁한 삶을 살아야 했다. 송시宋詩, 특히 양만리楊萬里의 성재체誠齋體의 영향을 많이 받았기에 왕세정王世貞은 그의 시를 일컬어 "밤 개구리가 이슬 맞고 우는 듯, 소리의 극치에 달했다."라고 표현했다.

* 감상 포인트

봄날 한적한 시골의 풍경이다. 꽃잎이 떨어지고, 꽃가루가 날리고, 버들솜도 날아다니는데, 이 아련한 풍경 속에 시냇물마저 조용히 흐른다. 늙은 아낙은 긴긴 봄날을 무료히 지내다가, 뉘엿뉘엿 석양이 지자 풀어놨던 돼지를 불러 집으로 데리고 들어간다. 이제는 보기 어려운 옛날 고즈넉한 풍경이다. 펑쯔카이 자신이 절강성 가흥嘉興 사람이어서인지, 강남의 풍경을 묘사한 시를 보면 절강성이 배경인 곳이 유독 많다. 고향에 기한 기억과 향수는 이처럼 지독한 것인가 보다.

〔시골살이村居〕

아이들은 학교 파하고 일찌감치 돌아와, 동풍 불 때를 놓치지 않고 종이 연을 날리네

시골살이

(청) 고정

풀 길게 자라고 꾀꼬리 나는 이월의 하늘	草長鶯飛二月天
제방을 스치는 수양버들이 봄안개 속에 취한 듯하네	拂堤楊柳醉春煙
아이들은 학교 파하고 일찌감치 돌아와	兒童散學歸來早
동풍 불 때를 놓치지 않고 종이 연을 날리네	忙趁東風放紙鳶

* 간평

고정高鼎(1828~1880)은 청나라 후기 시인으로 자는 상일象一, 혹은 졸오拙吾이다. 인화仁和(지금의 절강성 항주) 사람으로 아편전쟁 이후, 함풍 연간에 활동했다.

풀이 길게 자라고, 꾀꼬리가 울고, 버드나무가 안개처럼 늘어진 강남에서 학교 마치고 돌아온 아이들이 너도나도 뛰어나가 연을 날리는데, 쾌활한 웃음소리가 울려 퍼진다. 생기발랄한 봄날의 경치가 사람을 심취하게 만든다.

* 감상 포인트

꾀꼬리 날고 풀 길게 자라난 2월의 벌판. 제방까지 늘어져 땅을 스치는 수양버들은 아득히 멀리서 보면 마치 푸르른 안개 속에 갇혀 있는 듯 보이고, 휘청휘청 바람에 흔들리는 모습은 봄기운에 취한 듯 보인다. 유난히도 한적하고 고요한 봄날의 벌판에, 이 나른함을 깨뜨리려는 듯 아이들이 몰려나온다. "학교 파하고 일찌감치 돌아와散學歸來", 이 네 글자에 놀고 싶어 책이 눈에 들어오지 않았을 아이들의 흥분이 느껴진다.

〔소 치고 돌아와牧歸〕

다박머리 소녀가 작은 소리로 말하네, “제비가 오늘 아침에 또 집을 지었어.”

소 치고 돌아와

(청) 고정

목동의 피리 소리 들으며 얕은 모래밭 밟노라니	牧笛聲中踏淺沙
대나무 울타리 깊은 곳에 저녁 안개 가득하구나	竹籬深處暮煙多
다박머리 소녀가 작은 소리로 말하네	垂髫少女依依說
"제비가 오늘 아침에 또 집을 지었어."	燕子今朝又作窠

* 간평

이 시는 저녁 무렵 부모가 일을 마치고 돌아오자 어린 딸이 흥분된 목소리로 오늘 제비가 또 집을 지었다고 알려 주는 장면을 그리고 있다. 부모 역시 미소를 띠며 이야기를 들어주었을 것이다. 제비가 집을 진 것과 부모님이 귀가하신 것, 둘 다 아이를 기쁘게 하는 일이니 천륜의 즐거움이란 자연히 우러나는 것이다.

* 감상 포인트

제비는 우리에게 고향과 어린 시절에 대한 향수를 불러일으킨다. 도시에서는 보기 힘든 제비집이지만 옛날 제비는 봄의 전령사요, 우리 집에 함께 사는 한 식구였다. 밖에 나가 소 치는 일을 종일 하고 집에 돌아오니, 머리를 찰랑찰랑 늘어뜨린 어린 소녀가 비밀이라도 알려주는 듯 속삭이며 자랑한다. 오늘 아침 제비가 또 집을 지었다고. 아이의 천진함과 집안의 화목함이 동시에 느껴지는 따스한 시이다.

〔천선자天仙子 · 꿈속에서夢裏蘼蕪靑一剪〕

대들보 위엔 제비, 가벼운 비단부채, 봄바람은 또 복사꽃 떨어뜨리네

천선자[1] 〈꿈속에서〉

(청) 납란성덕

꿈속에서 푸른 향초[2]는 자른 듯 가지런했지	夢裏蘼蕪青一剪
그대[3]는 해가 지나도 소식이 없고	玉郎經歲音書遠
한밤중 종소리 울려도[4] 밝은 달빛 비쳐도 돌아오지 않네	暗鐘明月不歸來
대들보 위엔 제비	梁上燕
가벼운 비단부채	輕羅扇
봄바람은 또 복사꽃 떨어뜨리네	好風又落桃花片

* 주석

❶ 당나라 교방곡敎坊曲 이름으로 후에 사패로 쓰였다.

❷ '미무蘼蕪'는 향기로운 풀의 일종으로, 일명 궁궁이(川芎)의 싹이라는데 잎에서 향기가 난다. 한대漢代 악부시樂府詩 중에 〈산에 올라 궁궁이를 캐네上山采蘼蕪〉라는 작품이 있다.

❸ '옥랑玉郎'은 사랑하는 사람에 대한 애칭이다.

❹ '암종暗鐘'은 저녁 종소리를 말한다. 당나라 시인 장계張繼(715?~779?)의 〈풍교야박楓橋夜泊〉이라는 시 중 "고소성 밖 한산사, 한밤중 종소리가 객선까지 울리네.(姑蘇城外寒山寺, 夜半鐘聲到客船)"라는 구절이 떠오른다.

* 간평

납란성덕納蘭性德(1655~1685)은 자가 용약容若이고 만주 정황기正黃旗 출신의 만주인이다. 대학사 명주明珠의 큰 아들이고 어머니는 친왕의 딸로, 명성이 있는 집안이었다. 납란의 사는 슬프고 곱고 아름다우며, 격이 높고 운치가 있어 명청대에 가장 성취가 뛰어난 사 작가라 할 수 있다.

한대 악부 〈산에 올라 궁궁이를 캐네〉의 마지막 구절은 "산을 내려와 옛 남편을 만났네."인데 여기서 옛 남편은 전 남편을 말한다. 사에서 여자는 헛되이 청춘을 보내고 있는 것이 한스러울 뿐 아니라 정인이 다른 여인과 좋은 인연을 맺었을까 봐 은근히 걱정이다. "대들보의 제비, 가벼운 비단부채, 봄바람은 또 복사꽃을 떨어뜨리네."라는 구절은 동풍에 정원 한가득 꽃이 날려 떨어지는 아름다운 봄 풍경을 통해 오히려 여주인공의 적막하고 쓸쓸한 속마음을 드러내고 있다. 만청의 사학평론가 진정작陳廷焯은 "오대 사인의 솜씨에 버금간다.(不減五代人手筆)"라고 평했다.

* 감상 포인트

30세의 나이로 갑자기 요절한 사인 납란성덕은 짧은 생애에 많은 사 작품을 남겨서, 생전에 《측모집側帽集》과 《음수사飮水詞》 두 부의 사집을 남겼다. 당시 그의 사가 얼마나 많이 불렸는지, 당시 사람들은 "집집마다 《음수사》를 다투어 노래하지만, 납란성덕의 심사를 그 몇 명이나 헤아릴까?"라는 말을 했다고 한다. 그의 아내는 난산 끝에 세상을 뜨고 말았는데, 그때 납란성덕이 부른 도망곡悼亡曲은 듣는 사람의 심금을 울렸다고 한다. 그래서인지 사람들은 납란성덕의 사를 평가할 때 '진眞'이라는 글자를 인용하곤 한다. 이 사에 등장하는 여인은 어쩌면 아내를 잃고 외로워하던 납란성덕 자신인지도 모르겠다.

사는 여인의 목소리로 노래한다. 꿈속에서 가지런히 핀 방초를 보고 어김없이 지나가는 세월을 느낀 화자는 소식 없는 님을 그리며 잠을 못 이룬다. 봄 되어 돌아온 제비를 보고 돌아오지 않는 님을 떠올리지만, 부채를 쓸 때가 다가와도 소식이 없는 모양이다. '한스럽다, 외롭다, 슬프다' 등 감정을 나타내는 말 한마디 쓰지 않았지만 다시 핀 봄풀, 밝은 달밤의 종소리, 다시 돌아온 제비, '또다시' 떨어지는 꽃의 정경은 결코 다시 올 수 없는 시절에 대한 그리움과 혼자된 외로움을 느끼게 한다.

납란성덕이 같은 제목으로 남긴 사가 있어 함께 소개한다.

달은 지고 성가퀴에 깃든 새는 울음 그치지 않네 月落城烏啼未了
일어나 뒤척거리며 잠들지 못하여 起來翻爲無眠早
엷은 서리 내린 뜰에 나가니 여름옷에 추위 파고드네 薄霜庭院怯生衣
이 마음 근심스러워 心悄悄
붉은 회랑을 맴도는데 紅闌繞
이 마음 그 누가 있어 알아줄까나 此情待共誰人曉

〔낚싯대를 늘어뜨리고垂釣〕

향기로운 미끼 향긋해도 고기가 물지 않으니, 낚싯대에 하는 수 없이 잠자리나 올려놔야겠네

낚싯대를 늘어뜨리고

(청) 양추담

냇물 막 불어나 앞에 있던 모래섬이 없어지니	一溪新漲失前汀
물에 비치는 청산은 곳곳이 푸르구나	照見青山處處青
향기로운 미끼 향긋해도 고기가 물지 않으니	香餌自香魚不食
낚싯대에 하는 수 없이 잠자리나 올려놔야겠네	釣竿只好立蜻蜓

* 간평

이 시는 청나라 초에 살았던 항주의 무명 시인 양추담梁秋潭의 작품이다. 원매袁枚의 《수원시화隨園詩話》에 이런 기록이 보인다. "항주에는 고사高士들이 많다. 양추담 선생은 조카 시정이 귀인이 되자 마침내 향시에 응하지 않았는데, 고관대작 집 자제들의 시권試卷에 따로 관官 자를 붙이는 것을 수치로 생각했기 때문이다." "향기로운 미끼 향긋해도 고기가 물지 않으니"는 곧 시인 자신을 묘사한 것이다.

* 감상 포인트

원매의 힌트가 아니었다면 그가 결백한 성품 때문에 과거를 포기했음도 알지 못했으려니와, 이 시에서 말하는 "맛난 미끼를 물지 않는 물고기"가 바로 자신을 가리키는 것임도 알지 못했을 뻔했다. 고기도 못 낚는 낚싯대 위에 올라앉은 잠자리가 상징하는 것은 무엇일까? 그렇다면 시인이 낚싯대 위에 올려놓은 잠자리 역시 가볍고도 자유롭게 날아다니는 시인의 자화상 아닐까?

〔우연히 절구 다섯 수를 짓다偶作五絶句〕

아이들은 봄이 무언지 몰라, 풀이 왜 푸르냐고 물어보네

우연히 절구 다섯 수를 짓다

(청) 원매

반쯤 핀 매화를 우연히 찾아서	偶尋半開梅
한가로이 대나무에 몸을 기댔네	閑倚一竿竹
아이들은 봄이 무언지 몰라	兒童不知春
풀이 왜 푸르냐고 물어보네	問草何故綠

* 간평

원매袁枚(1716~1797)는 자가 자재子才, 호는 간재簡齋이고 만년에 창산거사倉山居士, 수원주인隨園主人, 수원노인隨園老人이라는 자호를 썼다. 전당錢塘(지금의 절강성 항주) 사람이다. 건륭 4년(1739)에 진사 급제하여 율수溧水와 강녕江寧 등 현의 지현知縣을 역임했다. 그러나 마흔 살에 관직에서 물러나 강녕 소창산小倉山 아래에 수원隨園이라는 집을 짓고 시를 읊으며 살았다. 수원에서 많은 제자들을 키웠는데, 여제자도 많았다. 당시 조익趙翼, 장사전蔣士銓과 더불어 '건륭삼대가乾隆三大家'로 일컬어졌다. 원매는 정치적 재능이 없지 않았음에도 벼슬길이 순탄하지 않았다. 부친이 세상을 뜬 후에 그는 어머니를 봉양한다는 핑계로 사직하고, 남경 소창산에 버려진 정원을 구입해 다시 집을 짓고 '수원'이라 불렀다. 그곳에서 50년 가까운 세월을 유유자적 살았기에 사람들은 그를 수원선생이라 부른다.

원매는 시문에 모두 능하여 명성이 높았으며, 특히 기효람紀曉嵐과 이름을 나란히 하여 '남원북기南袁北紀'로 칭송받았다. 이 시의 분위기는 청아하면서

명쾌하다. 겨울이 가고 봄이 오듯, 사람들도 신진대사를 하듯, 사계절은 순환한다. 아이들의 천진난만한 질문이 봄날의 풍광과 더불어 빛을 발하면서 흐뭇한 정취를 자아낸다.

* 감상 포인트

원매는 인간의 삶 속에서 누릴 수 있는 즐거움이란 즐거움은 다 누렸던 인물이다. 우선은 살던 집이 그렇다. 그가 남경을 사랑하여 몇백 금을 들여 조성한 수원은 그냥 집이 아닌 일종의 대관원大觀園이었다. 그러나 사방에 담장을 두르지 않고 누구나 들어와 구경할 수 있도록 했다. 원매는 〈잡흥雜興〉 시에서 수원을 이렇게 묘사했다.

집은 작아도 나쁠 것 없고	造屋不嫌小
연못은 많아도 나쁠 것 없네	開池不嫌多
집이 작아야 산을 가리지 않고	屋小不遮山
연못이 많아야 연꽃에 방해가 안 되니까	池多不妨荷
한 척이나 되는 물고기가	游魚長一尺
대낮에 푸른 물결 위로 뛰어오르지만	白日跳淸波
내가 연꽃 사랑하는 것을 알아	知我愛荷花
감히 그물은 치지 못하네	未敢張網羅

이 아름다운 동산에서 남녀 제자 수십 명과 더불어 평생의 기호를 함께 나누며 노닐었으니, 참으로 부러운 인생이 아닐 수 없다. 또 그는 유산완수遊山玩水를 만끽한 사람이다. 천태산, 안탕산, 사명산, 황산, 여산 등을 섭렵했고, 일흔의 나이에 무이산에도 올랐다. 먹는 것은 또 어떤가? 평생 차를 좋아하여 전

국 각지를 누비며 좋은 차를 조달했고, 맛난 음식을 좋아하여 《수원식단隨園食單》이라는 요리 관련 전문서적까지 냈다. 감정 또한 풍부하여, 누이가 죽자 〈제매문祭妹文〉을 지어 절절한 슬픔을 노래했고, 어머니 한유인韓孺人이 돌아가시자 묘지명을 지어 하염없는 사모의 정을 쏟아 냈다. 이런 인생이라면 가슴에 맺힌 여한 한 치 없이 떠날 수 있지 않았을까 싶다. 장수의 복마저 누렸으니 말이다.

원매는 시를 논하면서 '성령설性靈說'을 주장했다. 어떤 것을 학습하기보다 본인의 감정과 영혼이 자연스럽게 흘러나와야 비로소 훌륭한 시라는 것이다. 이 시는 그의 주장만큼이나 지은이의 개성이 돋보인다. 우연히 매화 꽃봉오리를 발견하고서 한적하게 대나무에 기대어 감상을 하는데, 인생사 경험이 많아 봄을 기다리고 느낄 줄 아는 어른과 달리 아이들은 계절을 모른다. 다만 요즘 왜 풀이 이렇게 파랗게 변한 건지 알고 싶을 뿐이다. 세파를 실컷 겪은 경험 많은 시인의 차분함과 세상 모르는 아이의 천진무구함이 묘한 조화를 이루면서 원매의 '성령'을 느끼게 해 준다.

〔절명사絶命詞〕

한 어깨에 고금의 수심을 다 싣고 다녔네

절명사[1]

(청) 원매

타고난 성품이 본디 야인 부류인지라	賦性生來本野流
손에 죽장 들고 온 고을을 다녔네	手提竹杖過通州
새벽녘이면 소쿠리 밥 들고나가 잔월을 맞이하고	飯籃向曉迎殘月
바람 맞으며 목판[2] 두드리며 늦가을을 노래했네	歌板臨風唱晚秋
두 다리론 속세의 길을 다 헤집고 다녔고	兩脚踢翻塵世路
한 어깨엔 고금의 수심을 다 싣고 다녔네	一肩擔盡古今愁
이제는 차래식[3]을 받을 일도 없는데	如今不受嗟來食
시골개는 어이하여 쉬지 않고 짖나	村犬何須吠不休

* 주석

❶ 절명사는 임종 직전에 짓는 세상과 영결하는 글을 말한다.

❷ 목판은 노래할 때 박자를 맞추기 위해 두드리던 목판을 말한다. 박달나무로 만들어서 단판檀板이라고 부르기도 한다.

❸ 《예기禮記 · 단궁檀弓》에 이러한 내용이 보인다. 제齊나라에 큰 기근이 들자 검오黔敖가 길거리에 음식을 차려 놓고 굶주린 사람들에게 나누어 주었다. 한 굶주린 사람이 옷소매로 얼굴을 가리고 짚신을 질질 끌면서 걸어오자 검오는 왼손에 밥을, 오른손에는 마실 것을 들고 말했다. "이봐, 이리 와서 먹어.(嗟. 來食)" 그러자 사나이가 눈을 치뜨며 말했다. "나는 '이봐, 이리 와서 먹어' 따위를 먹지 않으려다 이 꼴이 된 거요." 검오가 쫓아가서 무례를 사과했지만 그는

끝내 먹지 않고 죽고 말았다.

* 간평

원매는 82세로 생을 마감하기 전에 몇 편에 달하는 〈절명사〉와 〈스스로 지은 만시自挽詩〉를 남겼다. 이 작품 역시 그중 하나이다. 원매는 평생을 얽매인 데 없이 자유롭게 지냈기에 그의 문채文采와 풍류는 지금까지도 많은 이들이 흠모하고 있다.

* 감상 포인트

지금의 나로선 삶의 종점에서 평생을 회고하는 심정을 헤아릴 길이 없지만, 잘 산 사람이나 못 산 사람이나 생에 대한 미련과 두려움이 일기는 마찬가지일 것이다. 원매는 간평의 설명처럼 평생 얽매인 데 없이 자유롭게 살았음에도 마지막에 내뱉은 말은 "이제 차래식을 받을 일 없다."이다. 이제 누군가로부터 '이봐, 이리 와서 먹어.'라는 동정 따위는 받지 않아도 된다는 말에서, 남에게는 잘 보이지 않아도 그에게도 아픈 상처가 적지 않았음을 알 수 있다. 이제 죽음으로써 더 이상 세상의 괄시도 무시도 받지 않아도 될 터인데, 나는 왜 이렇게 떠들기를 멈추지 못하는가. 죽음과 고요히 손잡기 위해 그는 이내 짖기를 멈추었을 것이다.

간평에서 말했듯, 원매가 죽기 전에 자신의 죽음을 상상하며 지은 작품으로 〈스스로 지은 만시〉가 있다. 이 시는 제목부터 아주 길다. 〈복통이 오래도록 낫지가 않기에 노래를 불러 스스로 만사를 짓고, 나를 좋아하는 사람들을 불러 함께 짓는다. 시체詩體에 구애받지 않고, 시운도 제한하지 않았다腹疾久而不愈, 作歌自挽, 邀好我者同作焉, 不拘體, 不限韻〉. 그 가사는 이러하다.

인생이란 손님과 같은 것	人生如客耳
왔으면 반드시 가야 한다네	有來必有去
올 때도 뜬금없이 왔으니	其來既無端
갈 때도 이유 없이 가겠지	其去亦無故
그러나 떠날 즈음에	但其臨去時
각기 길이 따로 있다네	各有一條路
……	
떠나는 것은 이와 같아서	逝者如斯夫
물이 흘러가면 꽃은 머물 수 없다네	水流花不住
그저 날개가 돋아 날아가길 바랄 뿐	但願着翅飛
어찌 고개 돌려 바라보리오	豈肯回頭顧

"사람이 천지간에 존재함에, 태어남이 없다면 어찌 죽음이 있을까. 만약 죽음이 슬프다고 말한다면, 살아서 잘못 살았기 때문일 것일세."

— 원매가 친구에게 써준 편지에서

〔포전을 지나며過蒲田〕

산은 온통 붉은데 한 여인이 나무를 하네

포전[1]을 지나며

(청) 소만수

버드나무 그늘 깊은 곳에 말발굽 소리 경쾌한데 柳陰深處馬蹄驕
조수가 물러나자 끝없는 은빛 모래밭 펼쳐지네 無際銀沙逐退潮
가게에 내건 얼음 깃발[2] 보고 시장 가까운 걸 알겠으니 茅店冰旗知市近
산은 온통 붉은데 한 여인이 나무를 하네 滿山紅葉女郎樵

* 주석

❶ 포전은 일본어로 '가마타'라고 불리는 지명으로, 지금의 하네다 공항이 있는 곳이다.

❷ 원시의 '빙기冰旗'는 가게에서 내다 건 '얼음을 판다'는 표시가 되어 있는 깃발을 말한다.

* 간평

소만수蘇曼殊(1884~1918)는 원래 이름이 현환玄喚이고 자가 자곡子谷이다. 후에 출가하여 승려가 된 다음 만수로 이름을 고쳤다. 아버지는 광동성 중산현中山縣 출신의 상인이고 어머니는 일본 사람이다. 일본 요코하마에서 태어나 일본에서 유학하고 스리랑카와 남양南洋 등을 떠돌아다녔다. 소만수는 시문뿐만 아니라 소설도 잘 썼고, 그림도 잘 그렸다. 번역가로 활동하기도 하였다.

소만수는 당나라 시인 이상은李商隱을 혹심히 좋아하여 일찍이 이상을 모방한 시 〈무제시 삼백수無題詩三百首〉를 지은 바 있다. 〈포전을 지나며〉 이외에도 그의 명작으로 〈본사시本事詩〉를 꼽을 수 있다. "봄비 내리는 누각에서 퉁소를 부나니, 그 언제나 돌아가 절강 조수를 볼까? 짚신과 구멍 난 바리때를 알아보는 이 없건만, 벚꽃 핀 다리를 몇 번이나 밟으며 건넜던가?(春雨樓頭尺八簫, 何時歸看浙江潮? 芒鞋破鉢無人識, 踏過櫻花第幾橋)" 당시 사람들은 그의 시를 보고 "청아하고 화려하며 맑고 수려하다."고 평가했다.

소만수는 34세에 요절해 항주 서령교西冷橋에 묻혔다. 맞은편은 강남의 명기 소소소蘇小小의 무덤이다. 재자가인의 운명이 참으로 박하다.

* 감상 포인트

1909년, 귀국 직전 가마타에 들르게 된 소만수는 기쁨에 겨워 이 시를 지었다. 시의 기조는 한시와 크게 다름없으나 '모점茅店'이니 '빙기冰旗'니 하는 단어들 때문인지 이국적인 느낌이 강하다.

저쪽 버드나무 우거진 곳에선 말발굽 소리가 들려오고, 이쪽 해변엔 조수가 밀려나가 하얀 모래사장이 펼쳐졌다. 좀 더 길을 걸어가니 '아이스크림' 판다는 간판이 내걸린 가게가 보이고, 붉게 물든 산에서 나무하는 여자의 모습이 보인다. 왠지 소만수가 본 단풍은 일본 그림에 나오는 새빨갛고 선명한 그런 단풍이었을 것 같다. 화풍和風이 물씬 느껴지는.

근대 학자 난화이진南懷瑾은 그를 다음과 같이 평가한다.

> "몸뚱이 바깥에 행적을 맡기고 방랑했던, 정욕 사이에 온통 생각이 빠져 있던 소만수는 사실 진정한 출가인이 아니다. 그는 형적形迹에 구애받지 않는 개성을 지닌 사람이었는데, 광저우廣州에 있는 한 절에서 우연히 이미 죽은 승려의 도첩度牒(일종의 승려 신분증명서)을 보고 스스로 중이라 칭했을 따름이다. …… 민국民國 이래로 그는 승려 역사상 기인이라 할 수 있지만 또한 감성에 충실했던 사람이었던 것이다."(《중국불교발전사략中國佛教發展史略》)

진정한 출가인이라면 '정욕'에 빠져서는 안 되겠지만, 천상 시인이었던 소만수에게 '정'과 '욕'은 살아가는 이유이자 시상詩想의 원천이었다. 이처럼 감성 충만하였던 기인의 손에서 탄생한 한 폭의 풍경화답게, 은빛과 붉은빛의 강렬한 대조 속에 홀로 나무하는 여인의 모습이 화룡점정의 묘를 더한다.

펑쯔카이 만화 고사사

제1쇄 펴낸날 2020년 12월 31일

그림 | 펑쯔카이
평주 | 리샤오룬
평역 | 이주해 · 하경심
펴낸이 | 김시연

펴낸곳 | (주)일조각
등록 | 1953년 9월 3일 제300-1953-1호(구 : 제1-298호)
주소 | 03176 서울시 종로구 경희궁길 39
전화 | 02-734-3545 / 02-733-8811(편집부)
02-733-5430 / 02-733-5431(영업부)
팩스 | 02-735-9994(편집부) / 02-738-5857(영업부)

이메일 | ilchokak@hanmail.net
홈페이지 | www.ilchokak.co.kr

ISBN 978-89-337-0780-7 03820
값 38,000원